天皇の近代

明治150年・平成30年

御厨貴【編著】

井上章一
磯田道史
河野有理
前田亮介
佐々木雄一
佐藤信
五百旗頭薫
国分航士
原武史

千倉書房

はしがき

「天皇の近代」をテーマとする研究をやりたいという意思は、ミレニアムに入ってから常に自分の中にあった。二〇〇一年に公刊した『明治国家の完成　一八九〇〜一九〇五（日本の近代3）』（中央公論新社）は、まさに帝国憲法の下で、うごめく天皇の姿を浮き彫りにしていた。今回の共同研究に至る詳細は、本書の最終章となる私（御厨）の論稿において明らかにしているのでそちらに譲るが、近代の枠組に囚われず、近世以前の天皇の姿までも視野に収めながら天皇研究ができないか、それがミレニアム一〇年の間、一貫した私の課題であったように思う。

二〇一一年の東日本大震災の勃発で、私の関心は『「戦後」が終わり、「災後」が始まる』（千倉書房）に移った。私は理事を務めるサントリー文化財団で「震災後の日本に関する研究会」を立ち上げ、その成果は二〇一四年『「災後」の文明』（阪急コミュニケーションズ）として世に送られた。しかし「災後」と「戦後」の緊張関係を考える中で、いつしか「天皇」の存在が、これまで以上にはっきりとした輪郭をもって浮かびあがるに至った。「震災と天皇」「復興と天皇」、それは否が応でも私の中に大きな位置を占めた。むろん「東日本大震災復興構想会議」の議長代理を務めて以来の震災復興問題とのつながりも無視できない。

戦後七十年の総括となる暑い夏、私は満を持してサントリー文化財団に「天皇の近代研究会」を立ち上げた。私を除く共同研究者九人のうち、まずシニアメンバーとして井上章一、原武史、五百旗頭薫、河野有理、磯田道史の五人を口説いた。じつは井上さん以外のメンバーとは、これまで共同研究をおこなった経験がない。研究業績しか知らない人も数名いた。これは、サントリー文化財団の研究会などでよく顔を合わせる「常連」がいない、ということでもある。面白いことを言いそうな人、という自分の直感一つでお願いしたわけで、全員から快諾を得ていよいよ気持ちは高まった。

そしてジュニアメンバーとして四人。助教から新進の准教授クラスで活躍目覚ましい人たち、前田亮介、国分航士、佐々木雄一、佐藤信の面々に声をかけた。彼らの力量は、私が東大駒場時代に主催していた「政治学を読み破るゼミ」や「幕末政治論集を読む会」などで、すでに証明済みであった。こちらも全員の参加を得た。

メンバーさえ揃えば、秋口から二月に一度の研究会をまわすことは容易だった。ただし、当初ジュニアメンバーには若干のハンデをつけることを考えた。しかし実際に研究会が始まるや、たたかわされる議論はジュニアもシニアもなく常に対等であり、それは杞憂どころか無意味であることがわかった。一年目は、主として近代以前の天皇について勉強会をおこない、二年目はやや幅広に話を聞くということになり、藤田覚、深井雅海、笠谷和比古、野村玄、三ツ松誠、五味文彦、岩井克己、井上亮、小沢朝江、本郷恵子の各氏をゲストに迎え議論を重ねた。

まさに二年目、並行して研究会メンバーによる報告会が始まらんとする二〇一六年の夏、今上陛下の「退位」という前代未聞の問題提起がなされた。まもなく、私が「天皇の公務軽減等に関する有識者会議」の座長代理に就任したため、研究会をとりまく環境は一変した。そのあたりの詳細も最終章の記述に譲りたい。

嵐のように通り過ぎた「天皇退位」問題に怯むことなく、一年後の二〇一七年夏までに報告は一巡した。この時点で書籍刊行を依頼していた千倉書房からの快諾を得て、さらに年末まで数度にわたる追加の研究会をおこない、二〇一八年の年明けからメンバーは執筆に入った。

その後、サントリー文化財団の誇る体育会系社員・工藤高さんと、原稿取り上げの妙技に長けた千倉書房の神谷竜介さんとの連係プレーにより、無事、全員からの出稿を見た。

どれも力作であることは間違いない。重厚な新作品の匂いがプンプンとする。が、その評価は広く読者に委ねたい。

サントリー文化財団の今井渉専務理事（現顧問）、前波美由紀事務局長、そして何よりもワンサントリーの精神で楽しく研究会を盛り上げ、成果を出してくれた工藤さんの手腕に脱帽である。また、いつものことながら、千倉書房・神谷さんの本作りには舌を巻いた。感謝感謝感謝である。

この研究会に、ゲストとして参加してくださった皆さん、そして毎回出席しメンバーを鼓舞してくださったサントリー文化財団の理事の皆さん、本当にありがとうございました。今、我々の期待をのせて、本書は読者の皆さんの下へ届けられます！

二〇一八年七月

編者　御厨貴

天皇の近代——明治150年・平成30年

目次

第1章

建築の王政復古――一八世紀末の再建王宮を、どうとらえるか

INOUE Shoichi
井上章一

1　京都御苑と二条城

京都は千年の都だと、よく言われる。

たしかに、この都市は八世紀末に王都として建設された。そして一九世紀まで、その地位をたもっている。都としての歴史が千年をこえるという指摘じたいは、まちがっていない。

ただ、平安京ができたころの王宮は、もうなくなっている。かつての大内裏《だいだいり》は、あとかたもなくきえうせた。今は、千本通と丸太町通の交差点に、大極殿《だいごくでん》跡と朝堂院《ちょうどういん》跡の説明板があるだけである。大内裏のあった敷地の上は、現代京都の市街に、すっかりおおわれた。

今の京都御苑は、かつての里内裏《さとだいり》である東洞院土御門殿の跡地にひろがっている。立地は旧大内裏より東のほうへ、二キロちかくうつされた。敷地のひろがりも、半分弱にちぢめられている。いわゆる御所に区画をかぎれば、旧大内裏とくらべ、十分の一にもみたないだろう。

今あるこの場所に、王宮の位置が固定されだしたのは、一三三一年からである。いわゆる南北朝の両朝合一がなりたって、ここが定位置になった。

かつての大内裏は、一〇世紀の後半ごろから、しだいにつかわれなくなっていく。摂関家など、外戚筋の館を里内裏として利用することが、一般的になる。そして、一二二七年の消失以後、旧大内裏の焼跡は、そのまま放置された。王朝は平安京の大きな王宮をもてあまし、身の丈にあった施設へうつったということか。

だが、それでも今の御苑は、戦国時代のころとくらべれば敷地をひろげている。じっさい、現在、仙洞御所《せんとうごしょ》があるあたりには、豊臣秀吉のもうけた城がたっていた。いわゆる京都新城である。ひところの秀吉は、世継の豊臣秀頼をここにすまわせることも、考えていた。

これをこわし、今日の仙洞御所を、同じ敷地にもうけたのは江戸幕府である。後水尾天皇が退位後のすまいとすることを予定し、一六二七年に完成させた。のみならず、幕府は後水尾妃である東福門院の住居、大宮御所も併設している。ちなみに、「仙洞」は上皇の居所をしめす言葉である。

くりかえすが、現在の京都御苑は、平安期の大内裏より、ずっとせまくなっている。それでも、戦国のころとくらべれば、その敷地を拡大させてきた。施設もふやしている。幕府は覇権をにぎったあとも、朝廷のあつかいには、心をくだいてきた。いろいろ、サーヴィスめいたことも、こころみている。仙洞御所などの設営も、そうしたいとなみの一例にあげられようか。

仙洞御所の主となった後水尾は、東福門院を后《きさき》とした。そして、彼女は将軍徳川秀忠の娘、八女の和子にほかならない。そんな縁があったから、幕府は仙洞御所や大宮御所を贈呈したのだと、みなしうる。

そう言えば、幕府は二条城を京都にかまえていた。そして、後水尾をここへむかえるために、この城を整備しなおしている。たとえば、天守閣をたてかえた。本丸御殿を造営し、二の丸御殿を改装してもいる(一六二六年)。東福門院をむかえた後水尾にたいしては、そうとう気をつかっていたことが、読みとれる。

もちろん、二条城の威容には、京都を威圧しようとするふくみも、こめられていただろう。これからは、関東の武家政権が天下を掌握する。そのことを、建築という目に見える形で、朝廷側の目にやきつける。あるいは、京の町衆に思い知らせる役割りも、はたしていたにちがいない。

そう言えば、幕府は一七世紀前半までに、京都の大寺院を、いくつも再建した。知恩院や東寺をはじめとする寺々の堂塔を、新しくたてている。戦国期の争乱でうしなわれた堂屋を、よみがえらせた。しかも、以前より大きくりっぱに、それらをかまえさせて。これらも、幕府の力を京都側へ見せつけるくわだてのあらわれに、ほかなるまい。

そして、二条城の建設にも、同じ意図はこめられていただろう。後水尾をあつくもてなすことだけが、ねらわれていたわけではあるまい。

しかし、この城に京都をおもんぱかる配慮があったことも、またたしかである。

一六三四年に、三代将軍家光は三十万人とも言われる供奉《ぐぶ》をつれて、京都へやってきた。その動員ぶりから、この入洛に朝廷への圧力めいた部分のあったことは、いなめない。

もちろん、家光とそのとりまきは、二条城に逗留した。だが、江戸へもどってからは、この城を解体しはじめる。そして、それらを朝廷方に、ゆずりわたしていくのである。

たとえば、池の脇にあった屋敷は、女院御所へ贈呈した。台所御風呂屋、および二の丸御座之間北方の部屋も、岩倉御所へとどけられている。九条殿へさしだされたのは、二の丸遠侍北の部屋と池の南にあった長局《ながつぼね》の施設である。

幕府は、もうこれ以後、将軍を上洛させる必要がなくなったと、見こしていただろう。対朝廷工作は安定期をむかえたという、そんな判断はあったのだと考える。だから、将軍の二条城滞在に供される屋舎は、用済みになったとみなされた。朝廷へそれらがおくりとどけられたゆえんである。

あるいは、不急不要の施設に維持費をつかうのはもったいないという腹も、あったろうか。いらなくなった施設を朝廷にひきとってもらったという側面は、あったかもしれない。いずれにせよ、二条城の諸施設が朝廷への献上物となったことは、たしかである。武威の顕示が二条城のすべてであったとは、とうてい思えない。

一七五〇年の夏に、二条城の天守閣は落雷でやけおちた。五層の天守と、そして付天守が全焼し、消失するにいたっている。だが、幕府はこれをたてなおそうとしなかった。二条城は、以後天守閣をもたないまま、維持されることになる。

江戸城の天守閣も、これにより百年近く前に焼失した。いわゆる明暦の大火(一六五七年)で、もえている。そして、幕府はこれをたてなおしていない。天守閣はもういらないという江戸城での方針が、そのまま二条城にもあてはめられたのか。

おそらく、それだけではあるまい。広壮な天守建築で朝廷に対峙する必要は、もうないとも考えられていただろう。一七世紀の前半までは、建築で力をしめすことにも、政治的な効果があったろうか。将軍の威光を大きくうったえることも必要だと、最初は考えられていたにちがいない。

とりわけ、上方の町人たちは、太閤秀吉の圧倒的な建設事業を、目のあたりにしてきた。また、その記憶ものこしている。そんなところで、わびしい建築をたてれば、あなどられるかもしれない。大きな建築をかまえることには、秀吉の実績とはりあう点でも、意味があったろう。幕府は秀吉政権に負けない景観をうちだせるんだと、見せつけることもできたと考える。

しかし、一八世紀中葉の京童たちは、もう太閤の時代と当代をくらべない。朝幕関係までふくめ、行政も官僚的にすすめられている。幕政で将軍のカリスマ性に依存する度合いは、うすまった。

以上のような諸情勢にかんがみ、二条城天守閣の再建は見おくられたのである。

その天守閣が焼けた三十八年後、一七八八年のことであった。京都は、たいへんな大火災にみまわれる。北は鞍馬口通から、南は七条通の近くまで。東は鴨川から、西は千本通や大宮通あたりにまでおよぶ。それだけの市域を、火はおおった。世に言う天明の大火である。

猛火は、ふたたび二条城をおそっている。火のいきおいは、三十八年前のそれより強かった。かつて天守閣をうしなった城は、今度の火事で、より多くの施設を焼かれている。本丸の遠侍、広間、書院、等々である。

本丸では、わずかに東入口の櫓《やぐら》だけが残存した。火は二の丸にもとどき、大鼓櫓や巽櫓、そして坤櫓を類焼させている。ただ、二の丸御殿と大手門は、東側も北側も、消失をまぬがれた。

本丸の御殿をうしなったのは、大きな損失であったろう。だが、けっきょく、これも再建されてはいない。焼け跡の整備はなされたが、もういちど本丸をたてなおそうとはしなかった。

今日の二条城とその公園は、ユネスコの世界遺産に登録されている。貴重な文化財として、国際的にも評価されてきた。しかし、築城当時の姿は、ほとんどとどめていない。

今、二条城へいけば本丸御殿がたっている。本丸はあるじゃあないかと、そういぶかしがる読者もおられよう。しかし、現在の本丸御殿は、一八九四年に移築されてできたものである。京都御苑にあった桂宮家の建物をここへうつして、御殿としたものにほかならない。

この本丸御殿をもうけたのは、明治新政府である。とだえた桂宮家の屋敷を、維持したい。そんな思惑もあり、皇宝財産へくみこみ、管理することとなった。ねんのため述べそえる。このころの二条城は宮内省がささえる二条離宮となっていた。だから、ここへもってくれば、皇室経費でメンテナンスをはかることができたのである。

なお、桂離宮も同じような事情で、一八八三年に離宮となった。もとは、桂宮家の別荘だったのである。

いずれにせよ、一八世紀末の幕府は二条城の回復を、あきらめていた。天守閣や本丸御殿をなくしたまま、明治維新をむかえている。くりかえすが、二条城の建築的な外観にたいして、幕府は政治的な期待をなくしていた。建築の姿が、なにほどかの力を町衆たちや朝廷におよぼす。その効果を重んじようとは、しなくなっていたのである。

2 紫宸殿と清涼殿

天明の大火が二条城に火災をもたらしたと、さきほど書いた。しかし、この大火事がおそったところは、ほかにもある。じっさい、洛中にある市街地の大半は被害をこうむった。天皇の居所である王宮、京都御所もその例外ではない。

禁裏御所じたいは、江戸期にはいってからも、何度か焼けている。そして、そのつど、幕府はこれをたてなおしてきた。朝廷のために、それだけの奉仕、あるいは勤めをはたしてきたのである。

二条城に徳川将軍は、一六三四年以後こなくなっている。だが、禁裏は天皇のすまうところでありつづけた。こちらに関するかぎり、再建をやめるというわけにはいかない。天明の大火後も、幕府は御所を造営するつもりになっていた。

当時の幕府で、老中首座の役目にあたっていたのは松平定信である。また、御所のたてなおしについても、定信は幕府側の責任者となっている。

定信のリードしたいわゆる寛政の改革は、財政規律を重んじた。田沼時代への反省から、綱紀の粛正をめざしだしている。

それでも、御所の再建は、幕府のありがたさを朝廷にかみしめさせる好機だと、とらえていた。この問題では、誠実に対処しようとしていたのである。たとえ、二条城の本丸や天守閣などは、焼けおちたままほうっておくとしても。

ただ、当時の朝廷は光格天皇がひきいていた。そして、この天皇は歴代の天皇にない、あるこだわりをいだいていたのである。

平安王朝の大内裏にくらべ、当時の禁裏が規模を縮小していたことは、はじめに述べた。光格は、これをもとどおりに、平安期の姿へもどしたいとねがっていたのである。構えの大きさだけでなく、建物の形まで。平安期風の宮廷儀礼が、いとなめるように。

王政復古にもつながりうる志があったのだと、みとめうる。その想いを、この天皇は建築にも投影していたのである。

老中の定信は光格の意向を知り、とまどっている。幕政の統括者として、王政復古めいた建築に難色をしめしたということではない。その点については、おおらかな対応をしめしている。

朝廷側では、平安朝大内裏の復元案もできていた。裏松光世という学者の作成した『大内裏図考証』がそれである。裏松は膨大な文献を読みこみ、平安期の宮殿がどうなっていたのかを、えがきだしていた。この成果にもあとおしをされ、光格の宮廷は平安王宮の再現をねがっていたのである。

定信も、『大内裏図考証』が提示した復元図は、目にしている。そして、自らも学究的な資質にめぐまれていた老中主座は、これに賛嘆をおしまない。よくも、これだけの歴史研究ができたものだと感心した。

ただ、いかにも規模が大きい。そうとうな出費を、この案にしたがって建設がすすめられた場合は、余儀なくされる。とても、これをまるごとうけいれるわけにはいかないと、しりごみをした。

朝廷側にも、経費の点では釘をさしている。けっきょく、両者はあゆみより、妥協点にたどりついた。紫宸殿と清涼殿は、平安期の古制にもとづきたてなおす。しかし、それ以外の施設は、火災前の形を踏襲する。部分的な平安回帰にとどめるという線で、おりあいをつけたのである。

じっさい、一八世紀末の再建では、疑似平安風の紫宸殿と清涼殿ができている。今日のわれわれが見ているのも、江戸後期の平安幻想が生みだした復古建築なのである。

いや、もうすこし正確に書こう。京都御所は、幕末の一八五四年にも火事で焼けている。そして、翌年には、従前の形を反復した宮殿がたちあがった。一八世紀末の平安幻想が、一九世紀なかばに再現されたのである。今の京都御所にたっている紫宸殿と清涼殿は、そういう建物にほかならない。

ガイドブックによっては、ここから王朝時代がしのべるとしるしたものもある。しかし、王朝建築そのものは、うかがえない。見えてくるのは、あくまでも一八、九世紀の王朝回帰をめざした復元像である。

建築の具体的な形にも、ふれておく。紫宸殿と清涼殿の平面は、かなり正確に王朝時代のそれへもどっている。紫宸殿の前庭へ回廊をそえたことも、そのたたずまいを平安期に近づけた。宮廷儀礼を復古的な形でくりひろげることも、これでやりやすくなったのではないか。

ただし、立面、そして建築の軀体には難点も見てとれる。じっさい、屋根とそれをささえる組物は、一八世紀の形式にしたがっている。とりわけ、組物は禅宗様の尾捶で構成された。平安時代にはありえない形式だと言える。平安期めかした間取りを、江戸的な組物と屋根がおおっている。ひとことでまとめれば、この復元は以上のように位置づけられようか。

裏松の研究は、人文学的な枠組のなかにとどまった。往時の儀式に関する記録などから、柱や壁の配置をつきとめることでは、成果をだしている。

しかし、工作物の構造や造形には、あまり関心がむかっていない。そのため、組物の構成などは、江戸期の棟梁たちが得意とする流儀に、ゆだねられた。人文学の徒である裏松には、建築様式史への配慮がなかったのだと言うしかない。

余談だが、平安王宮の復元は、建都千百年をいわう一八九五年にもこころみられた。京都では記年祭がもよおされ、記念殿もたてられている。平安王朝の大極殿をよみがえらせたという体裁で。ただし、サイズは八分の五にちぢめられているが。なお、一八九五年当時の記録は、これを模造大極殿とよんでいる。

平面のありようについては、ここでも裏松の『大内裏図考証』が手引きとなっていた。裏松の時代から百年をへてもなお、これには絶大な信頼がよせられていたのである。それだけぬきんでた研究であったことは、くりかえし強調をしておきたい。

さて、記念殿の設営には、建築技師の木子清敬《きこきよよし》と建築史家の伊東忠太もかかわった。当時の木子は宮内省内匠寮《ないしょうりょう》につとめており、帝国大学でも教鞭をとっている。伊東は帝国大学の大学院生であった。

彼らは、奈良や京都の古建築調査をへてきている。たがいにちがった角度からではあるが、日本建築史の研究へもいどんできた。つまり、一八九五年の復元には、近代の建築学的な学知もおよんでいたのである。

そのせいだろう。組物の形式も、奈良時代から平安初期のそれにあゆみよっている。もちろん、じっさいの大極殿が、こういう組物でできていたかどうかは、わからない。ただ、ありえる形式になっていることは、うけあえる。一八世紀末の、とうていありえない組物とくらべれば、復元も進歩をしたということか。

とはいえ、光格時代の復古紫宸殿なども、それなりに画期的であった。なるほど、屋根をささえる組物は、同時代風でありすぎたかもしれない。しかし、光格も廷臣たちも、あまりそのことには気をとめていなかったろう。王朝時代の儀式を、焼失後の新宮殿では、執行できるようになった。そのことでは、納得し、また満足もしていたはずである。

また、幕府側も復古調の新宮殿ができたと思っていただろう。限定的ではあっても、光格の夢をかなえてあげられたことで、満足したにちがいない。とにかく、通例以上の経費をひねりだし、関東の威光がしめせたのだから。

なお、幕府はその出費を、大名たちにも分担させている。島津斉宣《なりのぶ》や細川斉茲《なりしげ》からは、二十万両の献金をとりつけた。このほか、五万石以上の諸侯にも、応分の負担、御築地金の指出《さしだし》を命じている。

このいきさつを見れば、幕府が朝廷に圧迫されだしたのかと、うけとめられようか。朝廷は、王政復古の想いを建築にたくしはじめていた。だが、幕府はそれをはねつけきれていない。ずいぶんわりびいてもいるが、部分的には応じている。

建築史家の金行信輔氏は、事態の推移をこう読みといた。

「すでに一八世紀の末という時代、幕府が朝廷の要求を呑まざるをえないほど、朝廷の政治的地位は上昇を遂げつつあったというべきだろうか」(「王権の復古意識——寝殿造の近世・近代」鈴木博之編『復元思想の社会史』二〇〇六年)

なるほど、そういう傾向はあったのかもしれない。しかし、私は金行氏より、事態を消極的にとらえている。

幕府は一八世紀の中ごろに焼けた二条城の天守閣を、ふたたびこしらえようとしなかった。一八世紀末に焼失した本丸御殿なども、そのまま放置している。その意味で、幕府の官僚的な統治は、建築のもつ政治的な効果をあなどっていた。こんなものは、なくなってもかまわないと、そう高をくくっていたのである。

宮殿の形を、復古的にあらためたい。そう朝廷から言いだされた時は、おろかなこだわりだと思ったろうか。だが、天皇は建築のリバイバルに、ことのほか執着している。そのことをも考慮したうえで、懐古宮殿の出現を、部分的にはみとめたのだろう。

建築の形などは、政治の大局をうごかさない。宮殿の形でなら、王政復古めいたことを少々ゆるしても、どうということはないだろう。統治の骨組は、ゆるがない。そんな見きわめもあって、いくらか朝廷の言い分をみとめたということではなかったか。

王政復古そのものを、許容したわけではない。建築でなら、御自由にどうぞということでしかなかったろう。それも、経費の上限をしめされたうえでの自由だったと考える。

3　思想と建築

一八世紀末に光格天皇が、復古的な宮殿を幕府へ要求したことを、ここまで論じてきた。しかし、光格とその廷臣たちが幕府にともめたのは、このことだけではない。ほかにも、強くせまって勝ちとろうとした件はある。

たとえば、いわゆる尊号問題も、そのうちのひとつにあげられる。

光格は閑院宮《かんいんのみや》という宮家に生まれた。その第六子である。母は閑院宮家へ出仕していた町家の娘であった。この娘が閑院宮典仁《すけひと》親王に見そめられ、あとで光格となる子を生んだのである。

ほんらいなら、天皇家のあとをつぎ即位にいたる可能性は、小さかったろう。だが、ほかの有資格者にはいろいろ不都合もあり、けっきょく皇位は光格にまわってきた。こうして、一七八〇年には庶民の血もはいった第一一九代天皇が、王座についたのである。

同時に、閑院宮典仁は天皇の父となる。光格は、そんな父に太上天皇の称号、つまり尊号をあたえようとした。天皇の父としてふさわしい位についてもらいたい。そう考え、幕府の許可をえようとしていたのである。

朝廷の宮臣たちも、この件については大半が同意していた。じっさい、廷臣のなかには、閑院宮家の親王より地位の高い者もいる。彼らは、そのため天皇の父を格下としてあつかわなければならなくなった。それは、あまりにおそれおおいということから、尊号の付与をもとめたのである。

しかし、幕府をひきいる松平定信は、これをうけつけない。太上天皇は、天皇位をしりぞいた上皇におくられる称号である。天皇位についたこともない、現天皇の父でしかない者をそうよぶのは、筋がとおらない。以上のように、つっぱねた。

朝廷側は、いくらか前例もあると、幕府に言いかえす。後堀河天皇と後花園天皇は、その父に尊号をあたえている、と。だが、そんな変則的と言うしかない例は参考にならないと、幕府側は反発した。

幕府も、経済的な処遇では、朝廷によりそおうとしている。閑院宮家の家禄を、典仁一代にかぎり、大きくふやす。以上のように、地位はやれぬが、金ならなんとかするという妥協案も、しめしていた。

だが、朝廷はこのさそい水にも、のりきらない。そうとうねばり強く、尊号にこだわった。はねつけられても、はねつけられても、要求しつづけたのである。

最終的に幕府は、一七九三年になってだが、これをつっぱねきる。ことを丸くおさめようとする当初の方針をあきらめ、朝廷にはきびしく対処した。尊号問題にこだわりつづけた七人の公家へ、閉門や逼塞をもうしつけてもいる。

太上天皇をみとめることにともなう出費を、幕府がおしんだからではない。じっさい、幕府は閑院宮家の家禄を加増することも、提案している。同じ時期に、王宮再建の小さからぬ経費の捻出も、みとめていた。コストの多寡ではなく、名分がたたないということで、うけいれなかったのである。

松平定信が老中主座となったのは、一七八七年のことであった。その同じ年、将軍職には第一一代目の徳川家斉がついている。そして、幕府内には、家斉の父である一橋治済を「大御所」にしようとする声もあった。将軍にはなったことのない父親へ、尊号をあたえようとする一派があったのである。

もちろん、これも定信はしりぞけている。やはり、筋のとおらないことはだめだというのが、その言いぶんであったろう。

一八世紀末の幕府が、朝廷の台頭をおさえきれなかったわけではない。統治の根本にかかわるとみなされたことでは、強い態度にでている。ただ、建築の意匠は、そういう問題だと思われていなかった。この方面でなら、朝廷の申し出も許容しうると、幕府は判断したのだろう。

ひょっとしたら、建築面での妥協は尊号要求をはねつけた、その代償でもあったろうか。

さて、在京中の定信は裏松光世のてがけた『大内裏図考証』を、直接見ている。そして、その精密なしあがりには、賛嘆をおしまなかった。ながらく謹慎させられていたその製作者を、ゆるしてもいる。

裏松が蟄居を余儀なくされたのは、三十年ほど前の宝暦事件にかかわったせいである。ここに、そのあらましを書きとめる。

桃園天皇の在位十年目、一七五七年のことであった。朝廷では、『日本書記』の進講が天皇の前ではじめられている。そのことじたいに問題があったわけではない。ただ、進講にあたった公家たちのなかには、尊王家思想の持ち主もけっこういた。王政復古を念じる者が、少なからずまじっていたのである。

彼らは垂加神道をうやまう竹内式部の学風に、大なり小なり感化されていた。竹内じたいは私塾の学者だが、その影響は若い公家たちにもおよんでいたのである。のみならず、進講をとおして、天皇にもとどいていた。

朝廷をしきる公家は、関白や関白経験者たちだが、事態を憂慮した。また、桃園の生母である青綺門院も垂加神道流をきらい、これをやめさせようとする。それで、一度は進講が中断された。

しかし、桃園天皇じたいがもとめたため、講義は一七五八年に再開された。摂家の公家らは、おどろきうろたえ、これをふたたびやめさせている。そして、進講にかかわった公家らへ、永蟄居をもうしつけた。その周辺にいた面々へも、軽い謹慎処分をあたえている。

彼らの師となる竹内に、直接的な罪があったわけではない。だが、幕府の取調べをうけ、京都からは追放された。以後は伊勢の宇治へうつりすんでいる。

裏松も竹内の門弟であり、連座を余儀なくされた。昇殿をゆるされた公家ではあったが、事件で出仕をとめられる。京都にもいられなくなり、伊勢の山田にあった縁者の家へ、身をよせている。

そう、裏松もまた王朝の衰微をなげき、その回復をねがう朝臣のひとりだったのである。

伊勢の縁戚宅におかれた裏松は、その寄寓先で、大内裏の歴史研究へのりだした。文献、古絵図、絵巻などを、しらみつぶしにしらべていく。そうして、平安時代の諸殿舎や室内調度の実像をさぐりだしたのである。『大内裏図考証』は、その成果にほかならない。

宝暦事件で罪に問われた少壮の学者が、他家の仮ずまいで、王朝の歴史をつきとめる。今の宮殿は、ほんらいの儀式をとりおこなう場に、ふさわしくない。かつて、儀礼はどのような空間で、いかに執行されたのか。その正確な姿をほりおこしたいという想いにつきうごかされ、大部な研究をなしとげた。

宝暦事件で、王政復古をこころざしたことじたいは、反省していない。ただ、そこへむかって実践的にうごくことは、あきらめた。そして復古への情熱を、ひたすら大内裏像の考証という歴史研究にかたむける。その三十年近くにおよぶつみかさねを、『大内裏図考証』としてまとめあげた。

老中主座の定信は、そういう研究に圧倒されたのである。考証研究としての迫力が、その考証をささえた情熱からは、定信の目をそらしたのか。とにかく、この研究成果を目にして定信は、裏松の罪をゆるしている。のみならず、紫宸殿や清涼殿の復古的な復元も肯定したのである。

一八世紀のなかばに、幕府は宝暦事件とかかわった人びとへの処罰を追認した。朝廷が、幕府への気づかいで公家たちに加えた弾圧を、そのままみとめている。幕府もまた、思想的な王政復古を、ゆるそうとはしなかった。

だが、三十年後には、その思想をひきつぐ歴史研究に、高い評価をあたえている。また、それをいかした建築復元にも、経費をさしだした。

この三十年で、幕府の対朝廷政策がかわったわけではない。一線をこえようとするふるまいには、強い姿勢をしめしている。一八世紀末でも、尊号問題などはうけいれようとしなかった。

だが、考証学にかぎれば、そのできばえに心をうばわれもする。建築の復元にも、援助をすることはできた。まあ、出費をおしまなかったと言えるほどのサポートでは、なかったが。

いずれにせよ、建築面での王政復古を、あまりことごとしくとらえるべきではない。幕府は、基本的にそちらへむかう思想を、みとめなかった。ある限界をこえた動きには、歯止めをかけている。ただ、建築に関しては手綱《たづな》をゆるめたという、それだけのことでしかありえない。

とはいえ、それは復古をめざす朝廷に、ガス抜きの機会をあたえていただろう。そして、そういううっぷんばらしの媒体くらいには、建築もなりえたと考える。明治維新へといたる、そのささやかな前奏曲としてなら、これも位置づけられえようか。

主要参考文献
京都市編『京都の歴史5　近世の展開』（学藝書林、一九七二年）
京都市編『京都の歴史6　伝統の定着』（学藝書林、一九七三年）
新創社『京都時代MAP　平安京編』（光村推古書院、二〇〇八年）
鈴木博之編『復元思想の社会史』（建築資料研究社、二〇〇六年）
辻ミチ子『京都こぼればな史』（京都新聞社、一九八六年）
徳富蘇峰『松平定信時代（近世日本国民史）』（一九二七年〔講談社学術文庫、一九八三年〕）
中村武生『中村武生とあるく洛中洛外』（京都新聞出版センター、二〇一〇年）

第2章

後桜町天皇と光格天皇の譲位

ISODA Michifumi
磯田道史

1　はじめに

今上陛下が譲位のご希望を示されたことで、平成三十年に、光格天皇以来、実に六代・約二百年ぶりの天皇譲位が決まった。譲位には儀式がともなう。現在、新憲法下の「象徴天皇制」に基づいた新しい「御譲位の儀式」が検討されている。前回の光格天皇の譲位式については、所《ところ》功《いさお》氏の研究[1]など若干の研究はあるものの、歴史学的な研究成果で公表されているものは少ない。

そこで、光格天皇譲位の実際を考察したい。いうまでもなく、光格天皇の譲位式は、現代からみれば、過去の譲位式のなかで、直近のものにあたる。しかし、藤田覚氏の所説[2]にみられるように、光格天皇は天皇権威の回復を目的として、さまざまな儀式の復興をはかっている[3]。したがって、光格天皇の譲位式は、それまでの近世天皇の譲位式とは、明らかに異なった点がみられる。近世天皇の譲位式の典型ではなく、むしろ復古的色彩を帯びた革新的な儀式であるかもしれない。とするならば、光格天皇の譲位式の研究は、単体でなされるよりも、その前の譲位式である後桜町天皇（女性天皇）との比較で理解される必要がある。つまり、光格天皇の譲位式のみを研究するのではなく、その前の後桜町天皇の譲位式の分析を行い、それと比べる形で、研究する比較研究の方法が求められる。二人の天皇の譲位儀礼の姿を比較すれば、天皇の譲位儀礼のあり方が、より立体的にみえてくるに違いない。

本稿では、まず女性であった後桜町天皇の譲位の概要を明らかにし、次に光格天皇の譲位の分析を行う。光格天皇の譲位関連の記録は、宮内庁書陵部の蔵書のほかに、早稲田大学図書館本間文庫（本間百里旧蔵書）「文化御譲位行幸并行啓内裏已下圖」などが残っている。なかでも、国学院大学図書館が所蔵する座田《さいだ》家文書の「光格天皇御譲位記録」[4]は、まとまった光格天皇譲位の記録である。賀茂別雷神社（上賀茂神社）の社家であった座田家が朝廷へ勤仕する過程で写したものと考えられ、図面や儀式に参加した堂上公家・地下官人の交名（名簿）、行列図などが一括されている。主に、この史料を利用して、後桜町天皇と、その次の光格天皇の譲位儀礼を分析する。とはいえ、天皇の肉声が聞ける史料は少ない。歴史学の研究ではあるが、国文学の研究対象である天皇御製（和歌）も分析史料に加えるなどして近世天皇の心理もさぐり、その譲位の実態を明らかにしたい。

2　後桜町天皇の譲位

光格天皇の譲位式を検討する前に、これに先行した直近の譲位である後桜町天皇の譲位の概要をおさえておきたい。後桜町天皇は日本史上、めずらしい女天皇であり、その意味からも、その譲位の実態を研究する意義がある。野村玄氏の近世女天皇論〔5〕で論じられ、その生涯についても、所京子氏が年譜を研究されてはいる〔6〕後桜町天皇の儀礼についても研究はある。野村玄氏がその践《せん》祚《そ》について論文を書かれている〔7〕。しかし、後桜町天皇の譲位式にしぼった研究はなかった。最近、所功氏の「後桜町女天皇の譲位式と『桜町殿移徙行列図』」というモノグラフ〔8〕が出て、『後桜町天皇実録』の譲位関係記録の綱文や、譲位後に桜町殿（仙洞御所）へ移徙の様子を描いた『桜町殿移徙行列図』の写真版の紹介はなされているが、研究が緒についたばかりで、先行する後桜町天皇の譲位儀礼に関する論文はこれだけである。

後桜町天皇の譲位式とは、いかなるもので、あったのだろうか。まずは、時系列で、譲位までの経過を明らかにしたい。明和七年五月二日、後桜町天皇は譲位の意思を表向きにすることにした。なぜこの時、後桜町天皇は譲位の意思を公表しようとしたのだろうか。その理由は「東宮（皇太子）漸《ようやく》成長」と、公家たちに説明された［9］。たしかに、英仁《ひでひと》親王（のちの後桃園天皇）が成長してきて、二年前に立太子をすませ、皇太子となった。この年の正月には、英仁親王は数え十二歳で初めて「和歌御会始」に出座できるまでになった。この和歌会始に出座できるかどうかが、天皇に即位が可能かどうかの指標として、重要な意味をもっていた可能性がある。天皇が和歌を詠めねば、正月の和歌会始めを催せない。和歌が詠めるほどの成長度合いが、天皇に要求される能力として、重視された可能性を示唆しておきたい。

ところで、後桜町天皇と皇太子は、伯母と甥の関係であり、実の親子ではない。皇太子が天皇の子でないのは、光明天皇の時代以来、四百三十年なかった。またその後も現在まで、皇太子が天皇の甥であった例はない。後桜町天皇は甥の皇太子の成長ぶりが、よほど、うれしかったのであろう。明和六年正月二十四日の和歌御会始で、次のような和歌を詠んだ。

鶯有歓声

幾千代の　春をちぎりて　聞きはやす　初音うれしき　宮のうぐひす［10］

明らかに、幼冲《ようちゆう》の皇太子が鶯の初音のように、和歌を朗詠しはじめたことを、ことほいでいる。「初音うれしき」と詠んでいるように、後桜町天皇は皇位の中継ぎとして自身の役割を強く自覚していた。甥の皇太子が着実に成長し、次代の男系天皇を育てあげられることに、よろこびを感じていたことがうかがえよう。和歌御会始に、皇太子が出られるようになった。これでようやく、位を譲れる、うれしい、というのが、後桜町天皇の本音であったろう。

明和六年十月八日、後桜町天皇は禁裏御所の御学問所に出御し、「来年十一月、御じょうゐ(譲位)、御受せん(禅)、其以後、北御殿院中に」ひとまず居て、「あくるとし、新造の御所(桜町殿)へ」渡御して、その仙洞御所に定住する、と、宣言した[11]。公家たちの手前には、二日前に、「御用の儀につき御参内あらせられ候よう」と、順達して、公家たちを御学問所に招集した。そこへ、後桜町天皇が出御。「今日も御座の傍に皇太子御出席也」と、その日も、幼い皇太子をともなっていた。このように、後桜町天皇は女天皇として常日頃から、甥の皇太子を伴い、導いていた。天皇は御学問所の玉座に皇太子と座ったままで、「来年十一月に御譲位、しばらく北御殿(を)院中仮御殿(とし)、翌卯年、新殿(に)移徙。卯の夏(に皇太子が)御即位」という内容は、摂政が発声して、満座の宮方・公卿に仰せ渡した[12]。

明和七年正月、後桜町天皇は、その年の和歌御会始で「迎春祝代」という題の和歌を詠じた。「諸人も、ひとつこころに、祝ふ代の、ゆたけさ見えて、春ぞたのしき(あらゆる人々が心を一つにして天皇の御代を祝い、彼らの豊かさがみえて、新春は楽しい)」[13]。この和歌からは、臣民の統合と豊かさに関心をもつ天皇の君主意識がはっきりとみてとれる。後桜町天皇も、このような君主意識をはっき

表1　後桜町院の院伝奏・評定・祗候

院伝奏	平松前中納言　難波前中納言	2名
院評定衆	四辻大納言　石山前宰相　風早前宰相	3名
祗候之人々	庭田前大納言　六条前中納言　源宰相　左衛門督 新宰相中将　藪前宰相　左兵衛督　左馬権頭 中務権大輔　右衛門佐　石山少将　刑部権大輔 清水谷侍従　中務小輔　平少納言　式部権大輔 東坊城侍従　中務権小輔　宮内権大輔	19名
		計24名

出典：「定晴卿記」明和七年六月十三日条

りと、新春に和歌で表明していた。ただ、この時点では、譲位の意思表明はみられない。後桜町天皇が、譲位の「仰せ出さる」こととなったのは、この年の五月二日のこととされる。

広橋兼胤の日記「八槐記」同日条[14]に「来年、東宮（皇太子）登極（即位）。四月たるべく、仰せ定めらる。諸臣これを奉り、来る十一月、譲受」とある。伝奏春宮大夫・奉行・職事などの人選も仰せ下された。「摂政殿、御消息あり」と記されているから、譲位については、後桜町天皇と摂政・近衛内前《うちさき》が事前に協議し、譲位儀礼の担当者も定めたうえで、譲位の意思が公表されたわけである。これに先立つ三月二十六日、後桜町天皇は近衛摂政を常住する常御殿の小座敷に呼び、伊勢物語の秘伝を口授する「伊勢物語御伝授」を行っている[15]。秘伝を譲る行為であり、このあたりから引退を念頭に、後桜町天皇と摂政の間で、譲位について、話し合われた可能性がある。ただ、後述の如く、後桜町天皇は公家たちに譲位の公式表明をする五カ月ほど前に、幕府に譲位にかかる

表2　後桜町院の院司

院司	ひろはた右大将	四辻大納言（御厩別当兼任）	
	正親町三條宰相中将	しば山中務権大輔	風早前宰相
	石山少将	からす丸弁	ひがし坊城侍従
	ひぐち中務権小輔	北小路極臈	細川新蔵人
執事	右府殿		
執権	右大将		
御厩別当	四辻大納言（院司兼任）		
蔵人	大江俊幹		
主典代	康博	盛林	

出典：「御湯殿上日記」東山御文庫、明和七年六月十三日条

三千両の費用負担を打診している。幕府への打診→費用の確保→譲位の公式表明の順で、譲位が公にされた点をおさえておきたい。

六月十三日には、後桜町天皇が譲位して、院となった時の、院伝奏以下の諸職の就任者についての後桜町天皇の「御内意」が定められ、公にされた（表1）。

院伝奏二名、院評定衆三名に、祗候之人々十九名の計二十四名である[16]。天皇が譲位する場合、院において仕えるべき面々は、天皇自身の意思がかなり反映されたものであったことがわかる。というのも、同日の「御湯殿上日記」によれば、「御小ざしきにて摂政殿・両でんそう（伝奏）、当ばんの儀そう（当番の議奏）めされ、仰出さる」とあるからである[17]。近世天皇の場合、常御殿の小座敷で、摂政（関白）、そして両役とよばれる伝奏・議奏に意思が伝えられ、そこで協議の上、実行がなされることが多かった。譲位後の院の人事も、このような会議で、天皇と摂政・両役が決めていたことがうかが

える。
さらに、九月十三日になって、譲位後の院司が任命された。

表2のように、院司十一名、執事一名、執権一名、御厩別当は院司の四辻大納言が兼任し、蔵人一名、主典代二名が置かれ、新院の職員が定められた[18]。この十六名で後桜町天皇の譲位後の院の実務が進められることとされた。さしあたって、院司の仕事は、後桜町天皇が、院としての服装にかわる「布衣《ほうい》始《はじめ》」の儀礼の奉行などであった。

このように、新院の職員をかためたうえで、九月二十八日には、後桜町天皇の譲位後の住居である「桜町殿」という仙洞御所の建設がはじまり、上棟が行われた。そして、十月一日には、上述の院伝奏・院評定・祗候之人々の正式な任命が行われている。この場合、宮中の通例として、主従の間で盃を下す「御三献」がおこなわれる。三献目は「てんしゃく(天酌)にて、女中へ御さかづき(盃)下され、おとこ(男)たちへも、てんしゃく(天酌)にて、御さかづき(盃)下さる」[19]とあるから、後桜町天皇が直々に酒盃を臣下に賜ったことがわかる。

後桜町天皇が「譲位」し、皇太子(新天皇)が「受禅」する儀式を行うと、日時を「治定」して公表したのは、十月十三日のことであった。五月二日で、内意を公表した段階では、「来る十一月」に譲位受禅を行うということであった。その日時は陰陽頭の「日時《にちじ》勘文《かんもん》」で上奏され決定される。その公表の様子は、野宮《ののみや》定晴「定晴卿記」によれば、こうであった。譲位が「来(十一)月二十四日卯刻、御治定」となったので、「昨今の間、参賀せしむべし」と、昨夜(十月十三日夜)に、招集の「廻文」が到来した。そこで、摂政以下、伝奏・議奏、公卿・殿上人が集まって、御所のなかで「御酒宴」がおこなわれた。場所は「御小座敷」であり、「御簾《みす》中、儲皇出御」とあるから、御簾の中に、後桜町天皇と皇太子(次の天皇)が蝋燭《ろうそく》の灯火のもと並んで座り、摂政以下・堂上公家以上が「陪膳、夜半に及」んだことがわかる[20]。

この譲位式の日時決定をうけて、同月十五日、摂政太政大臣・近衛内前が太政大臣を辞任する。去年から重ねて辞意をもらしていたが、後桜町天皇が慰留していた。しかし、「御譲位内々治定され」たことをうけての辞任であった[21]。二十四日には、譲位により後桜町天皇が近衛摂政以下を召して、宴を賜った。ここで注目すべきは、後桜町天皇であっても、自らが着していた御衣を、摂政以下の近臣に分け与えている点であろう。「皆、着御あるの古物也」とあるから、後桜町天皇が着ていた古物の衣服であった。このとき、すでに「新天皇近臣」も定められており、この次世代の天皇近臣も後桜町天皇の天顔を拝しているが、賜り物はなかった[22]。これで、譲位前の行事は、ほぼ終わった。

十一月二十一日から、三日後の譲位式にむけた具体的な動きがみられる。まず、神器の鏡をまつった内侍所に譲位式前日に千度詣を二回行う指示がでた。もちろん、「御じゃう位御受禅、するすると、すみまいらせ候やうに」譲位受禅儀式の無事を祈るものである。後桜町天皇と皇太子の二回分、合計二千度の詣でを行うとした。この費用として後桜町天皇と皇太子がそれぞれ白銀五十両ずつを支出し、方々への祈祷依頼も出した[23]。

さて、譲位儀式の費用は、いつ、どのように調達されたのであろうか。宮中の儀礼費用は、関東（徳川幕府）に負担を求めるのが通例である。後桜町天皇が、譲位の内意を漏らしたのは、明和七年五月二日であったが、実は、その前年の明和六年十二月二十七日には、後桜町天皇は来年の譲位を決意し、天皇→大乳母→武家伝奏のルートで、徳川幕府に費用の援助を打診していた[24]。

これに応じ、徳川幕府は、譲位式の三日前、明和七年十一月二十一日に、京都所司代を通じて、要求された三千両のうち千五百両を御所に届けた。まず、幕府の禁裏付が監督する御所の口向役人に、この金子が渡され、口向から大乳母が受け取る形で、天皇に渡されている。

このとき、後桜町天皇の譲位後、院御所御台所の当分の入用として「銀九十貫目、八木（米）千石」の進上が幕府から報告された[25]。さらに翌日、「関東（徳川幕府）より院御所御領一万石進上」が伝えられている[26]。譲位して院御所ができると、幕府は当座の譲位儀礼費ばかりでなく、恒常的に、一万石の院御所の領地を提供せねばならず、大きな出費になっていたことがわかる。

さて、譲位式は十一月二十四日であるが、譲位をめぐる儀式は、十一月二十二日の「警固固関」にはじまり、年を越して、翌正月二十五日の仙洞御所への遷御まで、表3のように一連の儀式として、執り行われた。

まず、①の「警固固関」は、譲位が無事に行われるまで、伊勢（鈴鹿）・近江（逢坂）・美濃（不破）の三関を固めるため、三関使を派遣する儀式である。皇太子が新天皇として無事に即位するまで、関を固め警備せよ、との官符を入れた函や木契を持たせて派遣した[27]。表には含まれていないが、この固めを解く、開関解陣の儀礼が行われた可能性も考えねばならぬ。これに続き、皇太子に位を譲る②「御譲位」があり、譲位後に、太上天皇の尊号をうける③「尊号宣下」、天皇でなくなった院が始めて狩衣を着る「布衣始」がある。そして、太政官が尊号詔書を施行し、布告するのが、⑤「尊号詔書覆奏」である。

表3 後桜町天皇の譲位儀礼（明和7、8年）

①	警固固関	11月22日
②	御譲位	11月24日
③	太上天皇尊号宣下	11月25日
④	布衣始	11月28日
⑤	尊号詔書覆奏	11月30日
⑥	御幸始	12月 1 日
⑦	桜町殿に移御	正月25日

出典：『後桃園天皇実録』第二巻

このうち、②「御譲位」については前日の十一月二十三日に「譲位御習礼」といって、リハーサルが行われたことが確認できる。「知音卿記」十一月二十二日条によれば、「明廿三日御譲位御内見候、辰刻、おのおの遅々なく、参集あるべく候也」とあって、御所の殿庭に調進物を設置し、「内見」を行ったことがわかる[28]。これはただ見るだけでなく、「柳原紀光日記」によれば、「御譲位習礼によって、巳刻参入、夜に入り退出」とあるから、長時間のリハーサルであったことがわかる[29]。

十一月二十四日の譲位式の様子を、「柳原紀光日記」明和七年十一月二十四日条によってみよう[30]。まず、南殿（紫宸殿）に、御簾を掛けた御帳をたてて、なかに紫綾の氈《かも》をはった椅子の後桜町天皇の玉座をもうける。その西一丈ばかりのところに、皇太子の綾の氈をはった椅子を置く。この椅子の後ろには屛風が立ててある。摂政の座ももうけられ、御手水間に神器の「剣璽」を置く。この儀式を司る上卿の指揮のもと、皇太子に譲位することなどが述べられ、今回の譲位の宣命を起草した五条為璞（為俊）がよばれる。譲位の宣命草の入った箱が内記によって持ち込まれ、上卿がそれを見て確認の上、宣命の清書が行われる。宣命が清書されると、上卿によって宣命使が指定される。そこで朝臣たちが起立し、まず天皇が、次に、皇太子が紫宸殿に出御して、それぞれの椅子に座る。そこへ宣命使がきて、宣命を奉告する。群臣が再拝し、また拝舞する。そのとき、皇太子は椅子の前に立つが、宣命使に、拝礼はしない。

宣命の内容は「朕、庸質をもって天日嗣を承伝賜ひて、歴年の紀を保てり。薄徳の身は此位に堪ゆるべからざると、歎き畏れ賜ひて、皇位を避け」皇太子に皇位を譲るというものである。皇位にいられない理由は「庸質」「薄徳の身」のせいであり、「女性の身」でありながら皇位にいて、などという表現はまったくなかった。

ここで皇太子は新天皇になる。座をたって、旧天皇の御座のほうを向き、拝舞をする。そして、新天皇は紫宸殿から本宮（小御所）に出ていく（還御する）、そのうしろに内侍二人が剣璽をささげもって従ってついて出ていき、譲位式はおわりである。

「後桜町天皇宸記」には、この譲位式についての後桜町天皇の感想が記されている。「何かするすると、すませられ候て、常御殿へ入御、万々歳と、めで度し、めで度し」である[31]。後桜町天皇が重責から解放された喜びが素直に残されている。ここで考えておかねばならないのは、新旧天皇の譲位儀式後の居所である。譲位式直後には、新天皇は本来の天皇の居所である「常御殿」に入ったわけではないようで、位を譲ったばかりの旧天皇(後桜町天皇)=院が「常御殿へ入御」している点には留意しておきたい。しかし、後桜町院は十二月一日の時点では禁裏北殿に移っており、翌年正月二十五日には、新造した桜町殿を仙洞御所として遷幸し、一連の譲位の儀式をおえたのである。

3 光格天皇の譲位

次に、光格天皇の譲位を分析する。光格天皇が譲位を決意したのは、いつだろうか。文化十四年正月二十四日の和歌御会始で、光格天皇が「詠毎年愛花(毎年、花を愛するを詠ず)」と題して、詠んだ次の和歌は注目される。

ゆたかなる　世の春しめて　三十年余り　九重のはなを　あかずみし哉[32]

豊かな世の春をしめて三十年余りになるが、宮中の花を飽きもせずみてきたものよ、という意味であろう。在位三十年、宮中の花を飽きずにみてきたことを回顧した和歌であり、明らかに、三十年を区切りとして、譲位を念頭におきはじめている。三十年という点は、平成の御譲位と対比されて興味深い。「しめて」は、うがった見方をすれば、「占めて」と「閉めて」が掛けられているようにもとれる。近世天皇は在位中は火災等がない限り、禁裏御所から出ることはない。出るとすれば、譲位して、仙洞御所に移るときである。光格天皇は、天皇の子でなく、閑院宮家出身である。幼い頃は、比較的自由に暮らしていた。天皇にとって、在位三十年の「幽閉」の月日は、あきれるほどの長い時間で、自嘲ぎみに、和歌に詠みたくなるほどのものであった。

いよいよ、光格天皇が、譲位の日時を治定したのは、文化十四年二月十四日のことであった。同日条の「洞中執次詰所日記」に「一、来月廿二日卯剋、御譲位御内々治定之旨、議奏日野殿被仰渡」とあるから[33]、側近の議奏を通じて、天皇が譲位の日時治定を公にしたことがわかる。座田家文書の「光格天皇御譲位記録」には、このときの譲位の日時を勘申した陰陽頭・土御門晴親の「日時勘文」の写しがあるので、掲げておく[34]。

日時勘文

択申　御譲位日時

今月廿二日乙丑　時卯

文化十四年三月廿二日　陰陽頭安倍朝臣晴親

陰陽頭から日時勘文が出されると、即日、それを公にしたことがわかる。それから、三月十一日に、光格天皇は、譲位後に、院となって新天皇の御所に始めて渡御する「御幸始」のときに、自身が新天皇からうける御祝儀の内訳を定めている。後桜町天皇の「明和七年度、自余、御祝儀物、多端、当役伺いこれあり候処、此度ハ伺に及ばす、御内儀御沙汰」とあるから、光格天皇は御内儀（女官）のほうで決めることにした。後後桜町天皇の時は、「御歌書（草紙板を挿す）・昆布一箱・鯣《するめ》一箱・鮮鯛一箱・御樽二荷」であったが[35]、光格天皇は前回「御歌書」であったものを「黄金廿両」にかえた[36]。後桜町天皇の譲位と光格天皇の譲位の違いは、このように小さなものばかりではない。

表4をみていただきたい。光格天皇の譲位儀礼は、前回の後桜町天皇の儀礼に比較して、大きく変貌した。後桜町天皇と光格天皇の譲位式の違いは、第一に、その場所である。後桜町天皇が禁裏御所（土御門殿）から出ることなく、その内部の南殿（紫宸殿）で譲位式を行ったのに対し、光格天皇は古式を復活させ、まず内裏を出て小さな「行幸」を行い、その行列を民衆にも観覧させながら

表4　光格天皇の譲位儀礼（文化14年）

①	警固固関	3月21日
②	桜町殿に行幸	3月22日
③	桜町殿に中宮行啓儀	3月22日
④	御譲位	3月22日
⑤	院殿上儀	3月22日
⑥	開関解陣	3月23日
⑦	布衣始	3月23日
⑧	太上天皇尊号宣下	3月24日
⑨	御幸始	3月26日
⑩	尊号詔書覆奏	3月28日
⑪	尊号御報書勅答	5月7日

出典：「光格天皇御譲位記録」座田家文書『光格天皇実録』第三巻

「桜町殿」に到って、譲位式を行った。したがって、式次第が、①行幸・行啓②譲位③開関解陣④尊号宣下⑤布衣始⑥太上天皇尊号宣下⑦御幸始め⑧尊号詔書覆奏⑦尊号御報書勅答という順序に変わった。

第二に、光格天皇の譲位儀礼は、後桜町天皇の譲位に比して、明らかに大規模になっている。譲位を前に、天皇行幸と中宮行啓があることが大きいが、それだけではない。仙洞御所で譲位が行われるため、「院殿上儀」など、後桜町天皇のときには必要なかった儀礼が復興されている。天皇が譲位前に、わずかな距離であるが、禁裏御所（土御門殿）を出御して、仙洞御所（桜町殿）まで移徙することの意味は大きい。なぜならば、近世後期の天皇は被災時以外原則として外出することがなかった。天皇が禁裏御所を出れば、当然、民衆が集まってきて、天皇の遷御の姿を拝観しようとする[37]。直接、拝観されなくても長大な絵巻物が作られ譲位儀礼は可視化される。

それだけではない。第三に、譲位儀式が精密化した。例えば、譲位儀礼のはじまりは「警固固関」である。先に述べたように、天皇の代替わりにあたって、都の東側の三関を固める。譲位と受禅が無事すめば、開関解陣といって、緊急の警備体制を解く。いずれも中国の制度にならって、律令時代には実際に行っていた手続きである。もちろん、江戸時代には、そのようなことはなされない。朝廷が配役を決めて、演劇のように、儀礼で再現しているにすぎない。しかし、どこまで精密に再現するか。その点で、後桜町天皇の譲位時と、光格天皇の譲位時では、違いが生じた。

表5をみていただきたい。後桜町天皇時と光格天皇時の「警固固関」の配役表である。両者を比較すると、興味深い違いが、明らかになる。後桜町天皇の時には、「近衛司」や「国司」といった役柄はなかった。ところが、光格天皇の時には、国司役を中心に役柄が増えた。後桜町天皇の時には一八人で、この儀礼を演じていたが、光格天皇の時には、役柄・人数が増えて、三〇人で演じるようになっている。

これは何を意味するのであろうか。リアルな世界では、伊勢は藤堂家が国主であり、近江は井伊家など、美濃も多くの近世領主が治めていた。しかし、光格天皇は、これらの国々にバーチャルな国司や介を配役して、きわめて緻密に、朝廷が治めていた時の状態を儀礼の形で再現しようとしたことがわかる。実際に、勅符や太政官符が作られ、「五刻」と「三刻」の「駅鈴二口」を携えた使者が近衛二人と従者一人を連れて、使いをしてみせる。それゆえ、鈴鹿・逢坂・不破の三関に遣わす使者「三関使」に付き添う「内舎人」の役まで用意したのであろう。近江の国司については、守・権守・介・権介と、四人もの配役している。光格天皇は「警固固関」という儀式を通じて、律

表5 譲位時の「警固固関」の配役

後桜町天皇譲位時		光格天皇譲位時		
上卿	左大臣	上卿		近衛基前公
参議	新宰相中将	参議		飛鳥井雅光
少納言	宣光朝臣	少納言		平松時門
弁	謙光	弁		広橋光成
大内記	為璞朝臣	勅符作進		東坊城聡長
中務輔	光村朝臣	中務輔		北大路師光
近衛府	有政朝臣 基村朝臣	左近衛府 右近衛府		姉小路公遂 冷泉為起
衛門府	永範朝臣 順仲朝臣	左衛門府 右衛門府		五辻豊仲 石井行遠
兵衛府	則賢 兼幹朝臣	左兵衛府 右兵衛府		富小路貞随 豊岡治資
なし		近衛司		身人部清重
三関使	則氏 季緒 生民	三関使	鈴鹿 （内舎人） 逢坂 （内舎人） 不破 （内舎人）	山科生静 神原正信 久保光尚 辻順義 安倍季良 藤木保舎
三寮使	泰之 職成 教賢	三寮使	左馬寮助 右馬寮権助 兵庫寮助	物加波懐寿 上田之貞 川越定賢
なし		国司	伊勢守 伊勢介 近江守 近江権守 近江介 近江権介 美濃守 美濃権介	高橋俊寿 嶋田俊直 堀川弘業 八条隆祐 三上常斐 園池実達 岡本清廉 押小路公連

出典：「後桜町天皇宸記」明和七年十一月二十二日条、東山御文庫
「光格天皇御譲位記録」文化十四年、座田家文書

令時代の朝廷の地方支配の姿を忠実に再現しようとしていた。その光格天皇の譲位儀礼には、随所に、その意思が表れている。

4　おわりに――虚構から現実へ

以上、譲位儀礼についてみてきた。前々回の後桜町天皇と、前回の光格天皇の譲位儀礼を比較し、その特徴や意義について述べたい。

まず、光格天皇が譲位儀礼の復古・精密再現・拡大化を志向したため、後桜町天皇の時に比べ、譲位儀礼はその規模が一段と大きくなったことがわかった。もちろん、光格天皇が禁裏御所から行幸した上で、譲位儀式を行いはじめたことが大きい。しかし、光格天皇一代で譲位の拡大がなされた、という評価は正確でなかろう。後桜町天皇の頃から、すでにその動きは始まっており、連続していた、とみるべきである。後桜町天皇は譲位を前に「桜町殿」という仙洞御所を建てさせている。この行幸先(仙洞御所)があったればこそ、譲位前に仙洞への行幸を行う光格天皇の譲位儀礼も、可能になった。

このように、後桜町天皇が「御譲位已後、仙居(仙洞御所)」[38]として、譲位前に「桜町殿」をあらかじめ再建していたことは、きわめて大きな意味をもった。禁裏御所(土御門殿)と仙洞御所(桜町殿）の二つがあり、即位と譲位の時に、その間を、天皇や上皇が儀礼で往来するようになると、天皇の譲位儀礼は、当然ながら、行幸・行啓をともなうようになり、外に出る。すなわち、譲位儀礼が禁裏御所の密室で行われるものではなく、民衆にとって可視化されるのである。次第に、天皇の譲位儀礼は、民衆にみられるもの、もしくは、民衆にみせるもの、となっていった。

しかも、光格天皇になると、譲位儀礼を通じて、かなり精密に、かつての律令時代の天皇の国内統治の姿が再現されるようになる。おそらく、儀礼をやっている天皇や公家たちの意識も、変わっていったであろう。本来、この国は、このようにして、朝廷が統治していた。そういう意識が芽生えやすくなったのは、間違いあるまい。「日本全土を支配する天皇の朝廷の姿」が儀礼で再現され、それが可視化されるようになったのである。

これを続けていれば、儀式を行う天皇や公家の意識も変わってくる。はじめはバーチャル・虚構の儀礼にすぎなかったが、儀礼で虚構を演じているうちに、演じている虚構を現実にする動きも出てきた、というのが、幕末にかけての朝廷のリアルな姿であった。

註

1——「光格天皇の譲位式と『桜町殿行幸図』」『藝林』六六（一）号、二〇一七年。譲位に続く仁孝天皇の即位については、西村慎太郎「災害による朝廷儀式記録の消失と高御座の再生」『国文学研究資料館紀要』十二号、二〇一六年が詳しい。

2——『幕末の天皇』講談社学術文庫、二〇一三年。

3——『光格天皇：自身を後にし天下万民を先とし』ミネルヴァ書房、二〇一八年。

4——座田家文書についてはマイクロフィルム版がある。

5——野村玄「近世女天皇像の形成」『比較日本文化研究』一二、二〇〇五年。

6——所京子「後桜町女天皇年譜」『史窓』五八、二〇〇一年。同「後桜町上皇年譜稿」『岐阜聖徳学園大学紀要』外国語学部編、四〇、二〇〇一年。

7——野村玄「女天皇後桜町天皇の践祚とその目的」『日本歴史』七〇一、二〇〇六年。

8——所功「後桜町女天皇の譲位式と『桜町殿移徙行列図』」『京都産業大学日本文化研究紀要』二三号、二〇一九年。

9——「柳原紀光日記」『後桜町天皇実録』ゆまに書房、第二巻、六一七頁。

10——『後桜町天皇実録』第二巻、六〇二頁。

11——「御湯殿上日記」東山御文庫、明和六年十月八日条。『後桜町天皇実録』第二巻、六四六頁。

12——『後桜町天皇実録』第二巻、六七四頁。

13——「延嘉愚暦」明和六年十月八日条。『後桜町天皇実録』第二巻、六四七頁。

14——『後桜町天皇実録』第二巻、六八六頁。

15――「御湯殿上日記」東山御文庫、明和七年三月二十六日条。『後桜町天皇実録』第二巻、六八一頁。
16――「定晴卿記」明和七年六月十三日条、『後桜町天皇実録』第二巻、六八八頁を参照。
17――「御湯殿上日記」東山御文庫、明和七年六月十三日条。『後桜町天皇実録』第二巻、六八九頁。
18――「御湯殿上日記」東山御文庫、明和七年六月十三日条。『後桜町天皇実録』第二巻、七一五頁。
19――「御湯殿上日記」東山御文庫、明和七年十月十三日条。『後桜町天皇実録』第二巻、七二一頁。
20――「定晴卿記」）明和七年十月十四日条。『後桜町天皇実録』第二巻、七二一頁。
21――「柳原紀光日記」明和七年十月十五日条。『後桜町天皇実録』第二巻、七二二頁。
22――「八槐記」明和七年十月二十四日条。『後桜町天皇実録』第二巻、七二三頁。
23――「御湯殿上日記」東山御文庫、明和七年十月二十四日条。『後桜町天皇実録』第二巻、七三〇頁。
24――「来年、御じょう位、御受ぜんにつき、何か御事多につき、関東へ三千両、今日、伝そうへ大乳ちにて申し出る」と「御湯殿上日記」にある。『後桜町天皇実録』第二巻、七三一頁。
25――同右。
26――「御湯殿上日記」東山御文庫、明和七年十一月二日条。『後桜町天皇実録』第二巻、七三三頁。
27――「柳原紀光日記」明和七年十一月二十二日条。『後桜町天皇実録』第二巻、七三七頁。
28――『後桜町天皇実録』第二巻、七三九頁。
29――同右。
30――『後桜町天皇実録』第二巻、七四五～七四九頁。
31――『後桜町天皇実録』第二巻、七四〇頁。
32――「光格天皇御懐紙」文化十四年正月廿四日、東山御文庫所蔵。『光格天皇実録』ゆまに書房、第三巻、一六六五頁。

33――『光格天皇実録』第三巻、一六六七頁。

34――座田家文書「光格天皇御譲位記録」マイクロフィルム版、三四六。

35――『後桜町天皇実録』第二巻、七七〇頁。

36――「山科忠言卿伝奏記」『光格天皇実録』第三巻、一六六七、一一六八。

37――これについては森田登代子『遊楽としての近世天皇即位式』ミネルヴァ書房、二〇一五年が明らかにしている。

38――「柳原紀光日記」明和七年九月二十八日条。『後桜町天皇実録』第二巻、七二〇頁。

明治

第3章

福地桜痴と「尊号一件」の百年

KONO Yuri
河野有理

1　はじめに

江戸から明治へ。一八六八年のいわゆる明治維新を画期としてその前後に「前近代（＝江戸）」と「近代（＝明治）」という二つの時代を見てとるのは、ごく普通の歴史感覚といってよいだろう。「天皇」という存在に着目することは、一見、こうした歴史観を助長するだけのようにも思われる。将軍の世紀から天皇の世紀へ、というように。だが、本当にそうだろうか。本稿は「天皇」に注目しながら、江戸と明治をまたがって揺蕩《たゆた》っていただろう、ある〈時間感覚〉について想起しようとする試みである。具体的には「尊号一件《そんごういっけん》」の記憶を俎上《そじょう》に載せ、今はすでに忘れられて久しいこの事件を思い出すことを通して、上記出来合いの歴史感覚を考え直してみたいのである。

「尊号一件」についての最初の公式記録は『徳川実紀』寛政五(一七九三)年二月十六日条に見える。

中山前大納言愛親《なるちか》卿、正親町《おおぎまち》前大納言公明《きんあき》卿めされて参向あり、けふまうのぼり白木書院にして宿老面謁あり。こははじめ主上その生親閑院宮《かんいんのみや》典仁《すけひと》に。太上天皇の尊号をまいらせたくおぼしめされ。仰立られしに御差留あり。やがてこの両卿をばめし下されて。御問対ありしなり[1]。

時代はくだり『明治天皇紀』明治十七(一八八四)年三月十九日条は、事実関係を再度整理した上で、以下のように「寛政尊号始末」の顛末を記している。

光格天皇の実父故一品《いっぽん》典仁親王に太上天皇の尊号を追贈し、慶光天皇を諡《おくりな》したまふ。典仁親王は閑院宮一品直仁親王の子にして東山天皇の皇孫なり、光格天皇始め閑院宮家より龍興して皇統を嗣ぎたまふ、是に於て昭穆《しょうぼく》の位を以て、御実父に太上天皇の崇號を上らんと欲したまひしが、幕府故ありて命を奉ぜず、事遂に止み、議に与れる議奏中山愛親・伝奏正親町公明以下

各々責罰せらる、所謂寛政尊號始末と称するもの即ち是なり(三月十七日条)

『徳川実紀』と『明治天皇紀』が指し示す事実関係には、当然ながら、ほぼ異同はない。主要登場人物は光格天皇、松平定信、中山愛親の三名。光格天皇が当時存命の実父たる典仁親王に「太上天皇」号を贈ることを希望したが、松平定信を中心とする「幕府」の「宿老」がこれを拒み、伝奏《でんそう》の中山愛親(と議奏《ぎそう》の正親町公明)が江戸に呼び出された上で譴責《けんせき》される。これが世にいう「尊号一件」の骨子となる事実経過である。ただし『明治天皇紀』同条の冒頭「光格天皇の実父故一品典仁親王に太上天皇の尊号を追贈し、慶光天皇を諡したまふ」は、これが単なる事実関係の整理ではないことを教えてくれる。そもそもなぜこの日にこの事件が改めて回顧されたのかといえば、典仁親王の九十年忌にあたるこの年この日、改めて「慶光天皇」号の追贈が決定したからに他ならない。『明治天皇紀』はここでさりげなく、しかしはっきりと、「尊号一件」についてその「始末」がついたことを宣したのである。この大団円はもちろん江戸に対する明治の勝利を改めて印象付けるものとなろう。『徳川実紀』が記す寛政五(一七九三)年に始まり、『明治天皇紀』明治十七(一八八四)年に一旦はその円環が閉じられたかに見えるおよそ百年間。この百年を〈尊号一件の百年〉とでも仮に呼ぶことにしよう。江戸と明治をまたぎ、世紀とも干支とも対応せずに、揺蕩うある固有の時間の幅、それが本稿の主題である。

明治十七年三月十九日付太政官布告第一号により追贈が告示されたことを受けて、同三月二十一日、二十二日付の『東京日日新聞』は「尊号御追贈の御事」と題する記事を二日連続で巻頭に掲載した。その末尾は「御事百年にして其行はるるを見る洵《まこと》に明治の一大盛事なり」と結ばれる。何かといえば「明治の一大盛事」と持ち上げるのがこの時期の常套とはいえ、『朝野』『郵便報知』などのライバル紙の関心はこの日、制定されたばかりの地租条例や開会中の東京府会に向いており、この件が詳細に報じられたわけではない。それでなくとも、過激化の一途をたどる民権運動はこの年の五月そして九月にそれぞれ群馬事件と加波山事件として暴発することになるのだし、海外に目を向ければ、清仏間の軍事的緊張が徐々に高まっていた(開戦は六月)。そうした時期に二日にわたって「尊号」について詳細に論じるのはやや異様な感もある。この論説の記者「吾曹《ごそう》」氏が主導して結成した立憲帝政党、その「綱領」に掲げる「万世不易の国体を保守」への今さらながらの忠義立てとも(同党はこの前年にあえなく解散)、はたまた「吾曹」氏も関与を疑われた疑獄事件が府会で湧きあがりつつあったことへのカモフラージュとも勘繰りたくなる。だが、この件に関する記者の熱意は決して一過性のものではなかった。明治二十(一八八七)年の一月から十二月にかけてこの事件についてのつづきものを連載した彼はそれを『尊号美談』と題して一書にまとめる。その序文冒頭にも「かがなへば已に百年」とある。著者の名義は池畔釣夫。当時、まだ上野池之端に居を構えていたはずの「吾曹」氏こと福地桜痴《ふくちおうち》であった。

改めて説明しよう。本稿が目指すのは、「尊号一件」に関する新事実の発見などではない。また、「尊号一件」に関する正しい歴史叙述（〈史実〉）の確定でもない。福地に見えていた「百年」を、『尊号美談』の置かれていたコンテクストとともに再構成すること、それが本稿のささやかな目標である。前もって言っておけば、〈尊号一件の時間〉は百年以上の広がりをついに持たなかった。〈尊号一件の百五十年〉や〈尊号一件の二百年〉を福地と同じ感慨をもって振り返った人はいない。同時代の他紙の扱いからうかがえるように〈百年〉ですら、誰もが回顧する事件というわけではなかった。本稿は、節目ごとにその記憶が更新され続ける不死の特権的事件（例えば明治維新）ではなく、ある時点で凍結されたかのような歴史的記憶について考える。尊号「一件」はまさに、明確な始期と、それよりはいささか曖昧ながら確かに終期を持つ、こうした歴史的記憶なのである。このあたかも一時停止されたかのような歴史的記憶に改めてアクセスすることは、それが江戸と明治をちょうどまたがった時期に位置することもあり、江戸と明治を非連続的に理解する歴史観を相対化することに役立つだろう。しかも「天皇」なる存在に着目しつつそうすることが可能だろう。

ともすれば後世の歴史家が明治の世界を記述するとき、あたかも集団的記憶喪失に陥った人々を描くように彼らの行動を記述してしまうことがある（江戸と明治の非連続的理解とは具体的にそういうことである）。しかし、当たり前のことだが、明治のとりわけ前半期を生きていた人々の大半は江戸を生きていた。たとえ江戸を実際に生きたことはなくても、様々な形で、江戸を記憶していた。それは例えば「天皇」という、明治の世になって急きょ再び、歴史の表舞台に舞い戻ってきたかに見える存在についても同様である。「江戸の天皇」——「天皇」ではなく「禁裏」と呼ばれることがほとんどであった——にまつわる記憶は、明治の「帝室」制度を考えるにあたり、どのように作用したのか。たとえばこういった問題を意識しつつ、以下、『尊号美談』の世界に分け入っていくにあたり、まずはその「前史」について語る必要があろう。

2 「中山もの」の時代——前提1

話をいったん『徳川実紀』に戻そう。公儀の「御儒者」、林述斎の指揮の下、文化六(一八〇九)年に編纂が開始された『徳川実紀』は、先に引用した本文に付された按文において「この日の問対異説区々にして決しがたし。よりて要を取りてしるす」と簡潔に過ぎる本文について弁解した上で、「反汗秘録、小夜聞書、中山問答。又萱蕉野翁物語などにもしるせり」と見慣れぬ資料群の参照を指示する。本件に関する一次資料として通常知られるのは京都の中山愛親側の記録「尊号廷議」(のちに述べるように実はこれだけでは不十分なのだが)であるところ[2]、前記の按文は、『実紀』編纂者たちが当時この資料を入手できていなかった可能性をうかがわせる。「尊号廷議」も写本を通じて流通していたとおぼしいが、その範囲は必ずしも広くなかったようだ[3]。代わって本件について広く流布していたのは、「反汗秘録」(あるいは「小夜聞書」)また「中白問答」(中山と白川〔定信〕の意であろう)という出所不明の文書であった[4]。その内容は、後述の民間に流布した物語群と共通する部分を持ちつつ、たとえば同時代の随筆『蕉斎筆記』が伝聞として記するところとほぼ重なっており、同時代の噂をまとめた内幕ものの可能性が高い[5]。「尊号廷議」に比して資料としての信頼性は高くないのだが、当時の大名家の文書に残っている場合も多く、『実紀』編纂者が参照していることからも、一次資料に準ずる扱いを受けていたことが分かる。

興味深いことに、これらの文書には、さらにさまざまな荒唐無稽の脚色が加えられ、「中山もの」と総称される中山愛親を主人公とする一群の物語が産み出され広く民間に親しまれた。「中山もの」は、まさにこの寛政期に出現したとされる「実録もの」ジャンルのしかも目玉商品の一つとして定着し幕末・明治初年にかけて流行をみたのである[6]。

刊本ではなく写本で、書肆ではなく貸本屋で、また講釈や講談といった形で主に流布した「中山もの」にはその性質上、膨大なヴァリアントが存在するが、ほとんどにおいて共通するあらすじは、中村幸彦によれば以下にまとめるがごとくであるという。

三代将軍の時、幕府は鷹司関白に古筆類などを賄賂として、朝廷から東叡山寛永寺造営の許可を得、中宮の父として徳川秀忠に太上天皇の称を得た一条を初めに掲げる。寛政の帝の父君への尊号と千石二千俵のお手当を許さぬ幕府が、五か条の難題を朝廷に示す。煮え切らぬ鷹司関白の論を押し切り、勅命により中山・正親町二卿が使として東下する。御簾の中に将軍をおいての対問の場で、有職故実の知識をもって幕臣をたしなめ、尊号問題をまずとり上げて、老中松平定信に愛親は対決する。今度も関白の「自分は反対だ」との一詠を示されて、定信の否定説を受け入れた愛親は、たとえ天皇の一度出した意志も、悪ければ訂正すべく忠言せよとの定信の説を逆手に取り、秀忠の太上天皇の称号を打ち消すとの綸旨（実は白紙）を読み上げる。将軍も定信も閉口して退き、水戸侯のとりなしで、五か条の難題は撤去、尊号には異論なしで収拾された。（『日本古典文学大辞典』、「中山大納言物」の項）

この「中山もの」について、第一に指摘できるのは、言うまでもなくその虚構性である。一読して明らかなように、ここで語られているのは、事実関係や実際の政治過程とはおよそかけ離れた荒唐無稽と言っても過言ではないフィクションである。秀忠に「太上天皇」号は贈られていないし[7]、「五か条の難題」など存在しなかったし、何より典仁親王へ「尊号」は贈られなかった。愛親が定信らを「たしなめ」たことはなかったし、「綸旨《りんじ》」の「読み上げ」も実際には行われていないのである。もっとも江戸のフェイクニュースとでも呼ぶべき実録「中山もの」に比べると、元ネタである「反汗秘録」の虚構性はさほど高くない。たとえば東叡山造営のくだりや「五か条の難題」、綸旨の読み上げなどのくだりは当路に流通していたとおぼしき「反汗秘録」には存在しない。それでも、愛親が定信を「たしなめ」たという物語の大筋は維持されている。

第二に、以上の点に関連して、この虚構性が全く無秩序なものではなくある一定の傾向性を帯びていることである。つまり全体として明らかに「京鼎眉の説」(『蕉斎随筆』、二五四頁)なのである。たとえば、「中山もの」では、江戸に「下向」した中山が江戸城内で制止を振り切り駕籠を降りずに意気揚々と城中に向かったとする記述がバージョンを問わず共通して見られるが、「よしの冊子」によれば「下乗迄乗物をかき込」んだのは事実だが、直ちに「同心共棒を持出候て、大に若党を叱り……公家衆しほしほと乗物を出被申候由」とのことであり、さらにこれについては「あの様に厳しい取扱い」「あまりに厳しい取扱かたじや」と同情の声さえあがったのだという(「よしの冊子」巻十九)。当時の江戸と京都の関係に鑑みれば、どちらが事実に即していたかは明らかで、要するに「実はまる負けになって帰っ」たはずの中山が「まる勝ちにかったように」書かれているのである(下橋敬長『幕末の宮廷』)。虚構性の比較的低い「反汗秘録」にも、上述のように中山側に花を持たせた記述が見られることとから、かかる「京鼎眉」性は「反汗秘録」－「中山もの」系列の物語群の本質的な属性とみなしてよいだろう。

当然、危険であった。刊本ではなく写本によって、貸本屋を介して流通したのは、「どういふ秘密な物でも写本なれば、一切黙許の姿」であったために他ならなかった[8]。それでも事実、すでに享和年間中、「写し取りたる本屋共は、おん咎を蒙りて、写本はすべて焼き捨てられ」(『兎園小説』第十二集)たというし、たとえば講釈師・赤松瑞竜は文化十三(一八一六)年八月二十三日、まさに「中山もの」の一ヴァリアントたる『中山瑞竜伝』を講じた咎で捕縛された。「重き御役人堂上方詠歌之争有之趣意猶不取留虚説を彼是弁舌を加え」た罪で「江戸払」であった(「軍談講釈並神道心学辻談義之事歴」『講談資料集成』第三巻)。単に「御政道」の機微に触れたというだけではあるまい[9]。中山を「まる勝ち」にした「京贔屓」のすじ書き、そして瑞竜がおそらくそこで主人公・中山愛親に台詞を通して語らせたであろう理屈もまた問題含みであった。それは、まさにこの「尊号一件」を通じて公儀の側にも改めて自覚されることになるいわゆる「大政委任論」の射程を超えるものではないものの[10]、作中の問答では「公方」「公儀」の名号の使用にケチをつけさせるなど(「公方とは誰の事ぞ公方と申すは誤り成べし勅使に対して上様とは誰をかいふや」『中山夢物語　下』)、「反幕」的気分の醸成が明らかに図られていた。そこでは「大政委任」の法理について、その委任の側面ではなく権原の側面を強調することで「幕府」攻撃の具に転用せしめんとする幕末政治思想が、いわば先取り的に展開されていたと言ってもよい。「中山もの」が幕末にかけて、さまざまな脚色を加えて大部に成長し、志士たちに愛好されていくのは当然のことであった(江戸市中においてさえ「大和錦の京土産」と喧伝され、盛んに読まれたという。宮武外骨『筆禍史』)。時代は下り、島津三郎を率いて意気揚々と江戸に入り実際に居丈高に「幕府」に接した勅使大原重徳に、この「中山もの」を重ねてみた人々も、多かったことだろう。

3 〈追贈の政治〉と明治の「中山もの」――前提2

明治を迎えて、実際の敗者を「まる勝ち」に描いた物語の反事実性を遡及的に解消しようとする動きが出てくることは容易に想像がつこう。それが中山愛親の曾孫であり明治天皇の外祖父でもあった中山忠能によって主導されたのは、まずは理の当然であった。再び、『明治天皇紀』を引こう。

> 是の年八月親王九十年の忌辰に相当す、是より先、従一位中山忠能具に古典例を按じ、議を太政大臣に上り、速やかに親王を追謚し、光格天皇の叡旨を紹述せられんことを請ふ、忠能は愛親の曾孫なり、深く曾祖父等の志を悲みて此の議あり、宮内卿徳大寺實則亦申奏する所あり、天皇深く祖孝の孝志を追念し、之を修史館に諮詢し、是の日思召を以て、追孝尊崇の典を聿修したまふ（前掲）

だが、実際の過程はここに記されているほど単純ではなかった。たとえば、徳大寺實則による「中奏」と、「諮詢」を受けた修史館が出した答申の関係は『明治天皇紀』の記述が予想させるほど順接的ではなかった。まず、前者について見れば、徳大寺の「中奏」の背後にあったのは矢野玄道の建言書であった。廃藩置県直前、明治における「裏切られた革命」運動の一つとも言うべき二卿事件への関与を疑われ中枢からパージされて後[11]、郷里に隠棲を余儀なくされていた矢野が、再度上京し修史館御用掛に任ぜられたのが明治十(一八七七)年のこと。翌年から宮内省御系譜係に異動した矢野が当時からしきりに画策していたのが、彦五瀬命、日本武尊、神功皇后等への「天皇」号追贈そしてこの典仁親王への「太上天皇」号追贈運動であった。「太上天皇」号について、明治十六年五月十一日、御系譜課が作成したとみられる宮内卿から太政大臣に充てた上申書には、明治十年の異動直後に提出されたのであろう矢野の建言書が付されている。そこには、「野史雑説」(「中山もの」のことであろう)ではなく「尊号廷議」に依拠するとしながら、「外国の故実」を援用する「腐儒」批判といういかにも国学者らしい態度と定信の「吝嗇」批判というありがちな論点を除けば、積極的な論理構築や適切な先例探索の試みは特には見られない。むしろ「徳川氏の策臣松平定信等が蝶々便佞を逞く仕て」あるいは「叡慮も貫徹無に終り候は臣子之情千歳之大遺憾」などの書きぶりが示すように事件の〈史実〉描写それ自体をして語らしめようとする態度が濃厚なのであった[12]。その論旨は要するに「光格天皇は源定信等が為に寛政より九十年来今に猶叡志御遂不被遊候は深奉恐入候儀」(明治十六年五月九日上申に際しての附言)[13]というにすぎず、何らかの論理にではなくその〈史実〉に「深奉恐入」ことが大事であるという主張であるが、その〈史実〉の切り取り方それ自体には「中山もの」の世界観が影響しているであろうことは見やすい。

「野史」を排すると言いつつ「中山もの」との呼応が明らかな宮内省側に対し、いわば当時の松平定信側の立場にたって、あくまで論理と先例の観点から異論を提起したのは「諮詢」をうけた修史館の側であった。同十六年七月十四日、監事長松幹《ながまつみき》の名義で内閣書記官に提出された上陳書は、日本武尊や神功皇后への追贈案と典仁親王への追贈案、それぞれ別個に出された宮内庁御系譜課の上申(どちらも矢野の建言書付き)を一括したうえで「至尊の御父皇子親王は必す尊号を上つると申す常例も無之」「尊位を践せられさる御方々に容易御追贈不可有之儀」などとして原則認めない態度を示しつつ、典仁親王についてのみ「光格天皇の御意志」を尊重し「格別の御儀」をもって認めるべきとした[14]。行政機関同士の交渉ごとの常として、かかる経緯が、本来無理筋な日本武尊等への追贈をいわば「見せ球」にしつつ本来の目的たる典仁親王追贈案を通過させようという宮内省側の戦略の結果だったのか、それとも、実質的にゼロ回答ながらすべて不可としては宮内省の面子をつぶすことになることを慮った修史館側の配慮による妥協の産物だったのかは、判然としない。だが、修史館側は先の上陳書において典仁親王追贈自体は容認しつつも「贈位贈官又は社格同様一二建言等に因り軽挙被挙行候様相聞候ては却て御失体に可渉」と背後にある矢野の建言に対して不快感を隠していなかったし、これを知らされた矢野の方も「愚俗の輩の、贈位と××（判読不明）中立可く候由申し候、その愚盲に驚き入り候」（十月二十五日）と憤慨していたのだという[15]。両者の間に緊張関係が存在したことは少なくとも確かである[16]。後年には帝室制度審議会等を通じて図られることになっていくこれら帝室案件についての制度的な調整過程がこの時期においては未確立であり、従って「一二建言等」によって結論が容易に左右されかねない政治的不安定さを内蔵していたことがここからは看取されよう。またそうした不安定さの危険負担が向かう方向については、矢野がぶちまけた鬱憤の続き「近頃の大久保及び××（岩倉か）殿の贈大臣等は大妄事にて早々取消しにも御座有るべし」を見れば、おおよその想像が付こう。いずれにせよここには、「一二建言等」によってあるいはさらに言えば天皇の「志」によって、天皇権威をめぐる制度を恣意的に改変することが可能なのか、また望ましいかという問いが存在し、少なくも修史館側にはそれが意識されていたということが言えよう。

さて、この間、以上の動向と並行して「中山もの」は依然として流通を続けた。しかも、徳川の「瓦解」により「中山もの」が侵害すべき保護法益自体が消滅したことに伴い、新たに官許活字本が堂々と登場するにいたる。追贈決定以前を見れば、『寛政秘録夢物語：今古実録』（明治十五年）、『中山公武問答記』（明治十五年）、『寛政秘録夢物語』（明治十六年）。また、追贈以後も『寛政秘録夢物語』（明治十九年）と題した刊本が違う版元から、また『中山殿中夢問答』（明治二十年）と題した微妙に異なる内容のものが刊行されている。内務省の許可を得ていない無許可のもの、また昔ながらの写本を含めれば相当の部数に上るであろう。

単に刊行されていたというだけではなかろう。「中山もの」は当時の人々のいわば一般教養に属していた。明治二十四(一八九一)年に脱稿された福沢諭吉「痩せ我慢の説」にも、「たとえば彼の有名なる中山大納言が東下したるとき」とする一節がある。「将軍家を目して吾妻の代官と放言したりというがごとき、当時の時勢より見れば瘠我慢に相違なし」と書けば、自らが「立国」の基礎と称える「痩せ我慢」の気概の具体的なありようについて、特殊な知識を持たない一般読者にも生きと想像できるはずだ、福沢はそう考えたのである[17]。したがって福地が『尊号美談』「序」において「中山夢物語または太平問答など云ふ怪しかる文ども世に行はれたるは遺憾なり」とする時、これが過去形ではないのはまさに当時の実相をそのまま映したものというべく、『尊号美談』の歴史叙述は江戸期以来の「中山もの」に囲繞される形で存在していたことがうかがえるのである。しかも、『尊号美談』の歴史叙述は実を言えば、福地がそう主張し、また先行研究も時にそれを額面通りに受け取ってしまうほどには、こうした「中山もの」の世界から遠くない。第一に、使用している史料である。『尊号美談』執筆にあたって参照した資料について福地は「岡野孫十郎の秘蔵にかかる「公卿の僉議を初として伝奏所司代御老中の往復書類及び中山正親町諸卿の審問書に至るまで一件の公文」を集めた「有明冊子」と題する「一書」を得たと称するが、福地関係史料の保存状況は極めて悪く、「有明冊子」なる書物の現存は確認できない。だがおそらく、これは「有明冊子」なる内題を有する「反汗秘録」系統の写本と[18]、「尊号廷議」系の資料を合本したものと見られる。その点ではこれは福地以降の世代に利用可能になった「撥雲秘録」や松平定教文書など定信自身の手になる史料群の系統ではないことに注意が必要である。第二に、目次の体裁である。例えば『尊号美談』では各節の目次が「光格天皇の事」というように、「〜の事」という体裁に統一されている。この「〜の事」という体裁は同時代のいわゆる実録小説に共通のフォーマットなのであった。第三に叙述の形式、すなわち話法の問題である。以下に詳細に述べるように、『尊号美談』の叙述は、端的に言って、小説的なのである。「尊号紀略」や三上参次『江戸時代史』など後続世代に批判されるのはもっぱらこうした点なのだが[19]、信頼に足る一次史料を吟味し、そこから推測をなるべく交えることなく〈史実〉を引き出そうと努めるいわゆる「実証史学」のお作法や構えをとっていないのである。『尊号美談』は言ってみれば〈史実〉を称したフィクションの性格が濃厚なのだ。

4　『尊号美談』の歴史叙述

それでは、『尊号美談』は、江戸期以来の「中山もの」と全く選ぶところがない代物なのだろうか。もちろん、そうではない。当時、入手可能だった最善の史料を良く吟味しそれなりの実証水準にも達している。だからこそ「中山もの」の転化を詳細に跡付けその後の研究を規定した本橋ヒロ子氏にあっても、たとえば「中山大納言の一件の事実については、早く福地源一郎に『尊号美談』があり」（傍点：河野）などとされるのである[20]。つまり、『尊号美談』とは、後続の実証史学からは〈史実〉の水準を充たさないフィクションに見え、それまでの「中山もの」の世界からは〈史実〉の世界に属するものと見えるという奇妙な場所に位置するのである。上述のように参照した資料や目次の体裁という形式面の共通性からも、「中山もの」との距離の近さは否めない。その意味で後続の実証史学の指摘は重視されるべきである。だが、それを不徹底な史料的基礎の上にある〈史実〉未満の失敗作と断ずることは、『尊号美談』の当時における新しさを捉え損ねる恐れがある。

確かに、『尊号美談』は新しかった。たとえば、誰を「主人公」とするかにおいて。それまでの「中山もの」が当然ながら中山愛親を主人公とするものであったのに対し、『尊号美談』では松平定信にスポットライトが当てられる。その後、史料編纂所の三上参次による松平定教文書を用いた一連の研究や[21]、三上が渋沢栄一の委嘱及び協力を受け、松平桑名家に秘蔵されていた「撥雲秘録」をも用いて監修した『楽翁公伝』（実際の執筆者は中村孝也と平泉澄）などが出るに至って[22]、「尊号一件」を定信の視点で叙述することは当たり前になる。だが、この時点で、そうした新出史料なしに定信に大きな比重をかけて事件全体の構図を描きなおすことは、かなりの冒険であったはずである。その意味で、本書はその後の実証史学が確立するいわば〈定信史観〉を先取りするものであった。しかも、「幕府」当局者の視点からの維新史叙述としてはその先鞭をつけたことで名高い島田三郎『開国始末』(明治二十一年)の元となる連載が、東京日日新聞で開始されるのは明治十九年三月の井伊直弼二十七回忌を契機としてのことである。仮に『尊号美談』全体の構想が、明治十七年の追贈決定時の連載記事に遡るとすれば、とかく勝者の側の視点が優位しがちだった江戸時代叙述に於いて、「幕府もの」としてかなり早い時期に属するということになろう。もちろん、維新史に直結する井伊直弼と、大御所時代の定信とでは事情は異なる。だが、おそらく頼山陽の『日本外史』冒頭の上書によって定信の名を記憶していたのであろう当時の人々にあって、山陽『日本外史』の擱筆の言「武門天下を平治する、是に至つて其の盛を極む」は、徳川の治世を言祝ぐ表面的な言辞にかかわらず、「恰も盛んなる徳川の天下が何れの日にか衰ふる日あるべきを暗示するものの如く」(渋沢栄一『実験論語処世談』、大正六年)感ぜられたのだという。後年の回想であり、また盛世の叙事に滅びの予兆を読み取る感性自体、渋沢がしばしば自ら擬した〈儒者しぐさ〉とでも呼ぶべきものである[23]。それでも定信の時代が彼らの生きる歴史的現在=〈現代〉の起点として、あるいは前代の「終わりの始まり」として回顧されるということは、なるほど十分に考えられることであった。その意味で、本書は福地がこの後、挑戦することになる『幕末衰亡論』などの維新史叙述の前編的な位置づけにあり、また彼の「幕末」の時間的広がりの限界を画するものと言えよう。

もちろん、〈定信史観〉といっても、その後の実証史学においては定信のみがもっぱら前景化され中山愛親がほとんど目立たなくなるのに対し、本書では愛親の存在感も依然として大きい。物語としては、あたかも両者が同格の主人公として並立するという格好になっている。この点は、〈中山もの〉と〈定信史観〉の中間に位置する過渡的、折衷的性格をまさに象徴するものとも言えようが、むしろこのダブル主演にこそ福地の意図を見るべきだろう。

その点を論ずるために、本書の歴史叙述における第二の特色について検討したい。福地が京都と江戸の二つの「尊号」問題を関連付けて論じたことがそれである。ここで二つの「尊号」問題とは光格天皇の実父典仁親王への太上天皇号追贈という京都側と、家斉の実父である一橋民部卿の「大御所」待遇という江戸側双方の事情である。この両者の思惑が互いに連動し暗黙裡に呼応していたことが、事態のそもそもの原因であるというのが『尊号美談』の叙述の核心にある筋書きなのである。

去年京都より禁裏御実父閑院宮尊号の御内意ありしこそ屈竟なれ京都にて御実父に太上天皇の宣下ありて新院を尊ばせ玉はん上は江戸にて将軍家の実父たる我を儀同三司に進め大御所と尊ばれんは仔細あるべからず京都にて新院を仙洞御所に入れ奉らば江戸にても我を西丸に入れ申

さんこと何の妨げがあるべきあはれ京都の御内意の如くに行われよかしと望まれたるに……

（「一橋民部卿儀同三司の望ある事」、金泉堂蔵版より、十四頁）

『尊号美談』の〈定信史観〉性には無頓着だった後続の実証史学が軒並み着目し、また批判したのは、実にこの点であった。多くの研究は、これを史料的根拠がない思いつきにすぎないと断じ、福地が『徳川実紀』の一挿話をもとに話を放埒に膨らませた純然たる創作と見た[24]。だが、その元となる記述は福地が参照した「反汗秘録」に見える。幕末に流布した他の「中山もの」に比して原型的性格の濃い「反汗秘録」においては、まさに光格と家斉の二人の「孝志」の拮抗が話の焦点に据えられており、こうした性格は中山愛親の豪傑ぶりを強調する後の「中山もの」にはあまり見られない。しかも、福地が参照したと思しき岡野孫十郎伝来系統の写本には、その場に実際に随従したある幕臣の証言として「此等の事関東にも似たることあり」と定信が発言したことを伝える識語が残る[25]。したがって、この点を福地の創作と見た実証史学はその限りで誤りで、むしろ福地は参照した史料に素直に拠ったのだと言える。

もちろん、しかし、「反汗秘録」の引き写しではない。たとえば、「反汗秘録」では「後の親を親とす」という俗諺が全体の鍵になっており、光格と家斉の「孝志」はそれぞれ養子としての養家に対する「孝」と実父に対する「孝」との間で緊張をはらんでいる。イエに対する「孝」と実父への

「孝」の葛藤が主題化されているのである。
『尊号美談』では、これに対し、もはやかかる葛藤は前景化しない。代わりに出現するのは「党」の力学である。京都と江戸と、両者の対立がのっぴきならない事態に立ち至るのは、それぞれに「党」が付随しているからであるという。

是は表向きの辞柄にて其実を云へば当時この人々（関東尊号党）に於て左ほど京都を尊崇するの真意は無れども之を奇貨として一橋殿を儀同三司に上せ大御所を崇めて西丸に入れ申さんが為にしてかくは頻に其説を唱へたるなり（「関東尊号党の事」、十五頁）

歴史を駆動する動力として「党」を重視するのが福地の歴史叙述および政治認識全般にわたる特徴である[26]。ここで「党」とは、もちろん、特に組織政党には限られない人的なネットワークの謂《いい》であるが、そうした党派が「表向きの辞柄」（思想やイデオロギー）で武装しつつ利害をめぐって闘争するというのが福地の得意の見方なのであった。それはたとえば、『幕府衰亡論』など彼の代表的史論にも顕著に見られる。だが、『衰亡論』が複数の「党」による紛擾と軋轢の結果によって歴史の進路を説明し、個々の政治家の役割を「党」のエージェントに切りつめることでそれなりに一貫した見取り図を提供することに成功しているのに対し、『尊号美談』では「党」の力学によって歴史を説明しようとする志向とともに、定信や愛親といった傑出した人物によって歴史を説明するという作劇上の要請とが併存している。そのために叙述には、かなり無理や御都合主義的な設定が生じているように思われる。そうしたものの一つが、光格天皇が定信の尊王心を偶然に察するという描写であり、愛親がそれを受けて定信の強硬な姿勢が実は江戸の事情に由来するものであることに気付くという描写である。

定信が「尊号一件」での強硬な態度にも拘わらず実は尊王心に溢れていたという解釈は、その後の実証史学にも引き継がれる（『楽翁公伝』）。定信がその本心を神社への願文といった形で吐露していたというプロット自体も、その後、たとえば定信が吉祥院へ奉納した願文が「発見」されて以来、彼の尊王心を評価する際のおなじみの挿話の一つであり続けてきた。だが、尊号一件に絡み溢れる尊王心を吐露する願文を清水寺に預けていたという作中の設定も、それを光格天皇が密かに見たということも実際にはおよそ考えにくい。吉祥院の故事を改めて「発掘」した渋沢栄一から伝聞し流用したのであろう。

〈史実〉との距離について言えば、そもそも本件における定信の態度に一橋民部卿の処遇問題が絡んでおり、江戸と京都の事情が密接に関連し連動していたという主張自体が、より信頼性の高い一次資料を手にした後の研究が異口同音に指摘するように、根拠が薄弱である[27]。二つの「党」派それぞれの党派的利益の追求により状況は困難を極めるも、傑出した個人の暗黙の〈情意投合〉と卓越した〈演技〉によって、事態は改善へと向かう、こうした筋書きを演出したいという意図がここからはむしろ明らかに見て取れる。それは、作中、しばしば定信の言として発せられる「公武合体」や「公武調和」といった言葉にも表れていよう。「尊号一件」は、「中山もの」が描くような京都の「まる勝ち」ではない。さりとて、京都の「まる負け」であったのでもなかった。定信と愛親による「公武調和」「公武合体」(三六頁)の試みだったのだ、というのが福地の描き出したい構図なのである。

もちろん、誤りである。下橋が言うように、そしてのちの研究が明らかにするように、実際には京都の「まる負け」だった。幕末期に模索された「公武合体」の秩序構想を定信のそれとすることも、アナクロニズムのそしりを免れまい[28]。芝居がかってもいよう。それは〈史実〉を称するにはあまりに脚色がすぎる。この時期以降、福地が本格的に手を染めていく、芝居の脚本(その多くは市川團十郎が演じた)にそれはよく似ている。当時の資料水準や方法論の、要は「時代の」限界などということではあるまい。明らかに意図的だろう。では、なぜか。「中山もの」の世界からの脱却を少なくとも建前においては称しているはずの『尊号美談』に、なぜこうもフィクションが多用されるのか。問題はやはりここに戻る。

そこで再び「中山もの」との共通点に着目してみよう。それは会話である。『尊号美談』が「中山もの」から引き継いだ最大の小説的要素は実に会話体が随所に挿入されていることにあると言ってよい。会話の中でも特に弁論である。「中山もの」を含む実録体小説はその趣向によって、御家騒動、仇討、捌き物、武勇伝の四種に分類できるとされるが、このうち御家騒動と「中山もの」もそれに含まれるところの「捌き物」の見せ場は、ある種の対決的な弁論であった。なるほどたしかに、「中山もの」について「愛親卿の整々堂々たる弁論が、興味の中心」[29]であったろうことは、様々なヴァリアントが存在する「中山もの」のほぼすべてに、一旦は追い詰められたようにみせて愛親が定信の理屈を逆手にとって反撃に転ずる瞬間の「中山殿座を正して居丈高成宣ふ様いかに越中守慥に承れ……」[30]という台詞が共通していることからうかがえよう。そして、『尊号美談』においても、愛親と定信は両者とも水際立った口頭弁論を展開する人物たちとして描写されているのである。福地の興味がこの二人の対決的弁論をいかに構成するかということにあったのは見やすい。したがって、『尊号美談』が単に「中山もの」ではなく、さりとて〈定信史観〉一辺倒でもなく、両者のダブル主演的性格を有していたのは、偶然でも史料的制約による限界でもない。対決的弁論を描くという目的から要請された必然であった。

（速記録などの例外を除き）基本的にテープレコーダー登場以前の過去の文字史料から当時の会話を再現することはできない。だが、人類は有史以前から会話を交わしてきたはずであり、それは歴史的瞬間においても同様であったはずである。したがって、トゥキュディデスの時代から歴史叙述に

〈その時、確かにあり得たはずの会話〉を交えるべきかどうかは問題であった。本邦でも、その後、確立する実証史学の作法においては会話の挿入はご法度とされるが[31]、それ以前の歴史叙述、例えば頼山陽の『日本外史』では、当事者の独白や会話が「再現」されている。歴史叙述における会話や弁論の扱いをめぐる規範はこの当時依然流動的であったことが予想できよう。

しかも、福地が『尊号美談』の構想を練っていた時期は、政治小説と呼ばれるジャンルの最盛期にあたっていたことは、忘れるべきではない。政治小説の見せ場もまた、登場人物の威風堂々たる弁論であり、公衆を前にした演説の情景なのであった。その背後には、自由民権運動をはじめとして、公開の場における弁論的パフォーマンスを「政治」的実践として特権化し、そうした際に要求される卓越した弁論能力を、政治家に必要な資源として当然視する政治文化が、存在したのである。その意味で本作は、弁論を中心にすえる典型的政治小説を決して書くことのなかった福地の政治小説的想像力が、過去に投影されたものと見なしうるだろう。

『尊号美談』は、それ以前の実録小説たる「中山もの」と共通する要素を持ちつつ、明らかに異なった方向に踏み出そうとしている。「中山もの」と共通する要素とて全く旧態依然のそれではなく、当時流行の政治小説的趣向を帯びていたのであった。だが、他方で、その記述は、後続世代によって確立されていくいわゆる〈実証史学〉の基準からすると、明らかに意図的な脚色を含んでおり、〈史実〉とはとうてい言えないものであった。だからといって、『尊号美談』を「偽史」として切って捨ててしまうのはもちろん[32]、(より穏当であるとはいえ)その立ち位置を明治期にありがちな伝統と近代の間の過渡期的存在と把握してお茶を濁すのも、あまり生産的とは言えない。

単なる伝統の持続ではなく、さりとて未熟な近代でもない。『尊号美談』の固有の史的脈絡を考える上で、実録体小説をいわば原‐政治小説と喝破した柳田泉が同時に「実なるもの」へのこだわりを、明治前半期の時代精神として指摘していたことをここで思い起こすべきかもしれない。明治初期の新聞紙の雑報欄記事(その意味で実際の事件に基づく)が、やがて「つづきもの」としてある種の「小説」性を帯びた読み物に転形していく。そこに柳田が見出した「実なるもの」への志向とは、実証や史実の「実」というよりは、むしろフィクションや脚色を含むそれであり、その意味でまさに「実録もの」の「実」とも地続きであった[33]。そうしたフィクション性を帯びた〈事実〉を「実」として受け止め愛好する読者層の存在なしには、もはや反体制の魅力すら失った「中山もの」の明治における流行も説明できまい。「つづきもの」が歴史物に接続していくと柳田泉が想定するのも奇しくもまさに明治十年代後半である。そして無論、こうした「実なるもの」への志向と、政治小説の流行も無縁ではあるまい。凡庸な文学史の上では時系列で整理され、互いに排他的なカテゴリーとされかねない実録体小説、政治小説、歴史小説といった諸ジャンル、さらにはそれらとは全く異なる存在として視野の外におかれる史論や叙事文は、おそらく柳田が見出した「実なるもの」を軸に、かなりの程度相互互換的な星雲状態において、当時存在していたと見るべきであろう。東京日日新聞社を退社後、失意の中にあって上記すべてのジャンルに手を染めていく福地はまさに、この星雲状態を体現する存在なのであり、「尊号」をめぐる物語は彼にとって、同時代への示唆を与える「実」を持つものとして造形されるべきものであった。しかし、それはいかなる「実」であったのか。

5　おわりに

典仁親王への追贈が記される二日前の三月十七日、『明治天皇紀』はこの日に制度取調局が設置され、伊藤博文がその長官に任命されたことを告げている。明治十四年政変において十年後の議会開設が約されたことに伴い、急ぎ憲法起草のためにプロイセンへと派遣されていた伊藤が、ついに帰朝したのである。以後、伊藤および井上毅が主導して明治憲法さらには皇室典範の起草作業が進んでいったことは、周知の事柄に属していよう。明治十七年とはその意味で明治憲法体制のまさに起点とも言える年なのであった。この年を境に、矢野玄道が望んだような国学的君主像、あるいは元田永孚が望んだような儒学的君主像に立脚する秩序構想は最終的に影をひそめることになろう[34]。宮中と府中の厳格な区別が言われ、天皇の〈二つの身体〉は帝国憲法と皇室典範の中に封じ込められ、〈社会上の君主〉としての〈お言葉〉も、たとえば教育勅語のような形での制度化が図られていく。天皇の生身の言葉やそれに伴う権威・権力の発動は、帝国憲法体制の中から周到に排除されていくことになる。

こうした過程と、「尊号一件」をめぐる物語や歴史叙述の人気が急速に廃れていく過程とは対応しているように見える。『尊号美談』の登場以降、「尊号一件」がそれとして主題化されることはほとんどなくなる。「中山もの」の新たな刊行も見られなくなる。歴史への関心が低下するというのではない。明治十四年を皮切りとする維新の志士たちへの贈位や顕彰の動きは二十年代にも引き続き盛り上がりを見せる[35]。「維新史」への関心はこれ以降、むしろ高まりを見せ、一種の「歴史熱」の時代が到来する[36]。福地がその後半生を費やすことになる一連の史論ものもこの盛り上がりを当て込んだものであった。だが、「尊号一件」が顧みられることはもはやない。松平定信研究の一環として、あるいはまた「勤王論発達史」の一コマとして扱われることはあっても、独立して取り上げられることはほぼ皆無であった。いわゆる「皇国史観」華やかりし頃の史学研究においても事情は同様だった。他の時期に比べても、これほど「幕府」的存在の否定に力を込め、天皇関係の史蹟の賞賛に血道をあげていた時期がなかったことを考えても、その不在はほとんど奇妙ですらある。『尊号美談』登場以降の「百年」は「尊号一件」に無関心な百年であったといえよう。この点、一九四五年もさしたる画期ではなかったと見える。

福地の『尊号美談』が、「尊号一件」が本来持ちうる教訓（「実」）を十全に汲みつくしえたかどうかには疑問の余地がある。例えば、矢野の建言書に対して修史館が感じた危惧――「一二建言書」が天皇の「志」を騙ることで（あるいは天皇自身が「志」に名を借りて）天皇権威の配分をめぐる制度を恣意的に改変しようと図る可能性――に、福地が鋭敏であったようには見えない。福地の場合には、「公武合体」「公武調和」が主人公たちの暗黙の〈情意投合〉によって実現するという筋書きにも明らかなように、政治的な対立が可能になる土俵それ自体の安定性はいわば自明の所与として期待されていたと思しい。彼の立憲帝政党がそしてかの悪名高き「主権論争」がそうであるように、「帝室」の不動の権威によって支えられる安定的な地盤の上にいかに合理的な対立軸を構成するのかが、この「一件」をめぐって彼が伝えたい「実」の本来の眼目であったのだろう。その意味で、同時代の熾烈な「官民」対立あるいは民党同士の陰惨な泥仕合を前にして、「尊号一件」をむしろ称賛するべき政治的寓話として再構成する必要があったことは理解できる。福地の寓話が退屈に思えるとしたら、それはその後、まがりなりにも実現した帝国憲法体制の夢が彼の寓話によく似ていたからにすぎない。見てきたように「尊号一件」の百年は、より多様な、そしてもしかしたらより危険な可能性に向けて開かれていた。この寓話からいかなる教訓（「実」）を引き出すことができるかどうかは異なれ、そこから教訓（「実」）を引き出すことができるという前提は共有されているということ。それがこの〈百年〉の記憶の政治思想であろう。次の「百年」に幸か不幸かその感覚はなかった。その次の「百年」はさてどうであろうか。だが、それは本稿の射程を超える。

註

1――但し、「白木書院」は中山等を応接した高家側の史料である『不時参向留』(東京大学史料編纂所蔵)に拠れば「帝鑑の間」の誤り(四十四コマ目)。

2――したがって明治期、田口卯吉の東京経済新聞から明治三十八年に刊行された『徳川実紀』は、この条に「尊号廷議」を補っている。

3――「尊号廷議」と題して中身は全くの別物という場合もあるので紛らわしいが、中山家の記録に基づく「尊号廷議」が明治三十年代に入っても入手困難だった事情につき、内藤耻叟「中山愛親卿関東下向の真相」『太陽』第五巻(十五・十六)、明治三十二年七月参照。国立国会図書館デジタルライブラリーでも伴信友(一七七三~一八四六)所蔵の「尊号廷議并閑院一品宮御事」と題した写本が閲覧可能であるが、その末尾には「右秘中之秘也、不堪感激、竊為之蔵匣底」と伴自筆の朱書きがある。書写年は不明であるが、広く流布したわけではなかったことの証左であろう。

4――田中暁龍「「尊号一件」風説書の成立事情」東京学芸大学編『近世史研究』第四号。

5――『蕉斎筆記』一、『百家随筆』第三、国書刊行会、大正七年、二五二~二五四頁。

6――『中村幸彦著述集』第十巻「舌耕文学談」、十九~一四七頁。

7――もちろんすべてのバージョンが、家忠への「太上天皇」号を与えたとしているわけではなく、例えば筆者が早稲田デジタルアーカイブで参照した『中山夢物語』では「太上大臣」と、より穏当になっている。しかし、そもそも、「尊号一件」の実際の過程において東叡山造立にまつわる経緯が議論された経緯がないことは確実である。

8――三木佐助『玉淵叢話』(明治三十四年)『明治出版史話』、ゆまに書房、一九七六年。なお上記資料引用を含む、貸本屋を媒介にした実録ものの「写本」形態の流通については高橋圭一『実録研究――筋を通す文學』、清文堂、二〇〇二年に教えられた。

9――「当分之儀」「猥成儀異説」「浮説之儀」は処分の対象であった。今田洋三『江戸の本屋さん』、平凡社ライブラリー、二〇一五年、一七一頁。同『江戸の禁書』、吉川弘文館、二〇〇七年も参照。

10――藤田覚『近世後期政治史と天皇』、吉川弘文館、一九九九年。

11――宮地正人『幕末維新期の社会的政治史研究』、岩波書店、一九九九年、第八章。なお、この時期の国学者内部の対立軸については三ツ松誠「宗教　平田篤胤の弟子とライバルたち」河野有理編『近代日本政治思想史』、ナカニシヤ書店、二〇一四年。

12――『御歴代の代数年紀及院号に関する調査の沿革資料』附録上、一九四〇年、二八一頁。

13――同上、二八七頁。

14――『史料編纂始末』(修史館時代、十一)、史料編纂所データベース、一八八三年、五六コマ〜五八コマ。なお、本資料の所在については松澤裕作氏のご教示を受けた。記して感謝申し上げる。なお、松澤裕作「修史局における正史編纂構想の形成過程」同編『近代日本のヒストリオグラフィー』、山川出版社、二〇一五年、第一章も参照。「内大臣文書」とあるのでおそらく『明治天皇紀』が参照した史料とも同一であろう。『明治天皇紀』における内大臣文書の性質については真辺将之「内大臣府文書(明治天皇御手許書類)に関する基礎的研究――深谷博治旧蔵文書を手がかりとして」『近代史料研究』、二〇〇九年参照。

15――『愛媛県先哲偉人叢書』第一巻、愛媛県教育会、一九三三年、二四〇頁。

16――なお、容易に予想がつくように修史館と宮内省の対立は本件に限られなかった。秋元信英「明治前期の修史事業と飯豊青尊即位説――修史館と宮内省の対峙を中心」『日本歴史』第四二〇号、一九八五年。また、マーガレット・メール『歴史と国家』、東京大学出版会、二〇一七年、第三章。

17――「痩せ我慢の説」に「彼の有名なる中山大納言」が援用されていることにつき島田英明氏にご教示賜った。

18――「反汗秘録」の中に「有明冊子」の内題を持つものが存在することにつき本橋ヒロ子「実録・講談『中山大納言』――『中山記』の転化」『歴史公論』一九八五年四月号、一一五頁。しかも本橋氏が参照する国学院蔵本については、鈴木白藤によって「天保六年……正月借抄于岡野君」との跋が付されている。鈴木白藤は公儀の秘書監であり、この「岡野君」が「岡野孫十郎」である可能性は低くないだろう。ちなみに、国学院大学には「反汗秘録」写本が三種類あり、それぞれ(1)梧陰文庫、(2)佐々木高行旧蔵書(佐‐563)、(3)村岡良弼筆者本(Ⅲ‐2569)となる。ここで、鈴木白藤による跋文を有するのは(2)と(3)であり、ややこしいことにどちらも『尊号廷議』という書名が付されているので注意すべきである。明らかに同系統の写本だが収蔵経緯は全く別ということであった。但し、「有明冊子」という内題はそのどちらにも付されていない。福地が参照した「種本」探しについては引き続き調査したい。なお、国学院図書館での調査においては古山悟由氏に、上記の収集経緯を含む史料の状況について多大なるご教示を頂いた。記して感謝申し上げる。

19――「尊号廷議」他、当時入手可能だった公家側の日記類を参照して精密実証を試みた松浦辰男は「又近頃日日新聞附録に尊号美談といふもの著れしかど、これ将た虚実いり雑りて偏には信み難し」とする(「尊号紀略」)。また三上参次も「彼論文は悉く信ずべからず。何となれば氏自身の偽作に為れる文書あればなり」とする。同『尊王論発達史』、冨山房、一九四一年、九八頁。

20――本橋ヒロ子「実録・講談『中山大納言』――『中山記』の転化」、一一三頁。

21――昭和十二年の三上参次の回想によれば、三上が桑名松平家に赴き『宇下人言』として知られる自伝や、尊号事件関係の「老中内儀之控」といったその後の定信研究の基本資料を「発見」したのは明治二十八年のことである。『明治時代の歴史学界――三上参次懐旧録』、吉川弘文館、一九九一年。

22――吉川紗里矢「桑名松平家文書の伝来過程に関する一考察(一)」『未刊松平定信史料』第十二巻、ゆまに書房、二〇一七年。

23――無論、引用した渋沢の言ははるか後年の回想であり、山陽が当時そうした事態を予見していたなどということはもちろん、渋沢の世代が幕末にそのような予言の書として『日本外史』に対していたのかについても実のところは怪しい。濱野靖一郎「『日本外史』の執筆意図と誤読」井上泰至編『近世日本の歴史叙述と対外意識』、勉誠出版、二〇一六年。

24――松浦辰男「尊号紀略」(『史学雑誌』第二、四、五、七、八、九号)、三上参次『尊王論発達史』。

25――國學院大學図書館蔵『尊号廷議　完』(部門Ⅲ－２５６９)。なお、厳密に言えば、福地がこの系統の「反汗秘録」写本を参照した確実な証拠はないことについて注18参照。だが、鈴木白藤はこれを「白河候の失言」とし、「万一主人輩其の似たることとは何事と詰問せられは大に窮せらるへきに」と記している。また、内藤耻叟もその『徳川十五代史』文恭公記(明治三十六年)では、鈴木白藤の随筆『夢蕉』を引いて「関東にも似たる事あり」との定信の言を採する。『尊号美談』の筋書きとの呼応は明らかであり、福地が鈴木や岡野といった江戸側の当時の実務担当者「私的メモ」を参照していた可能性はそれなりに高いと思われる。

26――これは東京日日新聞の論説記事時代から見られる彼の状況把握の特色である。枚挙にいとまがないがさしあたり東京日日新聞、明治八年一一月一二日付一一七四号は鮮明にその特徴が出ている。

27――注24参照。但し、蘇峰の『近世国民史』がこの点、留保を付しつつも、福地説にも一定の理解を示すのは興味深い。

28――福地が参照したか定かではないが、中山が応接役の六角越前守に与えた「陳情的書翰」中にはたしかに「公武合体」の文字が見える。しかし、蘇峰が正確に指摘するように、この時期の「公武合体」は文久期のそれとは意味合いや重みを異にする。蘇峰『近世国民史』松平定信時代、第十六章。なお、こうしたアナクロニズムについて五百旗頭薫「福地源一郎研究序説――東京日日新聞の社説より」坂本一登他編『日本政治史の新地平』、吉田書店、二〇一三年は、ここに「条約勅許をめぐる対立が京都において将軍継嗣をめぐる対立と連動し、顕在化・先鋭化した幕末の苦々しい記憶が投影されている」(七八頁)と見る。妥当な見方であろう。

29――『三田村鳶魚全集』第二十二巻、中央公論社、一九七六年、三三一頁。

30――引用は『中山夢物語　下』、早稲田デジタルアーカイブより。もちろん写本により細部に異同はある。

31――ある著名な現代史家は「歴史小説と歴史書の判別は、会話体の有無を一応の目安としている」(秦郁彦『陰謀史観』、新潮選書、二〇一二年、九頁)とする。おそらく多くの「実証」史家にも暗黙のうちにであれ共有されている相場なのではないか。

32――「偽史」という概念は学術上の分析概念としてはあまり有用なものではない。おそらくは「正史」や「実証史学」の方こそが本来は問題として問われるべき謎概念なのであって、「偽史」は「それらではない全て」とした時には茫漠として広きに失し、さりとて限定的に解しようとすれば恣意性を免れない。「偽史」概念そのものが、一九三〇年代、一方における「国体論」的正史の模索(応用史学?・)と、他方における実証史学の煮詰まり(純粋史学?・)という隘路を前にした歴史的想像力の苦し紛れな転送の結果生じたものとして(いわば思想史的に)理解されるべきである。拙著『偽史の政治学』(白水社、二〇一七年)。なお、拙著では「偽史」という語自体は一九七〇年代の新出来とし、かかる語に結実する〈偽史〉的創造力の誕生を一九三〇年代に見出した。だが、その後、一九三〇年代にも「偽史」概念自体の用例があることを教えられた。長谷川亮一「「日本古代史」を語るということ——「肇国」をめぐる「皇国史観」と「偽史」の相剋」小澤実編『近代日本の偽史言説』、勉誠出版、二〇一七年。

33——柳田泉『明治初期の文学思想』、春秋社、一九六五年。もちろん、こうした「実録もの」的な「実なるもの」への志向が江戸・明治期に特有なものであるかどうかは議論の余地があろう。その後の、文学史が「近代文学」的範型の成立ないし未成立を追求していくために、こうした「実録もの」的世界は見逃されがちであるが、例えば児童文学評論家の赤木かん子は自身の司書としての経験から「本当にあったこと以外は読みたくない」という中高生読者層の存在を指摘し、それを受けて速水健朗は「なんのことはない、大人の目にはかけらもリアルではないケータイ小説が、読者である十代の中高生に「リアル」に思われているのは、ケータイ小説が「本当の話である」と謳われているところにあるのだ」とする(速水健朗『ケータイ小説的。「再ヤンキー化」時代の少女たち』、原書房、二〇〇八年、七九～八二頁)。赤木・速水の言う「リアル系」文学と、本稿で扱う実録体小説とは多くの共通点を持つであろう。

34——宮内卿が徳大寺から伊藤に交替したことはその象徴的表現であろう。徳大寺実則については梶田明宏「徳大寺実則の履歴について——明治十七年侍従長就任以前を中心に」沼田哲編『明治天皇と政治家群像』、吉川弘文館、二〇〇二年。

35——羽賀祥二『明治維新と宗教』、筑摩書房、一九九四年。

36——メール前掲書、第三章。

大正

第4章

「皇室の藩屏」は有用か?――近衛篤麿と谷干城の立憲君主制論

MAEDA Ryosuke
前田亮介

1　はじめに

立憲君主制に「危機」が訪れるとき

戦前日本の君主制のあり方が一つの焦点となった二・二六事件と同じ一九三六年の末、イギリスの君主制も微妙な危機のうちにあった。国王エドワード八世が離婚歴のあるアメリカ人女性との結婚を貫徹すべく在位一年たらずで退位した、いわゆる「王冠を賭けた恋」にまつわる混乱である。混乱は与党保守党内の対立に飛び火し、またアイルランド自由国が独自の動きを示したように、コモンウェルス諸国の統合の問題にも議論が及んだ。

何より、昭和天皇もモデルと仰いでいたイギリス立憲君主制の名声が、大きく傷ついた。あるアメリカ在住のイギリス人は、二〇世紀イギリスの「憲政の危機」の一つに数えられるこの問題[1]が浮上したとき、『タイムズ』紙の主筆であるジェフリー・ドーソンに、「イギリス国王の振る舞いは、平均的なアメリカ人からみた大英帝国の像を、この数カ月間で、冷静で威厳のある王国(sober and dignified realm)から、ジャズのリズムに乗った、めまいのする(dizzy)バルカンのミュージカル・コメディに変えてしまった」と書き送っている[2]。民主的な君主制が民主的な共和制に優ることを力説し、前王ジョージ五世を称賛するこの人物が、「バルカン」の例に挙げるのはルーマニアである。婚姻騒動を通じて、かつて同様の女性問題で皇太子が王位継承権を放棄した上、その当人による国王独裁が現在進行するルーマニア[3]への冷ややかな視線と結びついた君主制への不信がアメリカ国民の間に呼びおこされ、英米関係を不安定にさせかねないことを危惧したのである。

第一次世界大戦前後の激動の時代に、与野党対立の調停や挙国一致内閣の成立に尽力し、積極的な慰問で大衆の支持を集め、自治領・植民地での「帝国の紐帯」ともなったジョージ五世の治下(一九一〇〜一九三六)、イギリス立憲君主制は円熟を迎えていた[4]。しかし、大衆化の到来に見事に対応したそのイギリスにおいてさえ、個人への依存度が相対的に大きい立憲君主制には意外な脆さがあったことを、右のエピソードは物語っている。一九三〇年代半ば、日英両国の君主制はそれぞれ足場が大きくゆらぐ事態に直面していた。

実際、君主の役割を「尊厳的部分」(バジョット)にとどめる議院内閣制が定着しても、内閣は政治面、君主は社会・文化面で国民統合を担う、と厳密に役割分担を設定できるとは限らない。より深刻だった残る二つの「憲政の危機」(貴族院改革問題とアイルランド自治問題)が示すように、君主無答責を確保しつつ、君主が国民統合の核となるためには、時に政治的な解を求めがたい連立方程式がつきつけられる。単に君主が政治に関わらずにさえいれば、あるいは調停に限定して出動していれば、立憲君主制が自動的に確立すると考えるのは、楽観的にすぎるだろう。君主がなすべき関与と不関与の繊細なバランスをいかに取るべきかは簡単に答えの出ない難問であって、現代の君主制国家も無縁ではない。

そして、このバランスに苦しんだ「極東」の新興国でも、立憲君主制の危機を防ぎ、それをより効果的に作動させるための統治の処方箋は、複数存在していた。とりわけ大日本帝国憲法の制定からまもない初期議会期(一八九〇〜一八九四)には、立憲君主制のしかるべき作動や運用のあり方をめぐって、さまざまな模索と論争が行われた。

「密教」の担い手から「動く立憲君主」へ

本稿では、こうした立憲君主制のバランサーという観点から、貴族院や枢密院といった、民意ではなく君主(天皇)の権威に依存する諸制度[5]に着目するが、その議論の前に政治史研究における近代天皇の位置づけについて、簡単に見解を記しておきたい。

戦前日本の天皇の政治への関与は長らく、受動性（消極性）と能動性（積極性）の二極のいずれかを評価軸に据えて論じられてきた。そうした分断の一つの源流は、おそらく哲学者の久野収による「顕教」－「密教」論に求められる。久野は戦前の日本において一般民衆や軍が信仰していた「顕教」と、旧制高校－帝国大学出身のエリートに共有された「密教」を対比する、有名な図式を提起した（「日本の超国家主義——昭和維新の思想」、久野収・鶴見俊輔『現代日本の思想』岩波新書、一九五六）。「現人神」としての天皇への信仰を国民に広く普及させる役割をはたした前者に対し、後者は、「天皇大権」が実際は（イギリスなどの西欧諸国と同様）憲法に制約されるという立憲君主制解釈として、官僚や政治家、知識人の間に高等教育や高等文官試験／司法官試験を通じて広まった。こうした「密教」解釈は明治末期から普及した美濃部達吉による憲法学説、いわゆる「天皇機関説」として具体化され、戦間期に実現した政党内閣制も「密教」に支えられていた。だが、ほかならぬ美濃部学説をターゲットにした一九三五年の国体明徴声明によって、近代天皇制をめぐるこの二重構造の微妙な均衡は崩れ、「密教」の支えを失った「顕教」が体制原理として全面化していく。これが戦前日本の近代化の秘密とその破綻について、久野が描いた見取り図であった。

ここで「密教」（受動的天皇）の面に注目すれば、イギリス型「不親政」やそれを支えた政治指導者への高い評価が生まれるし、「顕教」（能動的天皇）の面を重く受けとれば、天皇が国民統合や戦争指導に果たした役割が前景化するだろう。双方とももう一方の面を否定しているわけではなく、結果として二重構造という久野の枠組みは強化されたといえよう。もっとも久野の「顕教」論は、捉えがたい国民感情をめぐる内在的な検討をいかにも欠いており[6]、近代天皇研究者は、文化や表象、心性といったソフトな側面から分析を深化させていった。日本人の「内なる天皇制」のような古典的な問題設定から国民統合の諸装置の考察まで、総じて天皇制の社会的基盤や下部構造に注目した研究群と位置づけられる。

他方で、立憲君主制の統治理論というべき「密教」の領域では、戦後の早い段階から丸山眞男が「無責任の体系」論を[7]、またその同僚で行政学者の辻清明が帝国憲法下の「権力の割拠性」論を提起し[8]、条文上は強大な天皇大権が、実際はごく制約的に行使されるために日本政治に逆説的に生じた「統合の困難」という構造的な特質を析出していた。そして政治外交史家の三谷太一郎が丸山と辻の議論を継承しつつ、明治期には藩閥(元老)が、そして大正期からは政党が、「割拠性」を克服する統合主体として台頭したという、今日広く共有された枠組みを体系化した[9]。ここにおいて、戦前の日本政治史は、「天皇機関説」的な憲法運用システムの形成・展開・崩壊の過程として描かれることになる。

美濃部自身が「主権」概念に施した操作に立ち入る余力はないが[10]、機関説支持者や原敬の天皇像の最大公約数は、いうなれば天皇を非人格的な機関として「寝た子を寝たままにとどめておく」というものだろう。これは福沢諭吉が「我帝室は日本人民の精神を収攬するの中心なり」と帝室の存在意義を「政治社外」の国民統合に限定しつつ、幕末以来の敵意の増幅の歴史をふまえ、国内の分断を修復する統合機能に見出したこと(『帝室論』一八八二)とも通じる。福沢の議論の力点が、天皇が担うべき役割の強調と、担うべきではない役割の排除のどちらにあったかはやや微妙だが[11]、原も福沢も、天皇(周辺)が政治的に活性化するリスクに敏感だったがゆえに、立憲制を運用する次元ではもっぱら消極的に位置づけられる天皇像に収斂していったのである。

近年進展した明治天皇についての研究は、こうした「天皇機関説」的な天皇像に代えて、政治過程に参画する天皇、つまり「君臨」のみならず「統治」の一角に加わる君主の実態を明らかにした点で、明治期を超えた含意を持つ[12]。そしてこのアクティヴな天皇の存在が、天皇親政論のような「顕教」に向かわず、むしろ明治の元勲と共同の国家建設者《ファウンディング・ファーザーズ》として憲法体制(立憲君主制)の定着に資したことが強調される[13]。これは天皇が受動的だったか能動的だったか、という価値判断も含んだ二元論からの本格的な解放であった。

さらに、「動く天皇」への積極的な期待がデモクラシーと親和的な勢力の秩序構想に伏在したことも、指摘されつつある。たとえば明治一四年政変前夜、天皇を「政治社外」に置く福沢と、大隈重信や小野梓の議院内閣制構想には分岐が生じており、後者は天皇の政治への関与を前提に「君民共治」を実質化しようとしていた[14]。小野の主著『国憲汎論』(一八八二〜八五)でも、国会解散権をもつ君主は、三権の頂点に立つ立法府を監視する「政本の職」として有権者（「民人」）とともに重要な役割を担い、この君主権の重視は、背景にあるジェレミー・ベンサムの議論にはない小野の特色の一つだった[15]。他方、小野や大隈のライバルだった自由党の論客・植木枝盛が起草した私擬憲法「東洋大日本国国憲按」（一八八一）においても、「皇帝」の権限が強大だったことは知られているところである。

また時代を下れば、第一次大戦後の吉野作造は、「君主の立憲政治に於ける地位をして、只だ冷かなる法律制度の上の元首たらしめたくない」とあたかも「機関説」的理解を斥けるような口吻で、天皇が自らの「人格」を通じて国民と情誼的に結ばれた「道徳上の元首」となるよう提言していた[16]。この吉野の議論は、天皇が一定の積極的な役割を担うことを排除しないデモクラシーの主張と結びついていたが、注意すべきは、ここで求められる積極性の射程が、必ずしも大衆化の到来をふまえた社会・文化面に限ったものではなく、統治機構をいかに運用すべきかという政治面にも及んでいたことである。末尾で触れるように、吉野は、「最善の知識」をうみだす政党内閣を「最良の学徳」の府としての（新生）枢密院が中立的・専門的観点から監視することで、議会制が活性化するヴィジョンを思い描いていた。君主制の装置に支えられたデモクラシーである。その点で吉野の天皇論は、一九二〇年代後半から政党間の政権交代による「憲政の常道」が定着するなかで、それまでの西園寺公望の消極的天皇像に代わり、議会政治の調停者として政党内閣制を補完する積極的天皇像が牧野伸顕や昭和天皇の間で台頭していく政治史上の趨勢[17]とも、照応するものだろう。以上は「密教」とも「顕教」とも異なる、リベラルな能動的君主論の系譜と呼ぶことができるかもしれない。

ただ、「動く天皇」の発見は新たな問題も惹起する。たとえば天皇が政局の紛糾にあたり、西欧諸国の君主のように、行政府‐立法府間や与野党間の対立を調停した例を探すことは難しい。周知のように、伊藤博文は第四議会／第一五議会と二度にわたり首相として天皇に詔勅を発せさせ、衆議院／貴族院との和解を演出したが、これは天皇の主体的な調停というより伊藤のお膳立てを追認した結果にすぎない（また伊藤は元来、政府‐議会対立が収拾不能となった場合、国事裁判所的な性格をもつ強力な枢密院が、「聖裁」にあたる天皇に「善良なる勧告」を行うことを想定していたから[18]、天皇本人が矢面に立たされかねない詔勅政策は、伊藤の初期構想からはいささか逸脱する）。もちろん、激しく対立したアクターを一挙に調和に導いた天皇像の訴求力の起源やそのゆらぎは興味深いテーマだが[19]、こうした集合的心性を分析するには天皇制の社会的基盤を掘り下げる方が有効であろう。

そもそも、明治天皇自身が政治過程において、重要な政策決定や方針転換、あるいは事態打開の「要因」となったことは実際どれほどあったのだろうか。たしかに下問や元勲優遇を通じた天皇の細やかな配慮が統治の洗練に資したことは間違いないが、憲法体制の定着は天皇の貢献からも観察できるだけで、もし彼が統治に参画していなければ（福沢的な「政治社外」にとどまっていれば）、本当に定着に失敗していただろうか。この疑問は、近代の他の天皇についても投げかけうる。たとえば幕末の条約勅許問題や八月一八日の政変は、孝明天皇の意向を考慮に入れなければ説明することができないが、近代の重要な政治的決断や転換点のほとんどは、二・二六事件と「聖断」を例外として、天皇の意図や言動をカッコに入れてしまっても、理解に大きな支障は生じないのではないだろうか[20]（そのことは、近代日本にとって幸運だったかもしれない）。とすると、サブアクターにとどまりがちな近代の天皇[21]を政治史研究の主題にする意義は、どのような点に見出せるだろうか。

君主の権威に依存する「非代表」院への着目

本稿では、立憲君主制の論じ方の幅を「密教」・「顕教」二元論の外部に広げたこの「動く立憲君主」論の視点を継承しつつ、「あるべき」制度の運用のあり方を正面から模索した、初期議会期の二人の貴族院指導者――近衛篤麿（一八六三〜一九〇四）と谷干城（一八三七〜一九一一）に注目する[22]。二人が構想した立憲君主制は、実現したわけでも、また主流だったわけでもない。ただ、基幹的な政治制度の可動域をそのシミュレーションまで含めて捉えるとき、民意（代表制原理）ではなく君主の権威に正統性根拠をもつ貴族院や枢密院が、大日本帝国憲法の下でどのような積極的な役割をはたすことを期待されたのかという点の検討を通じて、美濃部学説以前の「立憲主義」[23]のヴァリエーションに新たな光をあてることができるように思われる。二〇世紀のイギリスと異なり、君主への緩衝材となる議院内閣制の否定の上に成り立っていた明治国家では、国民代表議会と対峙する、君主政体と縁故の深いこうした「非選出部分」(宮崎隆次)こそが、天皇無答責と天皇主権原理を両立させる重要な調整弁となることを、元来見込まれていたのではないだろうか。

しかし、「非代表」院の研究は近年進展を見せているものの、たとえば貴族院についてはもっぱら衆議院との関係に即した二院制論(ないし議会論)として展開されるため、それが立憲君主制を支えるどのような機能を期待されていたかという視点はやや稀薄だった。このことは、同じく君主の権威に依存する元老や宮中といった非公式制度の研究が、明治立憲制における首相選定メカニズムを照射してきたことと対照的である。貴族院研究では、同院が単に(政府の操縦や政党化の)客体ではなく「皇室の藩屏」という使命感を有する自律的主体であり、「公益」の担い手として衆議院や政党と異なる国家的視点に立っていたことが強調されるが、これは貴族院議員の自己正当化の言説と重なる[24]。本当に「藩屏」たりえているのか、「藩屏」と(動く)天皇の役割分担はどうすべきか、そして国民の反発が天皇に向かいかねないとき一体何ができるのか。こうした自らの有用性をめぐる問いが貴族院で真摯に検討された例は、とくに初期議会期にはあまり見当たらない。

本稿では、この問いに応答しようとした近衛と谷の「あるべき」貴族院像の追求が、立憲君主制をめぐる秩序構想と不可分だったことを明らかにする。結論を先取りすれば、近衛は司法と一体化した貴族院(ブレア改革以前のイギリス貴族院も司法機能を有しており[25]、決して奇抜な発想ではない)が大臣責任（衆議院による大臣弾劾）の法理を保障することで、天皇の出動機会を極小化しつつ、あらゆる政治争点を究極的には違憲問題に回収しようとしたのに対し、谷は、平時には天皇の分身かつ防壁である貴族院が「輿論」（≠衆議院）の不満をふまえて政府に提言と批判を行い、しかし非常時には主権者である天皇本人が最終的な裁決者として顕現するという二段階を想定していた。前者の秩序観は静的であり、後者は動的であった。両者はややもすれば「密教」・「顕教」に結局収斂するように映るかもしれない。だが、立憲的統制の枠内で君主制をいかに積極的にデザインするかという課題を共有していた点で、その二元論に回収されえないと筆者は考えている。この知られざる立憲君主制論の系譜が二〇世紀の日本におよぼした残響も、最後に論じることにしたい。

2　天皇と法をめぐる秩序構想

貴族院前史——上院強化と貴族糾合の挫折

下院の対抗軸としての上院の設立構想は、近代日本の議会構想の早い段階から存在した。伊藤博文も当初、一八七五年の大阪会議を経て誕生した元老院を上院として想定していた。しかし一八八二年に憲法調査で渡欧して以降の伊藤は、ウィーンでシュタインの講義を受けたことで行政府の役割を認識し、むしろ下院の主要な対抗軸を内閣に見出していった。その結果伊藤は上院についても考えを改め、一般的な「元老院」の名称を斥けて世襲貴族（華族）を基盤にした新たな「貴族院」を創出する方向に向かう（したがって既存の元老院が上院にスライドする可能性は閉ざされる）。またこの過程で、「勲功と学識」という下院と異質な選出原理によって立法過程を分担する上院像も次第に形を結んでいった[26]。

しかし、こうした上院構想の曲折は、「あるべき」貴族院像を不鮮明にし、議員の結束を弱める効果を生んだかもしれない。貴族院には（慣例的に出席しない皇族議員を除くと）、①華族議員、②勅選議員、③多額納税者議員の三母体があり、そもそも分裂傾向があった。まず新華族は急造したもので、勅撰議員の結束も後年よりはるかに弱く、府県代表で少数派の多額納税者議員は院内で差別される傾向にあり、独立志向も強かった。こうした相互の隔絶を埋めるべく、帝国議会開設直前の一八九〇年一〇月に尾崎三良《さぶろう》（勅選、翌年に法制局長官）の建議で貴族院議員懇親会が開催されたものの、尾崎はのちに「多人数雑然として相集り、互ひに面識なきものは如何ともすべき様なく、只《ただ》従来の面識者のみ団々として談話を為し、一向に懇親にもならず、其目的としては其効を得ること甚《はなは》だ浅少なりし。此点に於て予（尾崎）は初めより観察を誤りたるを恥づ」と述懐している[27]。前途は多難だった。

そのなかで当事者の貴族院像の最大公約数となったのが、政治責任や社会の不満が天皇に及ぶことを防ぐ「皇室の藩屏」という自己規定だったように思われる。伊藤とともに帝国憲法の起草に携わり、貴族院関連法案の作成の中心にいた金子堅太郎(初代貴族院書記官長)はとくに文化的な「藩屏」論のイデオローグたらんとした。金子によれば、貴族院は「政治上の機関」ではなく「社交上の要具」であり、そのためにも政府・宮内省はまず貴族が「藩屏」たりうるだけの社会経済的基盤を強化する必要がある。そして華族議員および「地方における豪族」である多額納税者議員の役割も「社交」にあるとし、ただ勅選議員だけには「政治上の方略」を認めたが、それでも「御陪食」と「歴史編纂」への従事が主だった[28]。当然、政府と衆議院の間で妥協された予算案に異を唱えるなど、あってはならないことだった。日清戦争前の伊藤の貴族院強化構想にも反対した金子は、「両院制度之精神」や「日本憲法の精神」を振りかざして、貴族院の政治的主体性を否定する姿勢を終生貫いたのである[29]。

貴族院は「社交の府」で、政治的に没主体的であればあるほどよいという金子の立場は、後段で述べるような初期貴族院(多数派)の無気力な実態を反映したものでもあろう。ただ注意しておきたいのは、こうした「藩屏」モデルが自明ではなかったことである。帝国議会開設前後には、いずれも実現しなかったが、以下の三つの方向の上院強化論があった。

第一の方向は、第一次山県有朋内閣が企図した、貴族院・枢密院・内閣の人的な一体化である[30]。具体的には、枢密顧問官と国務大臣に貴族院議員を兼任させ、他方で「在野有為の人」を加えることで、官民間の隔絶を解消する場として貴族院を再編しようとしたのである。伊藤貴族院議長の積極的な支持が得られず頓挫したものの、山県内閣の前の黒田清隆内閣が、前首相だった伊藤を枢密院議長に迎える「内閣・枢密院包摂体制」[31]を始動させていたことをふまえれば、第一議会にむけてこの三者の一体化を図るのは、それなりに実現可能性のある構想だったのかもしれない（枢密顧問官の貴族院議員勅選は、日清戦前の貴族院改革論でも主要な論点のひとつだった）。なお、元滋賀県知事・元老院議官だった中井弘は第一議会中、貴族院と枢密院を「両院」という共通の政治グループに括った上で、「勤王功臣之眼」を持つにもかかわらずこれまで冷遇されてきた彼ら「両院」議員を、「幼時の第二功臣」である内閣の協力者としてつなぎとめておくよう、山県首相に訴えている[32]。

第二の方向は、法制官僚の井上毅《こわし》による「大法官（Lord Chancellor）」構想である。井上は、貴族院を「君主の屏翰」や「保守の城壁」と位置づける、当時広く浸透していた理解を「英人の陳腐論」と一蹴した上で[33]、同じイギリス・モデルであれば、二〇〇五年の国家構造改革法の成立まで貴族院議長、貴族院内に置かれた上訴委員会（最高裁）の首席裁判官、主要閣僚、の三役を兼任した大法官（井上自身は「上院議長（ロルド、チヤンセロル）」と呼んでいる）を、きたる内閣官制（一八八九年一二月）で国務大臣に加えるべきと山田顕義法相に主張している[34]。これは伊藤が初代貴族院議長に就任する意向を受けて、提言されたものだった。当時山田は内閣での首相権力の強化（大宰相主義）に反対する急先鋒であり、天皇に各閣僚が個別に責任を負う単独輔弼《ほひつ》制を掲げて伊藤に対抗していた[35]。井上もまた憲法五五条に単独輔弼条項を忍び込ませたように、山田と内閣官制をめぐって利害が一致していたことからこの主張に及んだと思われる。「皇室の藩屏」という属性だけでは貴族院の存在理由が脆弱だとおそらく考えた、井上の炯眼の賜物であろう。しかし、山田はまた当時、元老院改革運動に源流をもつ貴族院内の法制局拡張運動(「参事院」構想)でも指導者と仰がれていた。その中心にいた尾崎三良は一八八九年中に三条実美《さねとみ》を見限って[36]山田に接近し、山田も「国務参事院官制」にみられる機構改革案を起草している。本家通りなら貴族院議長に司法機能を集約することになる井上の「ロルド、チヤンセロル」構想は、こうした法制局拡張論との競合もあって、じきに後景に退いていったのではないだろうか[37]。

第三の方向は、華族会館への組織的・政策的テコ入れを通じた貴族の糾合である。前述のように、貴族院議員の三つの母体の中で一定の指導力を期待できるのは、旧華族だけだった。そして実は三条もこちらの運動には積極的だった。一八八九年二月、三条・蜂須賀茂韶《もちあき》・柳原前光《さきみつ》らは華族会館を中心にした法律研究会を発足させ、また華族会館調査課も新設するなど、既存の華族会館を拠点に、政策立案や政務調査の機能を貴族院に付与しようとした。かつて華族会館草創期、岩倉具視《ともみ》は、生活が堕落した華族を北海道開発に三年間従事させて経済的自立の道を探らせる荒療治を提唱したが[38]、そうした革命と建国の時代は過ぎ、法律をはじめとする専門性の向上が華族の政治資源となるという認識が広がっていたのである。さらに、副館長には伊藤を据え、また次世代の華族リーダーだった柳原を貴族院議長とすることで、華族会館と貴族院を一体化する構想が進められた[39]。

一八九〇年二月には再興自由党（自由党左派）の党議案で華族世襲財産法の廃止が検討され、貴族の存在理由を対外的に示す社会的要請も高まっていた。だが肝心の伊藤は「立法院之事業」を華族会館が担うことを警戒しており、一八九一年四月の三条の死後、会館拡張運動は終焉していく[40]。華族主導での三種議員の政務調査には多額納税者議員から強い反発も生じた[41]。そして華族会館調査課も、議員の活動を拘束する懸念から同月ついに廃止されてしまった。

このように、消極的・防御的な観点からではなく、積極的な観点から打ち出された三つの上院強化構想はいずれも興味深い論点を含むものの、伊藤の去就が焦点となり、結局大きな潮流となりえなかった。かくして貴族院は出身母体間の分断を抱え、「皇室の藩屏」の有用性について共通了解も欠き、ただ漠然とした選良意識（国家への使命感と衆議院への優越感）を共有したまま、初期議会を迎えることになったのである。

「正義の女神」としての貴族院——近衛篤麿

こうして発足した貴族院の議場の空気を当初支配していたのは、藩閥政府と対決すべく各地から血気盛んな民権派が集った衆議院と対照的な「静寂」だった。ただ、それは議員の怠惰とコンフォーミズムにより熟議の機会を封殺することで生じた静寂だった。院内には、事なかれ主義で無気力な（しばしば欠席さえする）多数派の「吏党」議員と、谷・近衛など気力に溢れた少数派の「民党」

議員がいた。そして議論が紛糾すると前者から「討論終局の動議」が提出・可決され、谷や同志たちが憤怒するも半ば強制的に沈黙を強いられることが繰り返された。そのため政府が、容易に操縦できる貴族院より、やっかいな衆議院に重点を置いたのも当然だった（一院主格説の採用）。親政府系の衆議院議員である末松謙澄（伊藤の娘婿）が、本来なら貴族院は無視したいくらいだという趣旨の発言を第一議会で行って「満場大笑」が起きたように、貴族院は政府関係者からも公然と軽侮される向きがあった[42]。近衛が現実の華族のあり方に苦言を呈し、学習院での華族教育に並々ならぬ情熱を注いだ背景にも、こうした黎明期の貴族院のいくぶん倦んだ状況があったように思われる。

ともあれ若き近衛は、帝国議会開設の二カ月前の一八九〇年九月、留学先のライプツィヒ大学から帰国した。近衛の政治思想の大きな特徴は、国家を権力の制度化ではなくあくまで道徳の体系として捉え、権力（追求）の契機に副次的な位置しか与えなかったことである[43]。しかし、ともに「伝統的国家観」と総括される儒教的な立場（谷や天皇側近）との決定的な違いは、近衛が道徳の基準を近代法とりわけ憲法に見出していたことだろう[44]。そしてこの法解釈への感受性は、貴族政治家としての自己規定とも不可分だったかもしれない[45]。近衛は自らが組織した院内会派・三曜会の設立主意書において次のように述べている[46]。

夫《そ》れ貴族院を置く所以《ゆえん》は、蓋《けだ》し政権の平衡を保つの機関となり、彼の司法権を代表する女神

「ヂユスチ、ヤ」の白布を以て自ら其の目を覆ひ、左手に衡を持ち右手に剣を提げて、設《も》し衡の偏重偏軽を感ずることあらんか、忽《たちま》ち一刀両断の処分に出でんとするの状をなすが如く、我が貴族院も亦《ま》た政府と衆議院との間に立ち、彼の「ヂユスチ、ヤ」の地位にあらざる可《べか》らず。

政府と衆議院の間に立つ貴族院が、あたかも右手に剣、左手に天秤をもった「正義の女神」ユースティティア（Justitia）のように[47]、帝国憲法体制のなかで生じた「偏見」を摘発し、公正な裁定を下していくこと。「平衡」を重視するこの静態的な秩序イメージは、近衛の貴族院観のみならず、政治という営みをめぐる彼の基底的な認識も照らし出すものである。

司法化した貴族院は、近衛にとって、君主無答責を徹底する上で不可欠な装置であった。近衛は第二議会を前にした一八九一年七月から九月にかけて、ライプツィヒ大学での卒業論文「国務大臣責任論」の翻訳を文芸誌の『郁文会誌』（一〜三号）に順次連載し、その上でより広く知見を世に問うべく、「第一　君主無答責の理由」を同年九月の『国家学会雑誌』五五号で、「第二　国務大臣の責任」を翌年一月の華族同方会の演説で、それぞれ発表した。

近衛の憲法論の骨子は、憲法五五条「国務各大臣ハ天皇ヲ輔弼シ其ノ責ニ任ス。凡テ法律勅令其ノ他国務ニ関ル詔勅ハ国務大臣ノ副署ヲ要ス」を自らの「大臣責任論」に引きつけて再解釈する点にある。近衛はまず「大権」を制限・分割不能な「主権《スウエルニテート》」（統御権）と分割可能な「国権《スターツゲワルト》」（施政権、

「政権」ともされる）を区別する（図1）[48]。ここでの主権とは、法律裁可（第六条）、陸海軍の統帥（一一条）、宣戦・講和（一三条）、司法権を天皇の名で行うといった「君主が儀式上国家の一身に引受けて外面に表示する権、即ち国家全体を代表するの機関として顕はすの権」のことであり、さしあたり、天皇が憲法に拘束されることを示した憲法四条「天皇ハ国ノ元首ニシテ統治権ヲ総攬シ、此ノ憲法ノ条規ニ依リ之ヲ行フ」にある「統治権」の「統」を主権、「治」を国権とみなせば差し支えないという。

図1 近衛篤麿の立憲君主制モデル

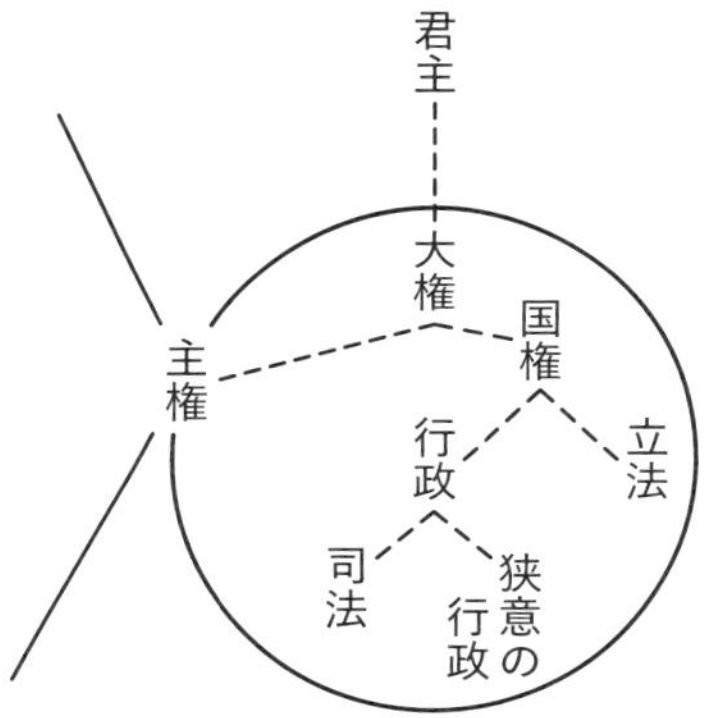

この区別の原則を確認した上で、近衛は伊藤博文（名義）の公式注釈書『憲法義解』への攻撃を開始する。第一に、『義解』の「輔弼」解釈と異なり、君主のあらゆる政務上の行為について国務大臣は君主に代わって責任を負う。第二に、国務に関する天皇の詔勅は大臣の副署がないと無効であり、違憲と判断される詔勅は副署を拒否できることが確認される。「副署の本質は君主の施政の憲法的若くは法律的なることを保護するにあ」るからであり、この効果によって大臣責任は憲法ないし法律の違反が生じた時にのみ生じることになる。すなわち、大臣責任は『義解』のいう「政治的の責任」で

はなく「法理的の責任」である。第三に、『義解』の理解とは反対に、国務大臣は天皇に対してのみならず、議会に対しても「直接に」責任を負う。この議会に対する大臣責任を担保する装置が、近衛の憲法論で重要の位置を占める議会の大臣告発（弾劾）権にほかならない（演説版はおそらく聴衆の反発を意識して、翻訳版より位置づけが弱まっている）。そして、「憲法国の条件」とまで評されるこの「上告の権」が発動されるとき、議会と政府の間に立って裁定にあたる機関こそ「高等法院ないし上院」である。かくして貴族院は再び法廷のイメージに接近していく。

以上のように、近衛はまず君主への大臣責任を無制限とし、次に副署により天皇無答責を保障しつつ大臣責任を違憲問題（「法理的の責任」）に限定し、最後にこの責任をめぐる大臣弾劾の権利を下院に付与することで、外部から閉じた体系としての「法理」の網を、天皇を頂点とする帝国憲法体制の隅々まで張りめぐらせ、権力闘争の生じる余地を排除しようとした。しかしここには重大な欠陥があった。議会には質問権しかないため、大臣の憲法違反が生じた場合、憲法四九条および議院法五一条・五二条が規定する上奏権に訴えるほかない（「是れが憲法及び現行の法例に依りて行ひ得べき（大臣責任実行の）唯一の方法」）。そして上奏の採否の「親裁」は天皇に一任される。この「唯一の方法」は、大臣に違憲があり、弾劾上奏も行われ、しかし採納されないサイクルが繰り返されるとき、「遂には恐れ多くも侵す可《べか》らさる至尊（天皇）に怨恨を抱きて、遂に革命の惨劇を見るに至らんも計り難」い。大臣弾劾による自浄メカニズムを欠く現行の体制では、下院の（政治的）上奏を通じて天皇が国民の「恨」（違憲の放置に起因する）に直接さらされるリスクが残るのである。

近衛が主眼をおく大臣弾劾は、井上毅の「憲法試草」（一八八二）を最後に憲法起草者の構想から早々に脱落した、しばし忘れられた制度だったため[49]、当時一定の新鮮さをもって受容されたものと思われる。ただ近衛論文で印象的なのは、主権と国権の二者を束ねる「大権」については、単に歴史的な与件とされて立ち入った分析が行われない点である。論文の冒頭で近衛は、日本では孔孟の教えが広まり、「絶対的の忠順主義」が人民に浸透しているため、天皇の責任追及や異議申し立ての発想が全く現れてこなかったことを指摘する。反逆者は歴史上数多く登場したにもかかわらず、天皇への反逆者は存在しなかった。その意味で、天皇不可侵（憲法三条）と大臣責任（憲法五五条）は「既に我歴史の証明する処のもの」であり、「憲法以前、既に人民の脳裡に浸染したる感触を、憲法の明文によりて確実ならしめたるに過ぎ」ない。そして憲法四条が天皇大権の「綱領」であることが確認された後、大権の説明は終わる。その後も天皇への言及がないわけではないが、上奏の不採納による「革命の惨劇」を防ぐため大臣責任を、という主張はいかにも取って付けた感が否めず（天皇批判の歴史的な不在を強調してきた手前、レトリックとしても説得力を欠く）、また、「高等法院ないし上院」と機能が大きく重なるはずの枢密院への認識も窺うことができない。

この歴史決定論（史論や歴史法学[50]への内在的関心もおそらく乏しい）的な「大権」理解は、君主の権威やその起源といった非合理的な要素を、秩序構想の中核にとりいれる意識が近衛に稀薄だったことの裏返しであろう。またそもそも近衛の憲法論は学士論文であり、アカデミズムの世界でどれほど影響力を持ちえたかも不明である（その憲法学説史上の位置の定位は、筆者の能力を超えている）。ただ、ドイツのラーバントの下で学んだ穂積八束《やつか》が一八八九年発表した論文「帝国憲法の法理」が、天皇や国家を、その社会的実態や歴史的経緯とさしあたり関係のない「法理上」のフィクションとして秩序に埋めこむドライな理解に達していたことをふまえれば[51]、「法理」を体制原理化することで大権論を迂回する近衛論文には、政府の公式見解たる『憲法義解』のオルタナティヴとしての魅力があったのかもしれない。本来上院が引き受けるべき国民の「恨」への最終的対応を天皇の決断に委ねざるをえないという、本人の理念からすれば重大なアキレス腱を抱えていたものの、近衛はこの論文を起点に、伊藤博文（正確には『義解』）の知的・政治的権威に挑戦する「大臣責任論」の旗手として政界で台頭していったのである。

こうした貴族院を基盤とする「法の帝国」の建設にむけて、現実世界の近衛は、法と政治の関係を相互に排他的な形で再定位するための仕掛けを施していった。まず近衛は、衆議院を憲法解釈論議から基本的に排除した。近衛は総じて（少なくとも将来的な）政党内閣論者であり、超然主義的な理由からこれを説いたわけではない。「議院の決議は時勢によりてすべきものなるに、万古不可換の憲法の解釈（大臣責任の定義）を議院に於て議決し置と云事は、実に後世に宜しからぬ悪慣例を作るものなりと存候」[52]とあるように、憲法（五五条）解釈の正統性根拠を「万古不可換」や「国民的信仰」

といった憲法に先行する超越的な基準に求めた上で、衆議院が対応すべき争点を同時代（「時勢」）に限定したのである。こうした法理の自律的体系への志向は、当然ながら法解釈専門家を組織化する志向と親和的だった。近衛は帰国後まもなく財政攻究会、そして華族会館調査課の後継団体たる月曜会と、次々と調査機関を発足させ、さらに従来あまり注目されていないが、きたるべき条約改正（内地雑居）に備え、民法人事編研究会、条約実施研究会、国際法学会といった（準）アカデミック・サークルの運営に多く主導的役割をはたした[53]。近衛は元来、日清戦前に高揚した条約改正反対運動にも、外交論への共感からではなく、憲法争点だった責任内閣論への関心から合流したにすぎないが[54]、条約改正研究は憲法だけでは完結せず、国際法と民法に関心を広げていったものと思われる。その点で、第一次大隈内閣が閣僚待遇の法制局長官のポストを近衛に用意したのも何ら不思議ではない。日清戦後、近衛の「法の帝国」の射程は、列強と日本の新旧条約の国際的背景や、内地雑居前後の社会の変化にも及んでいたのである。

ただ、政治過程に独立の存在意義を見出さない近衛の姿勢は、政治家としての成長の機会を奪ったかもしれない。近衛は衆議院解散に一般に批判的だったが（法理での統御が難しい変数だからであろう）、解散がなされた場合にも、「解散は政府最後の手段として国民輿論の裁判に訴ふるものに有之《これあり》、其結果より生じたる撰挙に際しては撰挙人は乃《すなわ》ち最終の裁判官たるの地位に立つもの」とあくまで司法のメタファーを敷衍して選挙過程を意義づけた。こうした司法化のレンズは、権力の内在的理解を困難にしただろう。近衛は「野心」に満ち溢れたアクター（国際的には列強、国内的には政友会）も公然と反対しえない「正論」[55]によって政治を操作するという行動モデルから、終生抜けだすことができなかった。

興味深いことに、近衛はそれでもなお、法理の小宇宙で処理できない生々しい政局と接触せざるをえない場合は、あえてこれを「偶然」と規定することで自らの秩序構想との整合性を保とうとした。第四回総選挙で対外硬派への応援演説の要請に対し、「もし他の所用にて京坂地方にでも旅行し居り、偶然同地方に硬派の大会にてもあらば必ず出席すべし。態々《わざわざ》夫《それ》が為に出張致す事は謝絶する」[56]と伝えたこと、また貴族院議長時代に地租増徴継続問題をめぐる内閣と衆議院の対立の調停を試みた際、「余は貴族院議長としてこれ（調停）を為すにあらず。一箇人の近衛公爵が偶然政府と下院との中間にありて……便宜の地位にあればこれを試みんとするなり」（『近衛日記』一九〇二年一二月一九日）と各貴族院会派の代表に語ったことは、近衛にそうした心理的機制が存在したことを窺わせる。法共同体にして道徳共同体である明治国家を円滑に作動させるためにも、近衛は大臣責任論だけで構築された箱庭の主として、最後まで使命を全うする必要があったのである。

ところで近衛において立憲君主はついに「動」かないかに見える。しかし、政治的上奏のリスクが残ったままで、かつその採否を決断する天皇の個人的資質を等閑に付したままで、貴族院を軸にした帝国憲法体制論は本当に完結するのだろうか？　その検討にあたっては、初期貴族院のもう一人の雄だった子爵議員・谷干城に視点を移さなければならない。

「輔導の臣」としての貴族院――谷干城

はじめに貴族院指導者としての谷をめぐる政治状況について、筆者の理解を記しておく。前述のように黎明期の貴族院は沈滞していたが、その淀みの中から次第に、衆議院と異なる貴族院固有のアイデンティティを模索する動きが非「民党」議員の間で広がっていく。その中心となったのがほかならぬ谷であり、こと地価修正法案への反対を通じて院内の団結を促していった。谷は近衛や曾我祐準《すけのり》のような、谷よりも対衆議院協調を重視する「民党」の同志を抑制しつつ、衆議院と決して同一視しえない貴族院独自の存在意義を議場で情熱的に語ったのである。しかし、地価修正は衆議院では地租軽減とならぶ民力休養論の代表であり、当然ながら「民意」を斥ける貴族院への批判は高揚し、近衛が危惧したような貴族院廃止論さえ叫ばれていく。しかも、独自の国防政策を掲げた谷はともかく、谷に触発された議員たちの地価修正反対の多くは実のところ、衆議院との差別化や反発を超えた、具体的な内実に乏しかった。現役の和歌山県知事でもあった沖守固《もりかた》（勅選）は、おそらく法案通過を内心望んでいた県庁への手紙で、「一県之利害」からすれば地価修正は必要だが、「国家全体より洞観」すれば否決のほかなく、自分は「貴族院之本分」を尽くすために否決に回ったと自己正当化した。この「国家全体」は反衆議院のためにする論理以上のものではなかったと筆者は考える。かくして地価修正法案を圧倒的多数で葬った貴族院を尻目に、政府と衆議院の激しい対立に突如ピリオドを打った第四議会の「和協の詔勅」は、貴族院の独立の精神を体現してきた谷の路線の行き詰まりを象徴する転換点となったのである[57]。

では、谷のそうした行動の背後にある秩序構想はどのようなものだったのだろうか。よく知られているように、谷の特徴は、軍人出身として沿岸防衛を重視したユニークな国防観（日清戦後は大陸膨張に批判的になる）、外資導入や自由貿易への一貫した反対、地租増徴批判にみられる農村重視、永世中立国スイスの政治社会の理想化など、軍事・経済・政治の全領域で一国完結的な国家観にある。ただ、谷が帝国憲法体制をどのように観念していたかについては、彼が貴族院の自立を推進したこと、また他の保守派（天皇親政運動）や国民論派と違って天皇の立憲的統制に意識的だったことの指摘はあるものの[58]、その全体像が十分解明されているとはいいがたい。谷は（近衛と同様）明らかに立憲主義者だったが、同時に絶大な信頼を受けていた明治天皇への個人的思い入れも強烈だった。時に相克しかねないこの二つの契機は、谷のなかでどのように統合されていたのだろうか。

初期議会期の谷の政治観の基底にあるのは、近代法、とくに法解釈専門家への根強い不信である。谷は近衛と全く対照的に、「法律（家）の支配」への嫌悪感を表明することが少なくなかった。「兎角近来の日本の有様を見ますると、其文章に掲げると直ぐに文書に拘泥してからに、誠に人間の脳髄と云ふものが頻りに法律と云ふことに凝り固って、情と云ふ……なさけと云ふものは殆ど地を払って仕舞って居ると云ふ訳で、其れ故にどうぞ斯《こ》う云ふもの〔法律〕はなくして互に相談で極まるやうにありたい」というのが、第一議会で谷が下した現状診断であった〔59〕。谷いわく「議会は相談会でありまする」のであり、「法律」や「文書」による「議論」は二義的な意味しかもたない。はじまってまもない議会制を今後円滑に定着させていくためには、「情」が共有された「相談」の秩序の確立が先決である。

　このような谷の議会観念を、単に西洋近代的な「法」(「議論」)に伝統日本的な「情」(「相談」)を対置しただけのものとみるのは早計だろう。なぜなら、谷には王政復古たる明治維新によって日本の政体が「恩恵的」な「専制政治」から「道理的」な「立憲政体」へ不可逆的に変更されたという歴史認識があり、パトロネージを介して癒着したような君臣関係は、むしろ批判の対象だったからである。そして現代日本を「天子の思召《おぼしめし》でどの様なこともなさるゝ時」(ここでの専制の主体は徳川政権ではなく天皇である)からの解放と位置づける谷の「あるべき」天皇制国家像は、「各々〔貴族院・衆議院〕国家の大計を経綸《けいりん》する」立法府のプレゼンスの大きさと結びついていた〔60〕。たとえば議会の最大の武器となる予算議定権について、谷は「帝国議会の決議を経ざるものは一銭たりとも私に支出するを許さず、直言すれば予算の裁可権は天皇も御遠慮被遊《あそばされ》たるものにして、亦《また》聖徳のありがたきを知るべし」と保守派の記者にその意義を教え諭しており〔61〕、また地価修正法案の審議で「今日国家の大政に我々議員なるものが参与して参りまするに於きましては、如何に聖上〔天皇〕が斯《か》く思召《おぼしめ》しましても、国家の大計上からいかぬと云ふことを考へ……爰《ここ》は暫《しばら》く斯くならねばなりますまいと云ふことを中上げ意見を述ぶるが、即ち議会の本分と存じます」と述べたように[62]、法律議定権も有する議会には、「国家の大計」に照らして問題のあるいわば「悪法」が現れれば、天皇が仮に支持していても断乎これを正す責務があると信じていた。

こうした「御遠慮」と「意見（諫言）」による君主－立法府関係を通じて、「聖徳」が社会にいきわたり、天皇と国民の結びつきの感覚（一君万民）が確かなものとなっていくこと。そこにおいてこそ、「法」の支配の下で抑圧されがちな「情」による人心統合も進み、「道理」に支えられた立憲政体が現出するにいたる。万世一系の天皇への敬慕と、君主権を制限する主張は、おそらくかかるヴィジョンによって谷のなかで矛盾せず両立していたのである。

以上のような谷の貴族院観は、天皇に責が及ぶことを防ぎつつ、誤った方向に向かわないよう立憲制の枠内で正しく導く「輔導の臣」のイメージに接近する。谷が元来、貴族院が「下等視」されてしまうとの懸念から枢密院の存在に否定的だったにもかかわらず、第五議会で枢密院が国務大臣の進退に関する判断を避けたとき、では一体誰が「聡明の欠を輔弼」するのかと糾した事実は、まことに象徴的である[63]。谷が枢密顧問官の貴族院勅選にはきわめて積極的だったことと併せて考えると、「聡明の欠を輔弼」する役割は貴族院もはたすべきで、かつそのための中間的機構は集約される必要があると認識していたのではないだろうか。ちなみに、谷は第二議会で一躍名を上げたいわゆる「勤倹尚武」建議案の演説で、法制局の廃止を唱えているが、これも行政整理の主張や法解釈専門家への不信の発露としてのみならず、貴族院と競合しうる中間的機構(枢密院、法制局)への谷の反発に即して理解できるかもしれない。

こうした谷の「輔弼」観の特徴は、天皇大権の下で諸機構が横並びになるその立憲君主制モデル(図2)[64]に明らかな、権力分立論的な志向である。谷はこの図に付して「立憲君主政は実に政府に代理せ令《し》むるに非すして、天皇は行政・立法・陸軍・裁判官等の上にあり、上より大綱を握るものなり。故、何事にでも大権の範囲内にあらさるはなきなり。大権中のものを分て議せ令め、行は令むるが立憲政の本体なり」と記している。ここでのポイントは、「大権」を通じた行政府(内閣)の主導性の相対化である。谷はシュタインの講義を受講した際、日本の官僚機構の人員の多さに驚くシュタインの態度に啓発され、こうした官僚機構の放漫によってこそ政費が増加し、人民への過重な租税(地租)負担が生じている、という現状認識を導いた[65]。年来の徳治論と勤倹論の正しさを確認したのである。そしてこの観点からの行政府への批判と監視を、谷

図2 谷干城の立憲君主制モデル

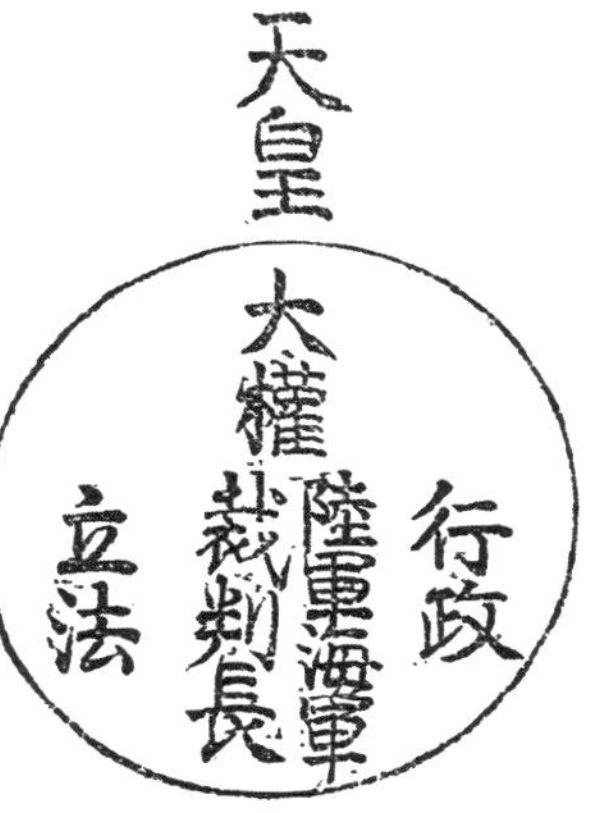

は立法府の使命と考えた。ただ、それは必ずしも行政府と立法府の対立関係を前提にしたものではない。谷は内閣に対してしばしば政策提言的な姿勢で臨み、ときには対衆議院戦線での立場の共通性を強調した[66]。近衛のモデルが明確な階層性をもつのと対照的に、谷のそれは分界が不鮮明で、大権の範囲内に一まとまりに包摂されている。統治機構の分立を要請しつつも、セクショナリズムの発生はおそらく想定しておらず、大権の傘の下で相互の一体感が自然と育まれることを確信していたのではないだろうか[67]。

ところで、図の横並びのなかで実は特権的地位を占めるのが、「立法」とりわけ貴族院であった。前述のように、予算と法律の議定権をもつ議会のパフォーマンスは、立憲君主制の正統性に直結していた。図2について谷は、「法律は君主の特権内にあり、我か邦に於ては議員は只協賛の権あるのみにて、実は主権者より淵源するものなり」と述べている。これは谷が議会を「協賛」機関として低く位置づけたのではなく、むしろ主権者に淵源しているがゆえに、議会の重要性が他のセクターより高いという認識があったことを示すものだろう。そして谷が天皇の出動機会をごく限定した以上、平時の立法府は、主権者を代行する崇高で代替不可能な使命をもつことになる。憲法五条「天皇ハ帝国議会ノ協賛ヲ以テ立法権ヲ行フ」は、かかる天皇と議会の特別な関係を読みとりうる点で、谷の秩序構想の支柱だったと思われる。

しかるに、谷にとって立法府のもう一角を占める衆議院は信用ならなかった。そのことは、「如何となれは、多数の議院にして可決すれは如何なる不理なる法律も作るを得、如何なる不正事業をも為すを得るは、立憲国に於て往々見聞する処に御《ご》座候《ざそうろう》」との一節によく現れている。崇高性を帯びた立法という営みが、いわば下院の「多数の専制」によって「不理なる法律」や「不正事業」に汚染されるかもしれないのである。そこで谷は、衆議院と必ずしもイコールではない「輿論」の概念をよびだし、そこに無謬で、真の公共性を反映した、「一君」の対となるべき「万民」の声を読みこんでいく。衆議院でしばしば現れるような「道理」や「国家の大計」に反する「私益」要求は、真の「輿論」ではないということになるのである[68]。

ただ、衆議院が「輿論」を代表しているかが覚束ないとすれば、下院の意義は一体どこにあるのだろうか。もちろん都筑馨六《けいろく》のような赤裸々な超然主義者とは明確な一線を引いていたが、谷にとって衆議院は、概して必要悪に近い存在だったのではないかと筆者は考えている(天皇大権を最大化し、議会権限を最小化する都筑の憲法六七条解釈は、そもそも政府中枢の支持を得ていない)。衆議院とは混乱と私欲の象徴であり、敬意や配慮の対象ではなかった。それだけに貴族院は何らかの下院への優越性、少なくとも独自の正統性をもたなければならなかった。たとえば谷が他の子爵とともに貴族院議長の公選化に反対し、「貴族院議長にして議員の推撰に依り勅任せらるゝ如きは恰も衆議院議長の撰挙と異なる所なく」としたように、貴族院議長の正統性根拠は衆議院と同じであってはならなかった[69]。そうした差別化は谷において、貴族院の権威を保つというより、天皇の権威に淵源する「立法」の崇高性を維持するためにも不可欠だと認識されたのだろう。

　したがって谷の目からすれば、議会開設後の「立法」の現実は、到底満足しうるものではなかった。勤倹論の即時断行を藩閥政府に呼びかけた意見書[70]で、谷は今日の人民には「封建の世の人民」と異なり、「西洋流の権利義務を教へ」る「法律」を通じて「租税を出すは御上のために非す、我か為めなりと云ふ教育」が普及していると指摘する。こうした「近時の法律」を介した「個人主義」の広がりに便乗したのが、減税論をうちだし、多数の人民を味方につけて煽動する民党（自由党・改進党）にほかならない。その結果、いまや「自然の（可恐《おそるべき》）感情」である「嫉妬」を、人民が政府のみならず皇室にまで向ける恐れがある。皇室が人民から「怨府」とされないよう、政府は率先して勤倹を実践してほしい。またその際、模範とすべき勤倹の先駆者は、「法を頼みて自己の真正を頼」まなかった水野忠邦ではなく、「法を頼まず身を以て模範となし」た松平定信である。

　谷の以上の認識において、「個人主義」を介して世論を煽動する衆議院（民党）の攻勢と、そうした思想状況の変化を促した「法律」の政治社会への浸透は、天皇制国家の基盤を掘り崩していく構造的要因として一つの像を結んでいる。「立法」はさっそく、法専門家と政党政治家によって機能不全に陥っているのである。こうした状況で、国家の存亡に関わる非常時が到来したとき、谷は、立法権の行使を「御遠慮」してきた天皇が遠慮をかなぐり捨てて本来の「大権」を行使し、あるべき「法」を回復するという構想を立ち上げることになる。最終章の次章では、誕生まもない貴族院が二度にわたって直面したこの「非常時の大権」をめぐる谷と近衛の交錯を描いたうえで、議会制と君主制をいかに有意に連結すべきかという両者の取り組みと類似した課題が戦間期に再浮上していく経緯を概観し、結びに代える。

3　極大化する君主、極小化する君主

立憲君主制の「例外状況」の現出――大津事件と和協詔勅

貴族院にとって非常時の大権という問題の最初の試金石となったのは、一八九一年五月一一日に発生した大津事件であった。来日中のロシア皇太子（のちのニコライ二世）が大津町内を通過中に警備の警察官・津田三蔵に突如サーベルで斬りつけられ、一命を取り止めた事件であり、日本政府が犯人に天皇・皇室への大逆罪（死刑）を適用しようとしたのに対し、大審院長・児島惟謙《いけん》を中心とした司法部が、外国皇族に皇室罪を適用できないとの判断から政府の干渉を斥けて、津田に無期懲役の判決（謀殺未遂罪）を下した。「司法権の独立」の確立の画期と評される事件後の経緯まで含め、きわめてよく知られている。

この児島の動きが顕在化し、世論から高い評価を受けつつある頃、谷は児島を支持したと思しき友人で『日本』主筆の陸羯南《くがかつなん》に対し、次のような激烈な書簡を送っていた[71]。

如此《かくのごとき》重大事件〔大津事件〕にして法律の外の所断を為す、又何の不可ならんや。皇室罪に准して擬律す可なり。緊急令を以て其〔津田三蔵の〕頭を斬亦可なり。是《これ》露〔ロシア〕に諂《へつらう》に非す、信義を守るなり、礼儀を盡《つく》すなり。……凡《およ》そ事一国の安危の分る、処に至りては、首権者は其の最上権を用ひて之を断行す。土地を割き償を出す、猶《な》を且《かつ》之を為す。況《いわん》や此の三蔵が首を斬る、何の不可かあらん。

近人動《やや》もすれば法治国抔《など》之言を以て蝶々す。余〔谷〕は嘆息に不堪《たえざる》なり。法治国の裁判官にして自ら法を枉《ま》げ、管轄違の裁判を為し、而《しこう》して口舌の徒〔は裁判官を〕賞賛置〔ママ〕かず、頌徳《しょうとく》の表〔善行を称える文書〕を進めんとす。彼れ等が眼中は国家なきなり、砲煙海を覆に至らは皆菜色〔青ざめた表情〕を露《あらわ》すべき而已《のみ》。我が人民の浮薄なる、一時狼狽狂奔《きょうほん》して只魯の面《つ》ら先《さき》を恐れたりしが、魯の平穏を伺に至りて忽《たちま》ち勇気を発し、国は法を以て立つ、国つぶすべし法破るべからす〔と唱えはじめた〕。

余は大臣の断なきを怨む而已。決て今般の事を尋常一様の律を以て断するは不可なりを信するなり。故、貴諭〔陸の手紙〕の論には到底従ふ不能《あたわざる》なり。

傍点部分に明らかなように、谷は、犯人を死刑〔斬首〕[72]に処するよう求めた上で、政府がめざした皇室罪の適用より、「緊急令」や「尋常一様の律」ではない超法規的な根拠による処罰に重きをおいている。その根拠は、国家の非常時に発動されるべき「首権者」の「最上権」であり、それは当然「法律の外の所断」を帰結する。ここで「首権者」が指すのは天皇と考えて間違いないだろう。文中に明らかなように、手紙の時点ですでにロシア側の対日姿勢が強硬でないことは判明していたが(五月一九日に天皇も神戸港のロシア軍艦に赴いて皇太子を見舞っている)、しかしそうした慰撫の材料としてではなく、ロシアへの「信義」を守り「礼儀」を尽くすためには、天皇の法外の処置を通じて処刑された津田の「首」がなお必要であると、谷は考えたのである。逆にいえば、皇太子を見舞う程度では、天皇が「首権者」として対外的にはたすべき道徳的責任とパフォーマンスは不十分だと、谷は判断していたのであろう。

書簡の日付が確定できないため、これが天皇のロシア軍艦訪問を踏まえた主張だったかは実はわからない。ただ、谷が天皇の慰問に満足していなかったことは、裁判の結果を不当とし、他の貴族院有志とともに、津田を厳罰に処した上で勅使の派遣と当局者の罷免を断行するよう松方正義首相に談判する閣臣問責運動を展開し、しかし判決が覆らなかったためついに六月一日、宮内大臣経由で天皇に上奏に及んだことから明らかである[73]。谷の行動が実ることはなかったが、以上から窺えるのは、例外状況における終局的な裁定者としての天皇像であり、この局面において、谷の構想は天皇親政運動(の立憲制構想)と著しく接近する[74]。ここで最も強く批判されている「法治国の裁判官」が「自ら法を枉げ」たとの評価にみられるように、谷は司法が担う法の体系とは別の、いわば道義の体系としての「法」を想定していた。例外状況における谷は、平時の立憲的統制を外れた「大権」の本格的な発動を要請するにいたるのである。それは一面で、停滞した政治を活性化する効用も期待されていたと思われる。

ところで、実は近衛も、大津事件の収拾にむけて積極的な事態打開を試みていた。近衛のプランは、①内閣総辞職、②新内閣の下での臨時議会の召集、③議会での外国皇族に対する罰則の付議議決、④使節のロシア派遣、という手順を想定したものであり、その前提として弾劾上奏を企図していた。しかし、六月三日に参謀総長である有栖川宮熾仁《たるひと》親王に上奏へ助力を依頼したものの、翌日、「予は軍籍に列し、政治に関与すべからざる身分なるを以て奏議周旋の労を取ること能はず」と謝絶されている[75]。以上の実現可能性はともかく、③に示されるように、近衛構想の主眼はやはり法の網のなかで事件解決へのしかるべき道筋を立てることにあった。近衛の院内会派・三曜会が、五月三〇日付で作成した上奏文の草稿では、刑法をめぐる松方内閣の外交上の対応の問題点を次のように批判している[76]。

〔ロシア〕駐箚公使〔シェーヴィッチ〕は日本刑法中外国の皇族に対する不敬罪処罰の正条なきを以て緊急之を設けられんことを請求せしに、又之に答るに、我が人民に於て決して皇太子に対し不敬を加るものなかるべく、若し之れあるときは我刑法中皇室に対するの刑を適用し処断することを保障せしと。是《これ》行政官にして司法権を侵すものと謂はざるを得ず。……内閣は宜《よろし》く時に及んで其責任の有る所を明示し、宸襟《しんきん》〔天皇の心〕を安んぜざるべからず。然るに今日に至り尚ほ恬然《てんぜん》為す所なきは、恐れ多くも陛下に対し奉り責任を重んぜざる而已《のみ》ならず、憲法第五十五条の明文を水泡に帰せんとす。……付て冀《こいねがわ》くば、陛下の宸断《しんだん》〔天皇の裁断〕を以て憲法の明文を千万世に確守維持し玉はんことを。

皇太子の来日に先立って刑法を改正し、外国皇族へも皇室罪を適用するよう迫るロシア公使に対し、青木周蔵外相は皇太子を傷つけた者がいたらそのように処罰するとの約束をしてしまっていた。ここでの「司法権の独立」の主張が、大審院への政府介入に対してではなく、むしろロシア公使への内閣の空手形への批判として登場していることは注意すべきだろう。おそらく後段に展開されるような大臣責任論との接続を図るために、近衛は内閣‐天皇関係の議論を「司法権の独立」の問題のうちに読みこんだのである。

こうした大津事件をめぐる近衛の一連の動きには、その伝記も「三曜会が刑法追加に熱中したるが如きは真に解すべからざる事に属す」と当惑を隠さない。しかし、近衛には来る臨時議会での皇室罪改正論議でリーダーシップをとる準備があり、またリスクを孕む上奏という手段に訴えることについても、それが違法・違憲状態を正すという非政治的な性質である以上、「法理」に沿った行動である（かつすでに臨時議会で議論は尽くされており、天皇の恣意的判断が含まれる余地は限りなく小さい）と理解していたのではないだろうか。仮に実現していれば、大臣責任論の危機管理能力の高さを示す機会となったかもしれない。

もっとも近衛の場合、立憲君主制の「例外状況」はどこまでも回避すべきものであって、谷のような積極的な意味は持ちえなかった。それだけに、第四議会で天皇の「和協の詔勅」が発せられた後の近衛の衝撃は大きかった。近衛は一八九三年二月二一日に緊急出版した「慨世私言」（『精神』号外）のなかで内閣と衆議院の「両者紛争の結果は畏《かしこ》くも至尊の詔勅を煩し奉るに至る、其の罪責至大なりと謂はさる可《べか》らす」と総括し、とくに詔勅が下る直接の背景となった、衆議院による内閣弾劾の上奏について、「直に勅裁を煩はし奉《たてまつる》の端緒を開かば、百年の後其結果として出で来る悪習は遂に知るべからざるものあらんとす。万一陛下にして断ゝる上奏に対し其理非を判し給ふが如きことあらば、陛下をして親しく予算に関するの責に任じ参らするの慣習を馴致するに至らん。豈《あ》に怖れざるべけんや。一層語を強めて云はゞ、皇室を政海の渦中に巻き入れ奉るの恐ある也」と厳しく批判した[77]。卒業論文のアキレス腱だった衆議院の弾劾上奏が現実となり、しかもそれへの回答だった詔勅が内閣と衆議院の対立を停止させる効力をもったことで、今後も天皇が上奏への裁定を通じて「親しく予算に関するの責に任じ参らするの慣習」が定着していくかもしれない。危機における天皇の出動が常態化すれば、大臣責任論は根底から覆ることになる。

かくして近衛は「動く立憲君主」を最後まで直視できなかった。しかし、五摂家筆頭の家柄である近衛が政治主体としての天皇に向きあうことを回避しつづけたのはいささか不思議である。理由の一端は、近衛と明治天皇の間にパーソナルな親近感が稀薄だったことにあるかもしれない。実は、『明治天皇紀』にも近衛日記にも二人の属人的な関係の近さを窺わせる記述はあまり見当たらない（谷と対照的である）[78]。ドイツ留学中、近衛は祖父にあてた手紙のなかで、乗馬した八九歳のヴィルヘルム一世の観兵式を民衆が歓声を上げて迎える様子を描いたうえで、「日本の様に馬車の中に幕を垂れて外より見る事を得ざらしめるよりは、反《かえつ》てむき出して自ら人民に御親しき処を御見せになるがよからんと存候。夫でも天子様の値打は落ちず候」と書き送っている[79]。外部から可視化しないことで「値打」を保とうとする日本の君主への距離感を、窺わせなくもない記述である。ともあれ近衛が天皇本人への回路の構築以上に[80]、君主制の正統性を支える装置——貴族院や華族制度——の基盤の拡大にもっぱら政治的情熱を傾けたのは、疑いのないところだった。

他方、「和協の詔勅」直後の谷は、近衛とはまったく反対に、おそらく明るい達成感に包まれていた。それまでの谷は貴族院の独立の闘士として審議権の拡張にむけて邁進し、衆議院との関係も悪化していたが、「和協の詔勅」を受けると一転、強硬な姿勢をあっさり放棄し、衆議院との協調を進め、予算案通過のために尽力した。これは決して変節や大勢順応ではなく、谷の政治的信条は詔勅の前後で一貫していたとみるべきだろう[81]。大津事件での天皇のパフォーマンスに大いに不満だった谷にとって、第四議会の歴史的な紛糾がまさに天皇の詔勅で収まったことは、模範的な天皇像の現われにほかならなかった。そうした「大権」の発動を経たのち、崇高な立法を代行する貴族院が、詔勅の趣旨に沿った合意形成を推進することは、むしろ「皇室の藩屏」としての誇り高い行動だったはずである。

ちなみに谷は明治天皇から圧倒的信頼を得ていたものの、時に諫言が聞き入れられないこともあった（小沢武雄陸軍中将の依願免官事件）。しかし、それでも谷は絶望しなかった[82]。終局的な裁決者としての天皇の叡智に信をおいていた谷には、いかに対立や亀裂が生じても、最終的には大権の下で調和が実現するはずというオプティミズムがあった。そのため、二・二六事件の叛乱将校だった磯部浅一《あさいち》が獄中で激白したような「陛下をお叱り申し上げる」心境には決して逢着しなかった。天皇と国民の紐帯が根源的に疑われることはなかった。明治は幸福な時代だったのである。

枢密院による「善意の干渉」の発見——吉野作造

近衛と谷の時代以降、君主の権威に依存する非「代表」院のあり方を、立憲君主制構想と結びつけて議論する系譜はしばらく途絶える。しかし、明治期はほとんど藩閥と一体だった枢密院が、第一次世界大戦後のデモクラシーのなかで、自律した「憲法の番人」かつ「第三の院」として新たに台頭してくると、政党内閣（制）のなかにこの機関をいかに位置づけるべきかという模索が生まれてくる。そこで最後に、二〇世紀の立憲君主制への展望として、一九二〇年代の吉野作造における枢密院の有用性をめぐる議論をとりあげたい。

まず吉野は、東京帝国大学法学部で一九二四年五月から開始された「日本憲政史」講義の冒頭で、「枢密院の政治上の地位を如何にするか」という問いを、現代日本の「憲政」をめぐる三大問題の一つに挙げる[83]。吉野によれば枢密院は一九一〇年代までのような、民主化に抗する特権階級の総称たる「元老官僚閥」の単なる一要素ではありえない。したがって、「上院」や「軍閥」と区別された機関として、その独自の役割が分析されなければならない。実際、吉野は講義において次のように述べている。

枢府〔枢密院〕は伊藤〔博文〕公が最初予期せし様に動かなくなり、政府の立案批評の機関、政府監督機関となれり。若しかかる政府監督を無用なりとせは、枢府の職能は別の方に向はさる可らず（実際には枢府は今や全く無用物なり）。憲政の常道をつらぬくためには、職能上にあたらしき変動を要するものにて、〔枢密院が〕現状の儘《まま》にては、制度の上には憲政の運用の一大障碍たるを失はず。（四〇三頁）

ここで興味深いのは、吉野が枢密院による政府監督の「無用」さを厳しく批判しつつも、同時に、「憲政の常道をつらぬく」ためのその「職能上」の「あたらしき変動」を展望していることである。ではこの枢密院の「あたらしき変動」とは一体何か。

吉野は政治評論では元来、枢密院廃止ないしイギリス流の名誉職化を主張しており、ただ現実には存置が避けられない以上、会計検査院のような監督機能に限定すべきという消極的なかたちでのみ評価する立場だった[84]。ただ、加藤高明首班の憲政党単独内閣が始動して三カ月後に発表した「枢密院に対する期待と希望」(『中央公論』一九二五年一一月)では、「吾人(吉野)は穂積(陳重)男(爵)の起用に於て毫も枢府権限の事実上の縮少を推定すべき理由を知らぬ。……斯く云ふと吾人を以て最近頻りに唱導さるゝ枢密院改造論に目を掩ふものなるかに観る人もあらんが……政府の秕政を糺すに於ては、従来にもまして強くあつて欲しい。同時にまた、枢府を政治的陰謀の具たらしめんとする運動に対しても、思ひ切つて強くあつて欲しい」と枢密院の内閣監督機能と中立性を一転、高く評価するようになっていた。そして枢密院の将来的な発展の方向についても、「真に君主の最高顧問府として国民中の最良の学徳を網羅」するという具体的なヴィジョンを提示している。

こうした枢密院評価の急速な高まりの背景には、一九二二年二月、枢密院を長年支配した山県有朋が没し、浜尾新(副議長：一九二二年二月〜一九二四年一月、議長：〜二五年九月)、吉野も言及している穂積陳重(副議長：二五年三月〜一〇月、議長：〜二六年四月)、一木喜徳郎(副議長：二四年一月〜二五年三月）といった、大学出身の顧問官が正副議長に就任したことがあったと思われる。そしてこうした人事による枢密院の中立化は、加藤高明がめざすところでもあった。実際には、古参の筆頭顧問官である伊東巳代治や金子堅太郎による厳格な憲法解釈が定着していくなかで、学者顧問官の時代は短く、影響力もごく限られていたものの[85]、吉野は「最良の学徳」を担う枢密院を、単に克服すべき反動勢力としてではなく、政党内閣制を下支えするいわば「憲政」の促進要因として、再定位しようとしたのである。

そしてこの記事の前年の一九二四年に行われた講義では、より明確に、「枢府の職分」としての「善意の干渉」という視点が登場している。これは原内閣以来進行していた衆議院（政友会）と貴族院（研究会）の連合に対する処方箋として、とりわけ重要な意味をもつ。

> こ（善意の干渉）は専ら、上院下院腐敗しその連絡にてなす政治（政友会＝研究会連合）を忌むためにいづるものなり。枢府が政府と万一妥協することあらば、日本の前途は憂慮す可し。誠心よりいてたる干渉は尚甚だしくは不可ならず。（四〇二頁）

ここでは、「善意の干渉」を職分とする枢密院は、貴衆両院を掌握した内閣に安易に妥協してはならないとまで述べられている。もちろん吉野は、まもなく第一次若槻禮次郎内閣で現実化したように、枢密院が過剰な政治介入を行い、「憲政の常道」を破損するリスクにも意識的だった。ただそれでもなお、枢密院のポジティヴな干渉の可能性が問われた背後には、帝国議会の立法能力が機能不全に陥っているという吉野の認識があった。吉野は講義のなかで、「立法は特殊の技術を要する」ものだとした上で、「政府は創造の機関にして議会は反省の機関なり」(三七八頁)、「議会は立法部と云ふも実は立法せず、批評機関なり」(四〇三頁)と近時の議会の機能が立法より「反省」や「批評」に重きを置いていると指摘した。実際、第一次大戦を経た一九二〇年代初頭には、社会の複雑化を前に議会の立法・財政参与機能が低下していることが観察されており[86]、吉野の感覚は決して孤立したものではなかった。

そのことは裏面からいえば、「創造」を独占する行政府に対して、立法府が批判や監視というかたちでしか対抗できなくなっていることを意味する。しかも吉野によれば、日本政治におけるこうした行政府優位の立法という構造は、維新政府の三職制に源流があり、歴史的背景があるだけにより深刻だった(吉野によれば、三職制こそ「物を執行する機関と立法の機関とを併立せしむと云ふ思想」(四一〇頁)の源流であり、「明治初年の立憲政はデモクラシーを織り込んだ官僚制にすぎ」ない(四一八頁)。その点で、吉野の枢密院論の目的も、行政府に対抗しうる専門性を集約することによって、内閣への「善意の干渉」の質を担保し、ひいては議会の立法能力の向上を促すことにあったのではないだろうか。デモクラシーの下での専門家の役割について、吉野は、それがいかに優れたものでも治療法を押しつけず、まず患者に寄り添って痛みを診断する医者に準える（三八四頁）。「最善の知識」をうみだすデモクラシー（政党間の政権交代）と「最良の学徳」を提供する枢密院の専門性は、ここにおいて各機構のあいだの緊張関係を回復するための不可欠な両輪となるのである。

以上の吉野の枢密院論や同時期の美濃部達吉の貴族院論のなかに、天皇や国体の問題をめぐる積極的な言及を探すことは、「天皇機関説」全盛の時代でもあり、やや難しいだろう[87]。しかし、デモクラシーを支えつつ監視する専門性と中立性が、君主の権威に淵源するからこそ可能になるという視点は、本稿でみた近衛の貴族院論と吉野の枢密院論に共通する特徴である（近衛はあくまで立憲主義者であり、熱烈なデモクラット[88]とはいいがたいものの）。その意味で、「非代表」院論の系譜をたどることは、戦後日本における内閣法制局や最高裁判所のあり方を考える際にも、意外な示唆を持つかもしれない。

「動く天皇」のアクチュアリティー？

他方で、道義の担い手たることを君主に求める谷のディマンディングな天皇像は、（大権行使のオプションは別として）吉野とも通じるところがあり、冒頭で述べたように、「天皇機関説」的な理解で見落とされがちだった系譜である。谷の議論で特に広い含意をもつのは、大権行使と立憲的統制の間のジレンマであろう。この点で参照に値すると思われるのが、美濃部学説が正統性を失った国体明徴声明後の公法学、具体的には京城帝国大学法文学部で教鞭をとった尾高朝雄《ともお》の議論である。

憲法学者の石川健治によれば[89]、太平洋戦争前夜の尾高は穂積八束や上杉慎吉の天皇主権説を明確に否定し、筧克彦《かけい》の汎神論的全体主義も斥けた上で、国家法人説に拠らずに立憲主義と個人の自由権を確保する道筋を提示したという。戦後のノモス主権論につながる「国家における全体の体現者」としての天皇論を提示することで、文部省が要求する現人神天皇論に理論的基盤を与えつつ、肥大化し(てしまっ)た天皇大権と立憲制の総合を正面から模索したのである。そしてその格闘のうちには、天皇の役割を機関的地位(国事行為)にとどめる美濃部達吉－宮澤俊義の主流学説の系譜が捉えてこなかった戦後の象徴天皇制(京城時代の同僚・清宮四郎の「象徴的地位」論)につながる部分があったという。天皇機関説事件という致命的な複合危機[90]に直面した戦中の尾高－清宮の思索が、国事行為を超えた(すなわち超「機関」的な)天皇の活動を重視する今日の「平成流」の起点となったという興味深い逆説を、そこに見出しうるのである。

今日、国民から広く支持を集めている今上天皇の「象徴」的な実践も、本稿で論じてきた天皇の役割の積極的な解釈に根ざしたものといってよいだろう。もっとも、いかに歴史に先例を見出しうるとはいえ[91]、平成流の「動く天皇」をどのように正当化しうるかは、憲法学上の難題である[92]。君主制という政体を選択する以上、君主の能動性と受動性はいずれも必要で、しかし必ず正しい定見があるわけでもないので、国内外の歴史にふれることで想像力の幅を広げておくほかない。近衛と谷、そして吉野から学ぶべきことはまだ多い。

※史料引用にあたっては、読みやすさを考慮して旧漢字を常用漢字に、片仮名を平仮名に改め、句読点や濁点、ルビも適宜補った。原注は（　）で、引用者の補注は〔　〕で表記した。また史料中の傍点は、特に注記のない限り、引用者によるものである。

註

1――ヴァーノン・ボグダナー『英国の立憲君主政』（小室輝久、笹川隆太郎、R・ハルバーシュタット訳、木鐸社、二〇〇三）第五章。なお水谷三公『イギリス王室とメディア――エドワード大衆王とその時代』（文春学藝ライブラリー、二〇一五、初版一九九五）も参照。

2――Geffrey Dawson papers (Bodleian Library, Oxford), MS. Dawson 79, Johnson to Dawson 15 October 1936.

3――当時ルーマニアでは、国王独裁をめざすカロル二世とファシズム運動の連携のもとで、議会制の空洞化が進んでいた。藤嶋亮『国王カロル対大天使ミカエル軍団――ルーマニアの政治宗教と政治暴力』（彩流社、二〇一二）。

4――君塚直隆『ジョージ五世――大衆民主政治時代の君主』（日本経済新聞出版社、二〇一一）。同『立憲君主制の現在――日本人は「象徴天皇」を維持できるか』（新潮選書、二〇一七）第三章。

5――このワーディングは、岡田健太郎「カナダ国民統合における立憲君主制の役割についての一考察――連邦議会上院などを事例として」（『神奈川県立国際言語文化アカデミア紀要』四、二〇一五）に拠る。

6——苅部直「「血」と「君徳」——天皇論をめぐるデッサン」（同『歴史という皮膚』岩波書店、二〇一一、初出二〇〇七）一〇〇頁以下。

7——丸山眞男「軍国支配者の精神形態」『潮流』一九四九年五月号。また丸山の議論に「政治的統合」という視点を見出すものに、佐々木毅『政治の精神』（岩波書店、二〇〇九）第一章。

8——辻清明『日本官僚制の研究』（東京大学出版会、一九五二）。この論点をめぐる戦中の辻の思索については、荒邦啓介「戦中の辻清明」（『東洋法学』五七‐三、二〇一四）参照。

9——三谷太一郎『日本政党政治の形成——原敬の政治指導の展開』（東京大学出版会、一九六七）、同「政党内閣期の条件」（伊藤隆・中村隆英編『近代日本研究入門』東京大学出版会、一九七七）。

10——主権が帰属する憲法制定権力（天皇、国民）を想定した憲法学説と、美濃部の国家法人理論の間の断絶を指摘するものに、長谷部恭男「八月革命の「革命」性」（二〇一七年八月、羽鳥書店Ｗｅｂ連載＆記事、hrrp://www.hatorishoten-articles.com/hasebeyasuo/8、最終アクセス：二〇一八年四月）。

11——福沢が皇室による人心収攬のメカニズムを解き明かしつつ、政府（「立身出世」）だけに限定されない人材の配置を構想していたことについては、松田宏一郎『擬制の論理　自由の不安——近代日本政治思想論』（慶應義塾大学出版会、二〇一六）二〇六頁以下の周到な分析を参照。

12——御厨貴『日本の近代3　明治国家の完成——1890～1905』（中央公論新社、二〇〇一）、伊藤之雄『明治天皇——むら雲を吹く秋風にはれそめて』（ミネルヴァ書房、二〇〇六）、西川誠『天皇の歴史7　明治天皇の大日本帝国』（講談社、二〇一一）が、それぞれ論旨や議論の力点は異なるが、新たな潮流を代表する仕事である。

13——もっとも、天皇は憲法内存在としての自覚と使命感を持ちつつも、性向は保守的だったため、「顕教」の沈静化後も時折、波紋を呼ぶことはあった。第二回総選挙での選挙干渉に系統的な指示をだした可能性が指摘される(末木孝典『選挙干渉と立憲政治』慶應義塾大学出版会、二〇一八)他、条約改正問題でも、政府批判の急先鋒だった谷干城に明確な支持を与えている。小林和幸「明治初年の谷干城——谷干城における「輔弼」のかたち」(沼田哲編『明治天皇と政治家群像』吉川弘文館、二〇〇二)一七八頁。

14——山田央子『明治政党論史』(創文社、一九九九)第二章第三節。

15——大久保健晴『近代日本の政治構想とオランダ』(東京大学出版会、二〇一〇)三二五頁以下。ちなみにベンサムは、まさに本稿での近衛篤麿が注目するような、司法部(法廷 Court)がもちうる君主制との連関も、「曖昧な荘厳さ(clouded majesty)」と呼んで切断しようとする。安藤馨「統治と監視の幸福な関係——ベンタムの立憲主義を巡るひとつの非歴史的随想」(深貝保則・戒能通弘編『ジェレミー・ベンサムの挑戦』ナカニシヤ出版、二〇一四)三一四頁。

16——河西秀哉『近代天皇制から象徴天皇制へ——「象徴」への道程』(吉田書店、二〇一八)四八頁。また長谷川如是閑にもやはり憲法の条文を超えた「道徳上の作用」を天皇の人格を通じて発揮させる構想があったことは、同一一四頁。

17——村井良太「昭和天皇と政党内閣制——明治立憲制の変容と天皇の役割像」(『年報政治学』五五、二〇〇四)。また、昭和天皇のこうした志向が戦後まで持続したことは、茶谷誠一「象徴天皇制の君主制形態をめぐる研究整理と一考察——国法学的方法論と「君主制の歴史的・社会的機能」論の視角から」(『成蹊大学文学部紀要』四七、二〇一二)四九頁以下。

18——ただし、枢密院の設置にも反対だった井上毅の抵抗で「国事裁判所」化は阻止された。近代日本における憲法争議解決機関の模索については、宍戸常寿「日本憲法史における「憲法裁判権」」(同『憲法裁判権の動態』弘文堂、二〇〇五)が精緻かつ周到な理解枠組みを提供しており、最初に参照されるべき論文である。

19——こうした問題をめぐる優れた思想史研究として、安丸良夫『近代天皇像の形成』(岩波書店、一九九二)、竹山護夫「陸軍青年将校運動の展開と挫折——天皇、国家、軍隊、自我の四つの象徴をめぐって」(同『竹山護夫著作集4　昭和陸軍の将校運動と政治抗争』名著刊行会、二〇〇八、初出一九六九)を参照。

20——張作霖爆殺事件の処理をめぐる田中義一首相への天皇の叱責は、たしかに内閣が総辞職する直接の原因となったが、仮に叱責がなかったとしても、当時の田中内閣に内政・外交とも展望があったとはいいがたい。逆に二・二六事件は天皇の行動がなければクーデターが成功した可能性があり、天皇が事態打開の規定的な要因だった。

21——このような捉えがたい状況規定力をもつ近代の天皇を、ヴェーバー的な決断者としての政治的人間とは異なるかたちで「歴史の動力」となっていく、武田泰淳的な政治的人間と位置づけることもできるだろう。加藤陽子『天皇の歴史8　昭和天皇と戦争の世紀』(講談社、二〇一一)序章。

22——本稿の内容は旧著『全国政治の始動——帝国議会開設後の明治国家』(東京大学出版会、二〇一六)第二章と一部重複する。あわせて参照されたい。

23——ここでは、政治思想史家スティーヴン・ホームズの「立憲主義」理解を元にしている。Stephen Holmes, *Passions and Constraint: On the Theory of Liberal Democracy*, University of Chicago Press, 1995. 邦語文献として、同「憲法は考える?」(河野勝訳、川岸令和編『立憲主義の政治経済学』東洋経済新報社、二〇〇八)。

24——西村裕一「「代表」・「国益」・「輿論」——美濃部達吉の貴族院論」(『北大法学論集』六一-四、二〇一〇)二二五頁は、貴族院-参議院を「良識の府」や「理性の府」としてポジティヴに位置づける、日本で長く訴求力をもってきた見方を、「政党政治という不可避の現実に倦んだ者たちによる、「理想=イデオロギー」への逃避」と形容している。

25——ブレア政権期の貴族院改革・大法官改革については、田中嘉彦『英国の貴族院改革——ウェストミンスターモデルと第二院』(成文堂、二〇一五)、近藤康史「イギリスにおける憲政改革——貴族院改革の事例から」（駒村圭吾・待鳥聡史編『「憲法改正」の比較政治学』弘文堂、二〇一六）、高安健将『議院内閣制――変貌する英国モデル』（中公新書、二〇一八）第五章。

26――久保田哲『元老院の研究』（慶應義塾大学出版会、二〇一四）第五章。同「伊藤博文の両院制構想」（『法政論叢』五二‐一、二〇一六）。また日本の貴族院の通史として、内藤一成『貴族院』（同成社近現代史叢書、二〇〇八）が優れたものである。

27――『尾崎三良自叙略伝』中（中公文庫、一九八〇）二三六頁。

28――（一八九二年末～九三年）井上馨宛金子堅太郎「貴族院に対する政策」（貴族院罫紙）、国立国会図書館憲政資料室所蔵「井上馨関係文書」六五四‐一三。年代推定は、小林和幸『明治立憲政治と貴族院』（吉川弘文館、二〇〇二）二一二頁注98による。

29――一八九四年五月一四日付・一九〇二年一二月九日付伊藤博文宛金子堅太郎書簡、伊藤博文関係文書研究会編『伊藤博文関係文書』（全九巻、塙書房、一九七三‐八一、以下『伊藤文書』）四、五九・七八頁。事後的な理由づけの変化を含むが、「旧話会速記録」一九二七年一〇月一一日、国立国会図書館憲政資料室所蔵「憲政史編纂会収集文書」一八三。

30――前掲、小林『明治立憲政治と貴族院』九〇～一〇〇頁。

31――前掲、御厨『日本の近代3　明治国家の完成』一三八～一四一頁。

32――（一八九〇年一～三月）一四日付山県有朋宛中井弘書簡、尚友倶楽部編『山縣有朋関係文書』三（山川出版社、二〇〇八）一六～一八頁。

33――一八八九年一月二三日付伊藤博文宛井上毅書簡、『伊藤文書』一、三八八頁。井上は代えて「独逸流之学術論社会学論」で上院論を「試構」すると宣言しているが、詳細は不明。

34――一八八九年一二月二二日付山田顕義宛井上毅書簡、日本大学大学史編纂室編『山田伯爵家文書』二（日

本大学、一九九一)一四四～一四五頁。内閣官制が勅令として制定されたのは、この二日後のことである。

35 ——村瀬信一『明治立憲制と内閣』(吉川弘文館、二〇一一)第一章。

36 ——伊藤隆編『尾崎三良日記』中(中央公論社、一九九一)の一八八九年一一月一五日の条には、当時暫定首相だった三条を戴く政治運動の継続を断念し、車夫を「放免」するにいたった挫折感が綴られている。

37 ——井上毅は法制局の縮小が肝要と述べており、この時期には法制局拡張には抑制的だったとみられる。一八九〇年七月一一日付品川弥二郎宛井上毅書簡、尚友倶楽部・品川弥二郎関係文書編集委員会編『品川弥二郎関係文書』二(山川出版社、一九九四)一七頁。

　井上の「参事院(コンセイユ・デタ)」構想については、山室信一「国家の制度化と法制官僚《レジスト》の政策嚮導——明治前期における法による支配と井上毅」(『社会科学研究』三三‐二、一九八一)、前掲、宍戸「日本憲法史における「憲法裁判権」」、天野嘉子「井上毅文書にみる参事院構想の変容」(『法学政治学論究』八〇、二〇〇九)を参照。

38 ——岩倉は西南戦争中の一八七七年七月一五日、華族会館部長局の督部長として「(華族であるにもかかわらず)居住懶惰《らんだ》唯飲酒に耽り放蕩暴漫なる者は改良校に入らしめ平時濫《みだ》りに外出を禁し、……改良校に入らしむるも尚改心を期し難きは三ヶ年間北海道に赴かしめ、開墾又は鉱山等に従事し艱苦《かんく》を実験せしめは、自ら天与の本性を発出し遂に良人たるを得べし」とする指示書を発している。尚友倶楽部・華族史料研究会編『四条男爵家関係文書』(同成社、二〇一三)二二六～二二七頁。

39 ——一八八九年六月一二日付三条実美宛長岡護美《もりよし》書簡、九〇年五月二九日付三条実美宛鍋島直彬《なおよし》書簡、国立国会図書館憲政資料室所蔵「三条家文書」二五九‐五、二五七‐一九。

40 ——前掲、小林『明治立憲政治と貴族院』六五～六六頁。

41 ——吉野作造編『明治政史』下(日本評論社、一九二八)二七八頁。

42――以上、前掲、前田『全国政治の始動』第二章第一節。

43――そのことは、近衛のあらゆる言動が非権力的契機に基づいていたということを全く意味しない。むしろ、より高次の目的(国家)に奉仕するという意識の下、自らを権力主体として知覚しないために、かえって権力行使への抑制が失われ、「策士」的思考や権謀術数に傾斜することも少なくなかった。坂井雄吉「近衛篤麿と明治三〇年代の対外硬派」(『国家学会雑誌』八三―三・四、一九七〇)六一〜六四頁。この論文は、同「明治憲法と伝統的国家観――立憲主義の国体観をめぐって」(石井紫郎編『日本近代法史講義』青林書院新社、一九七二)とともに今なお最も優れた近衛論であり、本稿も多くを負うが、ここでは近衛が主観的な次元で、閉じた法の体系による「権力不在」の秩序をどのように実現しようとしたかを、より内在的に検討してみたい。

44――その点で本稿は、近衛におけるアジア主義やナショナリズムを過度に強調することを戒め、むしろ西欧的な政治文化との親近性をもち、また自負する人物だったことを指摘する、今津敏晃「近衛篤麿日記」(千葉功編『日記に読む近代日本2　明治後期』吉川弘文館、二〇一二)の理解を継承する。

45――桑原朝子『平安朝の漢詩と「法」――文人貴族の貴族制構想の成立と挫折』(東京大学出版会、二〇〇五)三一九頁から示唆を得た。また近衛自身、「種姓」や「外望」よりも「学術」に裏づけられた「実行」に「貴族」の要件を見出していたようである。山本茂樹『近衛篤麿――その明治国家観とアジア観』(ミネルヴァ書房、二〇〇一)二五三頁。

46――近衛篤麿日記刊行会編『近衛篤麿日記』(全六巻、鹿島研究会出版会、一九六八〜六九、以下、日記は日付を( )で本文に記し、別巻は『近衛文書』と表記)別巻、三九八〜三九九頁。

47――「正義の女神」像の図像学的な背景については、森征一・岩谷十郎編『法と正義のイコノロジー』(慶應義塾大学出版会、一九九七)を参照。

48――出典は、一八九二年一月一六日付「国務大臣の責任」(華族同方会の演説草稿)、『近衛文書』三七頁。年代推定の誤りの修正は、小林和幸「初期貴族院における「対外硬派」について」(『駒沢大学文学部紀要』六二、二〇〇四)一八八頁による。

49――前掲、宍戸「日本憲法史における「憲法裁判権」」。ドイツでは憲法保障の中心とされた大臣弾劾の制度化は、日本では(大臣訴訟を時期尚早とした美濃部を含め)真剣な議論の対象とならなかったという。例外が、大正デモクラシー期の佐々木惣一の「憲法裁判所」構想である。佐々木の場合、憲法裁判所における大臣弾劾への判定を重視するが、これは憲法争議への対応に力点を置く当時一般的な議論とはやや位相を異にしていた。

50――小野梓や穂積陳重・八束による、より本格的な法的「伝統」の探求については、前掲、大久保『近代日本の政治構想とオランダ』第五章、内田貴『法学の誕生――近代日本にとって「法」とは何であったか』(筑摩書房、二〇一八)を参照。

51――こうした穂積の「危険思想」性とその後退について、前掲、松田『擬制の論理 自由の不安』七四頁以下がきわめて興味深い分析を行っている。同じ著者の「「である」ことと「ということにしておく」こと――共存象徴と擬制について」(『政治思想学会会報』四三、二〇一六)および「穂積八束と有賀長雄の論争について」(『福澤研究センター通信』二六、二〇一七)も参照。

52――一八九二年五月二三日付松方正義宛近衛篤麿書簡、『近衛文書』六〇八頁。

53――条約実施研究会の初回には、貴族院議員に加えて一木喜徳郎、梅謙次郎、穂積八束、といった第一線の研究者が参加し、「条約法律の効力」に関する一木の報告に梅が自説を述べるといった専門的な議論が戦わされた(『近衛日記』一八九七年九月九日の条)。その後も田口卯吉(一〇月一四日)、伊沢修二(一一月一一日)、梅(九八年一月一三日)などの会員の報告がしばらく続いている。また同時期、国際法学会への入会の勧誘を受けた際も「直に入会すべしと答」え（九七年七月三日）、ここでは寺尾亨、戸水寛人、有賀長雄、立作太郎らの法学者とともに「日英条約」をはじめとする各条約の検討を行った。九八年四月四日には条約実施研究会と国際法学会の合併談も浮上している。

近衛は一九〇〇年の義和団事件を契機に国民同盟会を創設し、対露強硬論を唱える対露同志会の結成へつながっていくが、これ以前はナショナリズムやアジア主義よりこうした「調査」の政治的比重が大きいと筆者は考えている。草創期の国際政治学や国際法学との接点も興味深い。春名展生『人口・資源・領土――近代日本の外交思想と国際政治学』（千倉書房、二〇一五）。Douglas Howland, *International Law and Japanese Sovereignty: The Emerging Global Order in the 19th century*, Palgrave Macmillan, 2016.

54――近衛の機関誌は当時、対外硬派に対して、完全な満足を求めずに幾分かの不満足を受容すべきこと、感情的な「団体的運動」ではなく各自が改正条項の「研鑽推究」をなすべきことを説いている。「条約改正論の譲歩時代（社説）」『精神』二一‐四、一八九三年四月）。

55――自らの「支那保全論」への形容。一九〇〇年一一月八日付安部井磐根宛近衛篤麿書簡、国立国会図書館憲政資料室所蔵「安部井磐根関係文書」一七〇‐イ。また対外硬派の集会で伊藤首相への人身攻撃が相次いだとき、近衛が立ち上がって不快感を表明し、皆が沈黙した（『近衛日記』一九〇一年三月一日の条）ことも、この点で示唆的である。良くも悪くも知識人的な矜持を保った近衛は、運動の論理に没入することができなかった。

56――一八九四年七月五日付日報社宛近衛篤麿書簡、『近衛文書』六一一頁。

57――前掲、前田『全国政治の始動』第二章第二節。

58――小林和幸「谷干城における「民権」と「天皇」」（『駒沢史学』五四、一九九九）一四～一七頁。谷はまた、憲法八条の緊急勅令にも否定的だった。同『谷干城――憂国の明治人』（中公新書、二〇一一）一四五頁。

59——一八九一年二月二六日の発言。『帝国議会貴族院議事速記録』二(東京大学出版会、一九七九)五六三頁。こうした「法律」批判は明治中期の日本では珍しくなく、河川法制定問題においても反民党陣営の間(内務省と国民協会)で深刻な対立が生じた。前掲、前田『全国政治の始動』第三章第二節。

60——一八九三年一月一〇日の発言。「第四回帝国議会貴族院田畑地価特別修正法律案特別委員会速記録第三号」八頁。

61——一八九一年二月二七日付池辺吉太郎宛谷干城書簡、池辺一郎・富永健一『池辺三山——ジャーナリストの誕生』(みすず書房、一九八九)八二頁より重引。

62——一八九二年六月七日の発言。『帝国議会貴族院議事速記録』四(東京大学出版会、一九七九)二八〇頁。

63——前掲、小林『谷干城』一七八頁。そもそも谷は、議会開設にあたって明治天皇から枢密顧問官や宮中顧問官への就官を促す「御内勅」を受けていたが、「時に行政官の不都合を匡正し、時に衆議院の狂暴を匡正し、上は皇室と、下は多数人民との間を、親密協和なるの手段を取り申度」との理由から、貴族院議員となる希望を変えなかった経緯があった。前掲、小林「明治初年の谷干城」一八三頁。

64——出典は、一八九一年一一月一〇日付陸羯南宛谷干城書簡、島内登志衛編『谷干城遺稿』(全二巻、靖献社、一九一二)下、五〇三頁。

65——朴羊信「陸羯南の政治認識と対外論(一)——公益と経済的膨張」(『北大法学論集』四九-一、一九九八)八六頁。谷の政治思想についても種々重要な指摘を含んでいる。また谷の外遊経験についての優れた論考として、坂野潤治「「日本主義者」の外国観と日本観——谷干城の『洋行日記』を中心として」(『知の考古学』一、一九七五)。

66——たとえば、谷は第四議会前、伊藤首相に対して「野父〔谷〕が如き閑人も、近日に至り鉄道線路競争委員・地価修正恐迫委員等、日々攻に参り面倒に不堪候《たえずそうろう》。当局者の繁忙、推察に余あり」と鉄道問題や地価修正問題での連帯感を滲ませている。一八九二年一〇月一四日付伊藤博文宛谷干城書簡、『伊藤文書』六、一六七頁。

67――谷は、憲法の下で行政府と立法府が権限をめぐって衝突する可能性についてシュタインに説明された際も、日本では古来「政府」が「人民」を赤子とし、人民もまた政府を父母の如く見てきたので、権限争いなどは生じていない、と自身の認知体系に引きつけた反論を行っている。堀口修「谷干城とシュタイン講義――特に柴四朗の講義録を中心として」(中央大学『大学院研究年報』一〇-二、一九八〇)二三八頁。

68――谷の衆議院への強い警戒からすると逆説的ではあるが、無謬な「輿論」を歪める原因は常に政府や党派や実業家による煽動といった外在的圧力に求められるので、「多数人民」の主張自体に内在しうる歪みへの視点は稀薄となる。この稀薄さがさほど問題化しなかったのは、谷が明治国家の少数者の視点に立つことが多かったからであろう。

69――前掲、『明治政史』下、二二六~二二七頁。

70――『谷干城遺稿』上、一七三《ママ》~一七五頁。一八九一年一一月~九二年の作成か。

71――一八九一年五月四日付陸実宛谷干城書簡、西田長寿・植手通有・坂井雄吉編『陸羯南全集』一〇(みすず書房、一九八五)一六〇~一六一頁。なお、谷および陸と大津事件の関わりについては、小林和幸「谷干城の議会開設後における対外論・外交論」(『駒沢史学』五七、二〇〇一)五~六頁、有山輝雄『陸羯南』(吉川弘文館、二〇〇七)一四五~一四七、一五〇頁も参照。

72――なお、一八八〇年制定の旧刑法で死刑は絞首に一元化されている。斬首論の主張が比喩でないとしたら、刑罰観念の比較史の興味深い素材となるだろう。参照、ダニエル・V・ボツマン『血塗られた慈悲、苔打つ帝国。――江戸から明治へ、刑罰はいかに権力を変えたのか』(小林朋則訳、インターシフト、二〇〇九)。

73――尾佐竹猛著・三谷太一郎校注『大津事件』(岩波文庫、一九九一、初版一九二九)二三〇頁。なお前掲、

山本『近衛篤麿』五七頁は、この動きに近衛も加わっていたとするが、本文に記す経緯から誤りだと思われる。

74――池田勇太「公義輿論と万機親裁――明治初年の立憲政体導入問題と元田永孚」（同『維新変革と儒教的理想主義』（山川出版社、二〇一三、初出二〇〇六）。

75――工藤武重『近衛篤麿公』（大日社、一九三八）五二頁。未公刊分の一八九二年四月から八月の近衛日記が参照されている。

76――一八九一年五月三〇日付「湖南事件に関する上奏文」、『近衛文書』八一頁。

77――前掲、山本『近衛篤麿』六七頁から重引（原史料を閲覧できないため）。

78――『近衛日記』一八九八年九月二七日の条には、自身が欧米巡回にむけた天皇への拝謁にあたり、首相の大隈重信を介した理由について「久しく単独の拝謁を願ひしことなければなり」との記述がある。

79――一八八六年六月一日付近衛忠煕《ただひろ》宛近衛篤麿書簡、『近衛文書』五七三頁。

80――今津敏晃は、近衛をはじめとする旧華族には「藩閥政府にコントロールされている宮内省、新華族との疎隔、天皇とのつながりが絶たれているという意識」が共有されており、近衛が天皇・皇族を招いて開催した観桜の宴でも、そうした場の設定を通じて、失われた天皇との回路を回復しようとする心理が働いていたという重要な指摘を行っている。ただ近衛は、同席する主役のはずの「明治天皇の様子は日記に記さなかったにもかかわらず、〔花見客の中にみつけた〕「コダック」と書き記した」。ここには、当時日本でほとんど普及していないコダック製のカメラをいち早く発見する、今津も指摘する近衛のハイカラな一面とともに、明治天皇とのパーソナルな関係の薄さも横たわっていたように思われる。以上、前掲、今津「近衛篤麿日記」四三〜四四、四八頁（傍点は引用者）。

81――芝原拓自「帝国憲法体制の発足と貴族院」（遠山茂樹編『近代天皇制の研究Ⅰ 近代天皇制の成立』岩波

書店、一九八七）三五二～三五三頁。前掲、小林『明治立憲政治と貴族院』一五五頁。

82――前掲、小林「明治初年の谷干城」一八三～一八四頁。

83――吉野作造講義録研究会編『吉野作造政治史講義――矢内原忠雄・赤松克麿・岡義武ノート』（岩波書店、二〇一六）三七二頁。以下、本文中に頁数を（　）で表記する。

84――「枢府と内閣」（『東京朝日新聞』一九二四年四月）。なおこの立場は、枢密院との対立によって若槻内閣が総辞職した直後の「枢密院と内閣」（『中央公論』一九二七年六月）でも踏襲されている。いずれも『吉野作造選集』四（岩波書店、一九九六）所収。

85――萩原淳「昭和初期の枢密院運用と政党内閣――憲法解釈をめぐる先例と顧問官統制を中心に」（『年報政治学』二〇一七‐II、二〇一七）二七四～二七五頁。

86――空井護「美濃部達吉と議会の正統性危機」（『法学』六二‐四、一九九八）四八頁以下。

87――後者については、前掲、西村「『代表』・『国益』・『輿論』」二〇六頁及び注77を参照。

88――参照、空井護「民主体制であること、民主体制であり続けること」（『世界』九〇三、二〇一八）一〇〇頁。

89――石川健治「天皇の生前退位」（『法律時報』八八‐一三、二〇一六）。

90――天皇機関説事件は、美濃部学説なき後にどのように天皇無答責を確保するか、という課題をめぐって日中戦争下の戦争指導にも影をおとし、宮中や内閣が制度設計に苦慮することとなった。前掲、加藤『天皇の歴史8　昭和天皇と戦争の世紀』第四章。

91――山口輝臣は、今上天皇にも共有された、象徴天皇制こそが天皇制の歴史的な本質だと捉える見方を、旧憲法下の国体論に相当する「護憲の歴史神学」と位置づけている。小倉慈司・山口『天皇の歴史9　天皇と宗教』（講談社、二〇一一）三五九頁。

92――西村裕一「「象徴」とは何か――憲法学の視点から」(吉田裕・瀬畑源・河西秀哉編『平成の天皇制とは何か――制度と個人のはざまで』岩波書店、二〇一七)。

第5章

近代日本における天皇のコトバ——遼東還付の詔勅を中心に

SASAKI Yuichi
佐々木雄一

1　はじめに

一九四五年八月一四日、ポツダム宣言受諾を決めた御前会議において、昭和天皇は次のように語ったとされる。いわゆる「聖断」中の一節である（太字、ルビは筆者。以下同様）。

「此《こ》の際、涙を呑み、忍ひ難きを忍ひ、**明治天皇の遼東還付の御心を偲《しの》ひつつ**、此《ここ》に戦争を終結に導き、我国体を保持し、万民を塗炭の苦より救ひ度《た》しと決心せる次第。皆も残念であろうが、自分の気持を察して其様《そのよう》に運んで貰《もら》ひ度《たし》。**国民には速《すみやか》に夫《そ》れに関し詔書を出す様に**、又陸海軍にも勅語を出す様取計つて貰ひ度。要すれば自ら放送しても良いと思ふ」[1]。

そこから五〇年前の一八九五年、日清戦争終結に際して結ばれた講和条約(下関条約)では、清が日本に遼東半島を割譲することとなっていた。それに対し、ロシア・フランス・ドイツが、東洋の平和に利あらずとして領有を放棄するよう日本に勧告した。いわゆる三国干渉である。日本はそれを受け入れることを決め、三国にその旨を通知する。その際、国民に向けた詔勅と、陸海軍人に対する勅諭が発せられた。右の発言は、その故知に倣おうとしたものであった。昭和天皇は数日前の御前会議でも、三国干渉時の明治天皇の心という話を持ち出していた。

それでは、このように昭和天皇が「聖断」を下すに当たって言及した遼東還付の詔勅とは、どのような内容だったのだろうか。原本を見てみよう。

「朕嚮《ちんさき》に清国皇帝の請に依り、全権弁理大臣を命し、其の簡派する所の使臣と会商し、両国講和の条約を訂結せしめたり。

然《しか》るに露西亜《ロシア》、独逸《ドイツ》両帝国及法朗西《フランス》共和国の政府は、日本帝国か遼東半島の壌地を永久の所領とするを以《もつ》て東洋永遠の平和に利あらすと為し、交々《こもごも》朕か政府に慫慂《しょうよう》するに、其の地域の保有を永久にする勿《なか》らむことを以てしたり。

顧《おも》ふに朕か恒《つね》に平和に眷々たるを以てして竟《つい》に清国と兵を交ふるに至りしもの、洵《まこと》に東洋の平和をして永遠に鞏固ならしめむとするの目的に外ならす。而して三国政府の友誼を以て切《せつ》偲《し》する所、其の意亦茲《またここ》に存す。**朕平和の為に計る、素《もと》より之《これ》を容るるに吝《やぶさか》ならさるのみならす、更に事端を滋《しげく》し時局を艱《けわしく》し治平の回復を遅滞せしめ、以て民生の疾苦を醸《かも》し国運の伸張を沮《はば》むは真に朕か意に非す。**且《かつ》清国は講和条約の訂結に依り既に渝盟《ゆめい》を悔ゆるの誠を致し、我か交戦の理由及目的をして天下に炳焉《へいえん》たらしむ。今に於て大局に顧み寛洪以て事を処するも、帝国の光栄と威厳とに於て毀損する所あるを見す。朕乃《すなわ》ち友邦の忠言を容れ、朕か政府に命して三国政府に照覆するに其の意を以てせしめたり。若《も》し夫《そ》れ**半島壌地の還附に関する一切の措置は、朕特に政府をして清国政府と商定する所あらしめむとす。**今や講和条約既に批准交換を了し、両国の和親旧に復し、局外の列国亦斯に交誼の厚を加ふ。百僚臣庶其れ能く朕か意を体し、深く時勢の大局に視《み》、微を慎み漸を戒め、邦家の大計を誤ること勿《な》きを期せよ」[2]。

この詔勅に関しては、対外強硬論や政府批判を抑える効果があったことが先行研究で指摘されているほか（井上 二〇〇〇、石川 二〇一二）、筆者も佐々木雄一（二〇一四）において、詔勅作成過程での文言の変化などに触れた。ただ、紙幅の都合上ごく簡単に言及するにとどまったため、今回、周辺の資料や事実を踏まえながら、近代天皇のあり方を考える素材として改めて論じる。以下、遼東還付の詔勅の文言とそこに込められた政治指導者の意図、そして政治における近代天皇のコトバについて検討していく。

本稿中、資料を引用する際は、旧字体を新字体に、変体仮名やカタカナをひらがなに改め、句読点を補い、繰り返し記号は現在通常使用する場合を除いて改めるなどの修正を加えた。また、天皇などへの敬意を示す闕字《けつじ》や平出《へいしゅつ》は再現していない。引用文中、〔 〕・［ ］内は引用者による補注である。引用・言及した資料及び先行研究のうち、資料名は適宜、研究文献は著者(年)のかたちで略記し、末尾に一覧を附す。特に断りのない場合、伊藤博文宛書簡は『伊藤博文関係文書』、陸奥宗光宛書簡は「陸奥宗光関係文書」中のものであり、以下、出典を略す。

2　一通の書簡から

国立国会図書館憲政資料室の「陸奥宗光関係文書」中に、五月一一日付の陸奥宛伊藤博文書簡がある。

「此《この》雨天に御《ご》出立《しゅったつ》は不可然候《しかるべからずそうろう》間《あいだ》、必《かならず》今日は見合相成候様《みあわせあいなりそうろうよう》、御勧告申《もうし》候間、御採納可被《くださる》

下候《べく》。昨夜来勅諭文面熟考、今朝、末松、朝比奈も呼寄《よびよせ》尚再議仕《つかまつりたく》度候。西園寺、芳川、野村も来臨を催し置候。英文も今一応細査為《な》仕《し》度候故、デニソン氏も貴寓に御招き置被下度候。

此段御願。匆々頓首。

五月十一日　博文

陸奥外相閣下」

さて、まずはこの書簡が何年のものか、である「陸奥外相閣下」と書かれていることから、陸奥が外相であった第二次伊藤内閣期、つまり一八九三〜九六年のいずれかということになる。人名は、「末松」は伊藤の女婿で側近の末松謙澄、「朝比奈」は『東京日日新聞』の朝比奈知泉(碌堂)、「西園寺」は西園寺公望、「芳川」は芳川顕正、「野村」は野村靖だろう。このうち野村は、伊藤の側近でもいつも文書作成にたずさわるタイプの人物でもないため、こうした検討に参加するとすれば、関係する役職に就いているときである。野村は一八九四年一〇月、駐朝鮮公使に転じた井上馨のあとを受けて内務大臣に就任し、九六年二月に辞任した。したがって、書簡の年代は一八九五年であると推定できる。

一八九五年と考えて矛盾が生じないか確認すると、新聞の電報欄によれば、このとき法制局長官の末松は山県有朋とともに朝鮮に渡っていたが、五月五日には日本に帰着しすぐに京都に入った。

文部大臣の西園寺と司法大臣の芳川は東京を発ち、明治天皇のいる京都を他の閣僚とともに訪れている(『東京朝日新聞』五月七日、八日)。朝比奈は、五月三日の伊藤宛書簡で「何《いず》れ西下《さいか》致し候上は」云々と書いていたが、その後八日の新聞に「車中偶筆」と題した文章、一一日の新聞には「在京都　碌堂生」の名で書かれた論説が掲載されている(『東京日日新聞』五月八日、一一日)。野村は、三国干渉発生時から伊藤首相らとの協議に加わっていた。みな、五月一一日には京都にいたことがわかる。一八九五年五月一一日の京都の天気は、雨であった(『官報』五月一三日)。外務省顧問のデニソン(Henry Willard Denison)は一二日午後、そして四月中から体調を崩していた陸奥は同じ日の夜、日付が変わった頃の汽車で、京都を離れた(『東京日日新聞』五月一四日)。

逆に、伊藤の書簡に名前が挙がっていない人物というところから考えてみると、伊藤の側近で後ほど触れる宣戦の詔勅を起草した伊東巳代治は、批准書の交換のためこのときは芝罘《チーフー》にいた。また、教育勅語を起草するなど文案作成と天皇・国制関連のエキスパートであった井上毅は、この年の三月に亡くなっていた。

なお前述の通り、陸海軍人への勅諭が五月一三日付で発せられているが、軍人に発する勅諭の文言を右記のメンバーで検討するというのは不自然であり、伊藤が書簡中で記している「勅諭」とは、遼東半島還付の詔勅を指すと考えられる。詔勅は一〇日付だが発表されたのは一三日なので、一一日にもなお検討が行われていたのだろう[3]。

末松や大臣たちとともに、朝比奈とデニソンの名があり、情報発信の仕方に注意が向けられていたことがうかがえる。伊藤が今一度細査したいと記していた詔勅の英語版から二か所、興味深い点を抜き出してみよう〔4〕。

"Now the friendly recommendation of the three Powers was equally prompted by the same desire. Consulting therefore the best interests of peace and animated by a desire not to bring upon Our people added hardship or to impede the progress of national destiny by creating new complications and thereby making the situation difficult and retarding the restoration of peace, **We do not hesitate to accept such recommendation.**"

一文目、"Now [...] desire"は、日本語の「而して三国政府の友誼を以て切偲《せつし》する所、其の意亦茲《またここ》に存す」とだいたい同じである。しかし、Consulting以下、最後までの一文は、日本語の文と構造が異なっていて、中心となる太字部分を直訳すれば、そのような勧告を受け入れるのを躊躇しない、となる。それに比べると日本語版の「之《これ》を容るるに吝《やぶさか》ならさるのみならす」は表現が曖昧であるし、そこよりも、「更に事端を滋《しげく》し時局を艱《けわしく》し治平の回復を遅滞せしめ、以て民生の疾苦を醸《かも》し国運の伸張を沮《はば》むは真に朕か意に非す」というところに重きが置かれている。

また、日本語版の「還付に関する一切の措置は」は、日清のみでこの問題を処理するのだというニュアンスが若干含まれているが、英語版は、半島の永遠保有を放棄する措置に関しては（“Regarding the arrangements by which we will renounce the permanent possession of the Peninsula”）、と単にその後の処理の手順を述べたかたちになっている。後述の通り、これらは日本語の草案修正過程でも日本政府内で意識されていた点であった。

続いて、『東京日日新聞』上の朝比奈の議論を見てみよう。

「顧《おも》ふに両国全権の下ノ関に議定調印したる条約は、其後曾《かつ》て一条一項の変更を受けたるを聞かず（中略）独り形勢に視《み》、事情を考へて時務の大局の為に更に改廃する所あるや否やは、別に自ら其要なきを保せず。而して是《こ》れ大権任意の行動に決すべし」（『東京日日新聞』五月一一日）。

「条約は実に下ノ関に於て両国全権の調印せしままに批准交換せられ、清国は正しく下ノ関条約を以《もつ》て和を講じ、以て交戦の終局を得たるなり。遼東の地、我れ任意を以て永久の保有を為さざるも、是れ唯々清国より之《これ》を獲たる後の処分のみ（中略）此処分両国間の案件として列国の容喙《ようかい》を許すべからずとする以上は、本条約の彼の三国に対する宣言に依り改変せられたることなきや亦明なり」（『東京日日新聞』五月一六日）。

以上のように朝比奈は、下関条約の内容自体に変更がないことを強調していた。そのうえで、日本側の主体的判断として清に遼東半島を還付することに決し、日清のみの間で改めて協議を行うというのである。日本政府が国内向けに発したい三国干渉受諾の理屈は、まさにそういったものであった。朝比奈自身、前述の五月三日の伊藤宛書簡で、遼東半島放棄は相応の条件つきであれば「一般も戦に倦みたる折柄、満足可致《いたすべく》」との見通しを示していた。『東京日日新聞』は元々伊藤内閣系の新聞と目されてはいたが、朝比奈が枢機に関与することで、いつにもまして丁寧かつ的確に政府の意図を発信することとなった。朝比奈は翌年、「日清戦争より馬関媾和談判に渉りて、自分は何も国家に尽したといふ功労も無いが、伊藤公が有りと認めて呉れて、若干の金を下付されたのを経費として」外遊に出ている（『老記者の思ひ出』）。

3　遼東還付の詔勅に見る日本政府の意図

遼東還付の詔勅は、「陸奥宗光関係文書」八七－一七の三通、「伊藤博文関係文書（その一）」書類一五三、二〇〇、『伊藤博文文書』第二一巻所収のもの、と少なくとも六種類の草案が存在する。「陸奥文書」の三通は、二通が外務省罫紙、一通が法制局罫紙に書かれており、収められている順に外①、外②、法③としよう。作成、検討された順番はおそらく、外①・法③→外②→「伊藤文書」一五三→『伊藤文書』二一所収文書→「伊藤文書」二〇〇→閣議提出文書、というものである[5]。ここでは、初期草案と思われる外①と法③を示す。

外①

「朕嚮《ちんさき》に清国の請に因り、日清両国各々全権を命し、之《これ》をして両国間の平和回復の条約を訂結せしめたり。然《しか》るに露西亜《ロシア》、独逸《ドイツ》両帝国政府及《および》仏蘭斯《フランス》共和国政府は、聯合して朕か政府に勧告するに、**朕か清国の版図内に在る遼東半島の地を永遠に所領するは、朝鮮の独立をして有名無実ならしめ、且《かつ》清国の帝都をして危殆《きたい》ならしめ、却《かえつ》て将来東洋の平和を傷害するの虞《おそれ》あり**とし、右邦土を永遠に保有せさることを以《もつ》てせり。抑《そもそも》朕か日清間に於て干戈《かんか》を交ゆるの止むを得さるに至りたるは、朝鮮の独立を扶持し、東洋の平和を永遠に鞏固ならしめんと欲するの目的に外ならす。今三国も亦東洋の平和を熱望し、其友誼を表明し、我に勧告する所あるに際す。**朕は固《もと》より之《これ》を容るるに躊躇せす**。況《いわん》や此上尚《このうえなお》事端を局外に滋蔓し平和の回復を遷延するは朕か素志にあらす。且前記の邦土に関する条件を除くも、媾和条約の全体に於ては、我か交戦の基礙〔基礎カ〕及其目的の正当なるを確定し、我帝国の光栄と威厳とを毫も減すること無きに於てをや。故《ゆえ》に**朕は政府に命して三国に対し之を承諾するの回答を為さしめたり**。而して**朕か前記の邦土**

を永遠に保有するの権利を抛棄する処分を定むるは、事全《ことまった》く日清両国間の関係たるを以て、両国政府間徐《おもむ》ろに商議決定する所あらしめんと欲す。汝有衆其《そ》れ能《よ》く朕か旨を体し、苟《いやしく》も朕か軍国の大計を誤る勿《な》きを期せよ」。

法③

「朕嚮《ちんさき》に清国政府の悃請を容れ、日清両国各々全権弁理を命し、之《これ》をして平和回復の条件を案定せしめ、已《すで》に条約の訂結を経たり。是《ここ》に於て乎、露西亜、独逸及仏蘭西の三国政府は清国遼東半島の朕か版図に帰せんとするを見て、**朕にして永遠に此《この》〔「遼東半嶋の」併記〕地を領有せは、為めに朝鮮の独立をして有名無実ならしめ、清国の首都をして常に危殆に陥らしめ、因《より》て以《もっ》て東洋永遠の平和を障害するの虞ありとし、**交々《こもごも》我政府に慫慂《しょうよう》するに遼東半島を永遠に領有するの権利を放棄せんことを以てせり。顧《おも》ふに客歳以来、朕か清国と干戈相《あい》見るの已むを得さるに至れるものは、其目的一に朝鮮の独立を扶持し、東洋の平和を永遠に保全せんとするに外ならす。平和の将《まさ》に回復せんとするに臨み、事端を局外に滋蔓し以て兵禍をして抵止する所を知らさらしむるは、朕か素志にあらさるなり。今や三国政府は友誼を表明して以て我に慫慂する所あり。而して其目的とする所、亦《また》東洋の平和に在り。**朕豈之《あにこれ》を容るるに躊躇すへけんや。**況《いわ》んや講和条約の成迹に至りては、遼東半島の如何《いかん》に関せす、優に我交戦の正義を闡明《せんめい》し、帝国の威信を発揚するに足るものあるに於てをや。**是を以て朕は遂に三国の慫慂を容~~れ遼東半島を永遠に領有するの権利を放棄する~~るの意を決し、政府に命して之を三国政府に通知せしめたり。**是れ実に朕か内外の大局に顧みて決〔「措置」併記〕する所、今日の事此外復た~~他に為す所~~長計あるを知らさるなり。**若夫《もしそれ》割譲還付の方法に至りては、事全く日清両国の関係に属するを以て、将に両国政府の徐《おもむろ》に論定する所あらんとす。**今や講和条約の批准亦既に其交換を了《おわ》れり。汝有衆其れ深く朕か意を体し、持重謹戒邦家の大計を誤らさるを期せよ」。

成案に至るまでの間には、朝鮮の独立を有名無実にし云々という三国が指摘した遼東半島領有の具体的問題点を削除、なるべく還付を日本の意思に基づく行為であるように見せる、日清両国間での還付処理というのを強調しない、といったかたちの文言修正がなされた（佐々木雄一 二〇一四）。デニソンや朝比奈の関与という点も踏まえて右の二つの草案と実際に決定された詔勅とを見比べると、それはさらに明瞭になる。

すなわち、「朕は固《もと》より之《これ》を容るるに躊躇せす」（外①）や「朕豈之《あにこれ》を容るるに躊躇すへけんや」（法③）といった文言だったのが、実際の詔勅では、長い一文のなかに「之《これ》を容るるに吝《やぶさか》ならさるのみならす」と入れ込むことで、勧告受諾表明という色彩を薄めた。「政府に命して三国に対し之を承諾するの回答を為さしめたり」（外①）ではなく、「三国の慫慂を容るるの意を決し、政府に命して之を三国政府に通知せしめたり」という法③の言い回しが、「遼東半島を永遠に領有するの権利を放棄する」の部分を削除したうえで採用されていくのも、同様に、遼東半島放棄を強制されて受け入れたと見られるのを避けようとしたのだろう。しかし他方で、先ほど述べたように、英語版では外①のような直接的な表現がなされている。

「邦土を永遠に保有するの権利を抛棄する処分を定むるは、事全《ことまった》く日清両国間の関係」(外①)であるとか、「割譲還付の方法に至りては、事全く日清両国の関係に属する」(法③)というのは、勧告を行った三国への回答として見るとやや剣呑な文言であって、最終的には、「半島壌地の還附に関する一切の措置は、朕特に政府をして清国政府と商定する所あらしめむとす」となる。「一切」、「特に」といったところにまだ幾分、西洋諸国とは無関係に清と交渉するという趣旨が見え隠れするが、表現はずいぶん弱められている。そして英語版ではまったく、あるいはほとんど、そのような意図は感じさせないのである。しかし『東京日日新聞』上では朝比奈が、下関条約それ自体は日清間でたしかに成立した、その後遼東半島を清に返すかどうかは日本(天皇)が決めること、遼東半島の処分は日清両国間の案件であって列国の容喙は認められない、と声高に論じていた。

三国干渉受諾に至る過程は、実態としては、三国の勧告を拒むことができないと判断した日本政府が遼東半島の領有放棄を表明した、というものである[6]。そうした印象をやわらげるため、伊藤らは詔勅において、日本も三国も東洋の平和を望んでいる、寛大に対処しても日本の正当性と威厳は損なわれない、という話の筋を前面に出した。同時に、一方で英語版ではより率直に勧告の受諾を表明し、他方で『東京日日新聞』では、下関条約や遼東還付交渉は西洋列強の影響下にないと喧伝された。遼東還付の詔勅は、政権担当者の意図が実にわかりやすく表れた政治文書であった。

4　日清戦争と詔勅

日清戦争中、遼東還付の詔勅以外にも複数の詔勅が発せられている。まずは、一八九四年八月の宣戦の詔勅である。日清戦争は、清と朝鮮との間に存在する影響関係、上下関係に日本が割って入るなかで生じたものであり、戦争相手国は果たして清なのか、清と朝鮮なのか、という基本的なところが必ずしも明確ではなかった。その状況で開戦に伴う手続きの一環として宣戦の詔勅を出すこととなったため、戦争相手国などに関する日本政府としての見解が詔勅の文面を題材にして検討され、何度も修正がなされた。最終的には、戦争相手国は清単独ということになり、宣戦の論理もその後の日本の対朝鮮政策も、そうした前提に立って組み立てられていく（檜山 一九七九・一九八〇）。

一八九五年三月、下関で講和会議が始まった矢先、清側の代表である李鴻章が日本人に狙撃され、ここでも天皇のコトバが用いられる。三月二五日、清の使臣に危害が加えられてしまったことへの遺憾の意を表明し、軽挙妄動を戒める詔勅が発せられた。ロシア皇太子ニコライが襲撃された大津事件（一八九一年）の際も、直接ニコライを見舞うなど明治天皇が事態収拾に向けて果たした役割は小さくなかったが、李鴻章狙撃事件の場合、天皇の名で広く国民にメッセージが出されたのが特徴的である。

講和条約調印から数日後の四月二一日にも、詔勅が発せられている。戦争終結を迎えるに当たり、戦勝におごらずますます勉励し、清を含む他国との交誼を厚くするよう国民を諭したものである。

ここで興味深いことに、四月一八日、枢密院書記官長の平田東助が野村内相に、二つの案文を附して書簡を送っている。「長短両様」とのことであったが、長い方でも三〇〇字程度の簡単なものである。平田は、講和条約の批准が済み次第、速やかに臨時議会を召集し、普仏戦争時のプロイセン国王の例に倣って「堂々たる詔勅を下さる事」を想定しており、「さすれは交戦之《の》結果、将来之目的等、総《すべ》て此際《このさい》に譲り、此度《このたび》は、媾和条約之宣示に際し批準と共に臣民に諭示せらるる意味の詔」でよいと考え、簡潔に記したのだった。文面については、「外国流義に候得《そうらえ》は、随分斯《かか》る大勝に際しては花々しき語言を連ね、武威を誇るを常と致候得共《いたしそうらえども》、我邦は何方《どこ》迄も謙遜沈着に出《で》度《たき》ものと存《ぞんじ》候」と説明している[7]。

平田と言えば、内務大臣だった一九〇八年、小村寿太郎外相や斎藤実海相が難色を示すなか、上下一致や勤倹を説いたいわゆる戊申詔書の渙発《かんぱつ》を推進したことで知られる。日露戦後の諸課題に対処していくきっかけとして、詔書を求めたのである（宮地 一九七三）。そして今見たように実は、天皇のコトバを用いて民心に訴えかけるという方法は、平田にとってなじみのあるものだった。

5　政治における天皇のコトバ

右に挙げたような大臣が副署を行う詔勅類は、基本的に天皇の意思ではなく政府の都合と考えに基づいて作成され、さらに言えば、天皇の気持ちにそぐわない詔勅が発せられることもあった。日清開戦時の一悶着が有名である。

『明治天皇紀』の一八九四年八月一一日の条には、次のような記述がある。宣戦の詔勅発表後、宮内大臣の土方久元が、伊勢神宮と先帝陵への奉告の勅使の人選について天皇の考えを尋ねた。すると明治天皇は、「其の儀に及ばず、今回の戦争は朕素《もと》より不本意なり、閣臣等戦争の已《や》むべからざるを奏するに依り、之《こ》れを許したるのみ、之れを神宮及び先帝陵に奉告するは朕甚だ苦しむ」と述べた。そして土方が、先だって既に宣戦の詔勅を裁可したにもかかわらず今になってそのようなことを言うのはあやまちではないかと諫めたところ、たちまち逆鱗に触れ、「再び謂ふなかれ、朕復《ま》た汝を見るを欲せず」と怒りをあらわにしたというのである。典拠に関してやや疑問はあるが、ともかくこの奉告拒否という行為に、明治天皇の日清開戦への疑問や不安が表れているのは間違いない[8]。

大国清と戦って本当に勝てるのか、もし敗れたらどうなるのか、と明治天皇は不安であった。したがって、一八九四年六月の朝鮮への出兵以降、現状はどうなっているのか、戦闘以外の解決方法があるのではないか、と伊藤首相や陸奥外相に繰り返し問うた[9]。にもかかわらず、明治天皇の意向を確かめることもないまま いつの間にか戦争が始まり、宣戦の詔勅も発することとなった。しかも開戦直前、とりわけ陸奥は明治天皇が慎重論であるのをわかっておそらく意図的に、天皇への情報提供を制限していた(檜山 一九九一、同 一九九三)。宣戦の詔勅渙発を拒むといったことはなかったものの、明治天皇の不安や不満は募っていた。結局、伊勢神宮と先帝陵には勅使が派遣されたが、宮中における宣戦の奉告祭に天皇は出御しなかった。

これをやや広い歴史的視野から見れば、江戸時代後期、天皇が政治の世界に浮上してくる。将軍は天皇から委ねられて日本を統べていると捉える大政委任論が広まり、古くから連綿とつながっている天皇を戴いているというところに日本の価値や特徴を見出そうとする意識も高まっていった(渡辺 二〇一〇)。同時に、一七八〇年代以降、光格天皇は、傍系の宮家から皇統を継いだこともあって積極的に天皇・朝廷の権威向上を図った。天明の飢饉の際には多くの人が御所を訪れて救済を願い、京都所司代を通じて対策を求める光格天皇の意向が幕府側に伝えられた(藤田 二〇一一)。久しくなかった、政治における天皇のコトバの登場である。天皇位に就いたことがない光格天皇の父に太上天皇の称号を贈ろうとした尊号一件などをめぐり、まさに光格天皇自身の意思が、コトバとして政治過程に発せられた。

黒船来航は、この傾向に拍車をかけた。幕府が勅許を得て条約を締結するという手順を採用したことで、勅許を得られるかどうか、天皇がいかなる意向を表明するか、というのが重大な政治争点となったのである。幕末、戊午の密勅であるとか八月一八日の政変、長州征討など、どの勢力がどのような天皇のコトバを与えられるかは繰り返し問題となった。無論そこには朝廷内の力学も関係していたが、天皇の意思が、政治的に重要な意味を持った。

この状況で、孝明天皇が亡くなり、明治天皇の代になる。嘉永五(一八五二)年生まれの明治天皇はたしかに若かったし、おそらく実際の年齢以上に、政局に関わる者たちが、新帝はいまだ若年、とみなした。他方で、天皇のコトバは依然として政治上の一大焦点であり、各勢力が争ってそれを引き出そうとした。そこに、明治天皇の意向は反映されない。天皇と、天皇のコトバとの分離である。

以降、五箇条の御誓文(一八六八年)、漸次立憲政体樹立の詔(一八七五年)、国会開設の詔(一八八一年)、日清・日露戦争の宣戦や講和時の詔勅(一八九四・九五年、一九〇四・〇五年)、新条約施行時の詔勅(一八九九年)などはいずれも、政府方針の説明ないし当局者の自己正当化のためにつくられた政治文書であった。

6　政治指導者としての明治天皇

しかしながら、明治天皇はより実践的な部分で、政治指導者として、あるいは政治上の機関として、重要な役割を果たすようになっていった。根幹となる権力行使の仕方は、下問である[10]。一八八〇年代から九〇年代を中心に、首相の選出や日々の政治問題について、伊藤博文、井上馨、山県有朋、黒田清隆、松方正義など薩長有力者の見解を尋ね、あるいは別の有力者の意見を伝え、調整や調停を行った（御厨 二〇〇一、西川 二〇一一）。

そうしたなかで政治指導者としての意識を強く持つようになった明治天皇は、とりわけ松方が首相のときには、積極的に政治運営に関与した。一八九一年一一月、明治天皇は、板垣退助が各所の演説で帝国憲法は伊藤がドイツの憲法をまねてつくったと述べていることを知って不快に思い、憲法の精神を世間に了解させるよう伊東巳代治に指示した。憲法は自身が欽定して国民に与えたもの、と考えていたのである。伊東はその後、『東京日日新聞』で欽定憲法の宣伝を試みたと述べている（『「明治天皇紀」談話記録集成』三、一一月二七日、伊藤宛伊東書簡）。その年の終わり、第二議会の解散時には、前途を憂慮して「松方大臣へも度々御沙汰相成」、「良民」が議員となることを望んでいた（一二月二六日、伊藤宛徳大寺實則書簡）。同時に、松方内閣とやや距離をとっていた伊藤にも繰り返し善後策を問うた。そしてこれに対して伊藤が政党結成の考えを申し出ると、これまで伊藤は松方や大臣たちについて批判的なことを言っていたのにその内閣を政党で助けることができようか、と明治天皇は疑い、松方らに知らせて伊藤の動きに歯止めをかけた（佐々木隆 一九九二）。隠された真意や真相といったものは、敏感に察知したようである。土方久元が西園寺公望に語った言を借りると、「陛下はフラスコの底まで見通して知つてござるからなあ」ということになる。西園寺はそれを、「迂闊なことは滅多に申上げられないといふ意味の言葉」と受け取った〔11〕。

明治天皇の問いは、ときに糾弾の響きを帯び、理屈が通っていない話や以前の発言と矛盾のある説明は次々に指摘を受けた。例えば、日清開戦から一カ月ほど経った一八九四年八月三一日、侍従長の徳大寺實則の陸奥宛書簡には、以下のように記されている。

「京城末松より閣下へ来電に、「前略、仏国宣教師か支那兵に殺されたりとのことは事実なるべし。同国宣教師二人、平壌地方に居る趣にて、仏人より我陸軍に可成《なるべく》保護し呉《く》るる様《よう》依頼ありたりとのことにて、陸軍にては其辺には注意し居れり」（中略）。平壌は戦地の事故《ことゆえ》、宣教師を保護するの暇はなかるべく、又保護する軍卒もあるべからす。然るに右依頼を陸軍にては注意し居れりとは、**頗《すこぶ》る事理に不通《つうぜざる》事の様に被存《ぞんぜられ》候**。容易に保護の依頼を承託し、万一支那兵に殺害せらるることありては、他日面働を来すこと无之哉《これなきや》、閣下御意見如何、御尋に付、一書拝啓仕《つかまつり》候」。

京城（ソウル）からの知らせに、「フランス人宣教師が二人、平壌地方にいるとのことで、なるべく保護してくれるようフランス側から依頼があったので陸軍はその辺には注意している」と書かれていた。すると明治天皇は、平壌は戦地なのだから、宣教師を保護する暇も軍卒もないはずである。にもかかわらず、そのような依頼を受けて陸軍は注意しているとは、ずいぶん道理が通らないように思われる。保護の依頼を安請け合いして万が一フランス人宣教師が清兵に殺害されるようなことがあっては他日面倒が生じないか、ということで陸奥に尋ねたのである。

この細やかさで問いを発する人物が上位に存在するというのは、政策決定過程に少なからぬ緊張感を与えた。日清開戦に至る途上、朝鮮への留兵と清が賛同しない場合の日本単独での内政改革実行という強硬な文言が入った朝鮮共同内政改革提案について「縷々《るる》御下問」を受けた陸奥は、天皇の懸念を見てとり、「万一聖意閣議の次第と相異り候様にては、実に由々敷《ゆゆしき》大事」と伊藤に助けを求めている（『伊藤博文伝』）。

7　明治天皇と伊藤博文

その明治天皇から信任を得ていたのが、政界の第一人者、伊藤博文であった（坂本 一九九一、伊藤一九九九)。明治天皇は伊藤の言うことはよく聞き入れた、といった証言は多々見られる。前述の通り、一八九二年初頭、伊藤が政党結成を試みた際には天皇の賛同が得られなかったように、すべて伊藤の意向が通るというわけではなかったが、伊藤への信任は別格であった。

伊藤自身、そうした明治天皇の信任を自覚していたし、政治において天皇のコトバを利用しようとすることもしばしばであった。一八九一年末の議会解散時には国民を訓戒する勅諭を下すことを考えた。一八九二年、政党結成問題で孤立気味となったときには、宸翰を受けるかたちで枢密院議長の辞職を撤回した。同年に第二次伊藤内閣を組織してからも、建艦費をめぐって民党と対立した第四議会を、内廷費の節約によって建艦費をまかなうという詔勅(和協の詔勅、建艦詔勅)を発することで乗り切った。自分で詔勅を出させておきながら、「偏《ひとえ》に至尊至仁之所致と感泣之《の》外無之《ほかこれなく》候」(一八九三年二月一〇日、陸奥宛伊藤書簡)と書けてしまうのもまた伊藤らしい。

日清戦争中も、天皇のコトバに対する伊藤の関与は続く。一八九五年三月、参謀総長の小松宮彰仁親王が征清大総督に任じられ、出征を命じられる際に勅語が出ているが、その文言をめぐって伊藤は、川上操六参謀次長に次のような書簡を送っている。「別紙起草、供貴覧候《きらんにきょうしそうろう》。朕に代《かわ》り、或は大権等の語は聊《いささか》忌諱すへき事と存候故《ぞんじそうろうゆえ》、削除仕《つかまつり》候。又内地に存在する云々当然のことにして、敢《あえ》て之を挙示するの必要は見すと存候。尚御熟考有之度《これありたく》候」[12]。天皇が皇族の参謀総長に発する勅語の文面について、文官の首相が参謀次長に指示しているのである。同じ月、李鴻章狙撃事件後に東京にいる枢密院議長の黒田清隆を急遽広島に呼び寄せた際には、宮内大臣の土方に書簡を送り、遠路ご苦労という趣旨の勅語と皇后からも同様の言葉、さらに何かいただきものの配慮をしてくれるよう願い出た[13]。

以上のような明治天皇と伊藤の関係、そして明治天皇の問う力は、日清戦争中の意思決定過程、とりわけ政軍関係に関して大きな意味を持った。明治天皇は現状がどのようになっているのか知ろうと努め、かつ細かいことによく気づき、近臣を政軍関係者のもとに遣わして様々なことを尋ねた。しかも開戦当初、軍の制度上の頂点に位置する参謀総長は、天皇が厚く信頼を寄せる皇族の有栖川宮熾仁親王であった。熾仁親王は明治天皇の意向に沿った行動をとろうとするし、何かを尋ねられればそれに答えようとする。軍の情報が天皇に吸い上げられるようになっていたのである。天皇はそのようにして得た軍側の情報を随時伊藤に伝え、大本営御前会議にも出席させた（佐々木雄一 二〇一四）。

伊藤も、「閣臣といひ、又帷幕の臣といひ、均く皆な陛下に左右して互に文武両班の上位を忝ふするものにして、恰《あたか》も車の両輪、鳥の両翼あるが如くなれば、各相駢行《へんこう》均動して、以て人身の肢体か其の頭脳の指命に応じて常能を顕はすか如くなるへし」などと天皇の名を持ち出して文武両官の意思統一を図った（『伊藤博文文書』一八）。「均く皆な陛下に左右して」、「頭脳の指命に応じて」と言っても、明治天皇の信任は大きく伊藤の側に傾いているのであるから、これは実質的に、伊藤の指導のもとでの戦争遂行、ということである。伊藤が関係者を呼び寄せ、国内外の事情を考慮しながら遼東還付の詔勅の文言について詰めの協議を行うというのは、そうした指導体制のなかで迎えた最終局面の一幕であった。

8　おわりに

本稿で見てきたように、遼東還付の詔勅は、国内の不満と対外的な問題の双方を避けようと伊藤首相らが工夫してつくり上げたものだった。しかしそれは、そうした趣旨とは異なる受け止め方をされていく。

一八九五年創刊の雑誌、『少年世界』第一七号（九月一日）には、「遼東半島の図に題す」という投書があり、「畏くも勅諭を拝し叡慮を推繹し奉れば、（遼東半島の図を）宜しく永く保存して一は軍人の忠勇を想ひ、一は三国の友誼に報いざるべからざるを子々孫々にも伝ふべきなり」と記されている。大正期のアナーキストとして知られる大杉栄は自叙伝のなかでこの投書と思われるものに言及し、「僕は『少年世界』の投書欄にあった臥薪嘗胆論というのをそのまま演説した。みんなはほんとうに涙を流して臥薪嘗胆を誓った。僕はみんなに遼東半島還附の勅諭を暗誦するようにと提議した。そして僕は毎朝起きるとそれを声高く朗読することにきめていた」と述べる。さらに、以下のような記述もある。「この〔陸軍幼年学校の〕教頭の話で、もう一つ覚えていることがある。それは、遼東半島還附の勅語の中の、「報復」という言葉の解釈についてであった。その言葉の前後は今は何にも覚えてない。たぶん「臥薪嘗胆して報復を謀れ」というような文句だったろうと想像する。この「報復」というのは、表むきは何とかの意味だが実は復讐のことだ、と言うんだった。そして僕はその表むきの意味が何であったかは今でも思い出すことができないほど、そのいわゆる本当の意味をありがたがった」（『自叙伝　日本脱出記』）。遼東還付をくやしがり臥薪嘗胆を誓った、という話は、大杉と同年代でいずれも社会運動とつながりのあった生方敏郎や平塚雷鳥、荒畑寒村の自伝類にも共通して見られるように（『明治大正見聞史』、『元始、女性は太陽であった』、『寒村自伝』）、定型化された語りとなっていた。

昭和天皇もまた、遼東還付の詔勅や三国干渉受諾の決定について、似たような誤解をしたのだろうか。たしかに、平田東助の昭和天皇への進講案には、「忍ふ可《べ》からさる恥辱なりと雖《いえども》、国家の存亡を賭すへきに非さるを以て、先帝は涙を飲て之《これ》を容れさせ給ひたり」、「先帝は克く小忿を忍て遂に大謀を成し」、などと書かれている〔14〕。明治天皇はやむなく涙を呑み耐え忍んで三国干渉を受諾し、その後大をなした、というストーリーである。

冒頭に挙げたように「明治天皇の遼東還付の御心」を思って忍び難きを忍び、国民に向けた詔書を発するというのは、いくつかの点で実態に反する。まず、三国干渉受諾の決定に明治天皇は実質的に関与していないし、詔勅文も、伊藤らが練り上げた政治文書である。伊藤らは、日清の講和条約自体は成立している、還付について具体的には日清間の協議で決める、といった情報を織り交ぜて国民に伝えようとしたのであり、忍耐を求める詔勅を発したわけではなかった。

そしておそらく、遼東半島還付についての明治天皇の心境も、忍び難きを忍ぶなどというものではなかった。詔勅発出の前日、遼東半島の領有について、収支が見合わないのではないかという疑問が元々あったと述べている。数カ月後には、「外交の事は皆嘘而已《のみ》にて、吾国人の考にては実に合点行かざる程なり」などと語る一方で、「然《しか》れども其嘘の中に大に味《あじわ》ふべき事ありて、中々六ケ《むつか》敷《しき》景況なり」、「其場合に処し、能々《よくよく》彼れが深味を探り得る事外交家の働きなれは面白味もある処《ところ》なるべけれど、中々六ヶ敷事なり」と、単なる二枚舌やだまし合いということではない外交の奥深さを感じていた（「佐々木高行日記」一八九五年五月一二日、九月三日、一〇月二日）。

昭和天皇は、明治天皇と異なり、詔書の文言について具体的な要求を出していた。一九三三年三月、国際連盟脱退の詔書をめぐって、世界平和への意志、極東に偏するものではない、文武それぞれ分を恪守すること、といった趣旨をたしかに入れるよう指示した（『木戸幸一日記』三月二四日、二七日）。一九四一年、米英に対する宣戦の詔書に関しても、イギリス王室との従来の友好関係とそのイギリスと戦うことに対する断腸の思いを書き入れることなどを求めた（中尾二〇〇二）。

こうした行為に関しては、二つの解釈があり得る。一つは、過大な権力行使である。昭和天皇はリーダーシップなどの点で理想化・誇大化された明治天皇像を学んでいたため（伊藤 二〇〇五）、それが反映されたかもしれない。他方で、過小な権力を表しているとも言える。明治天皇の場合、徳大寺實則のように長年重職にありながら自らは政治化しない近臣がいたし、有力政治指導者への下問、調停であるとか、有栖川宮熾仁親王というやや特殊な例ではあるが有力皇族の活用など、政治において果たし得る機能は様々あった。しかし昭和天皇は、それらが有効に作用しなかったからこそ、詔書の文言というところで自らの意思を込めるべく格闘しなければならなかったのかもしれない。もっとも、この点を突き詰めるには別稿を要する。

いずれにせよ、昭和期になって再び、天皇のコトバに天皇自身の考えが込められるようになった。終戦の詔書、そして昭和天皇が自分の声で国民に語りかけた玉音放送は、その戦前の到達点である。天皇のコトバは、江戸時代後期から見ると、天皇自身の考えを反映したものという面は明治期に弱まり、昭和期にやや強まり、平成になって顕著になった。政治文書ないし政治的メッセージとしての性格は、元々は色濃かったが、戦後は基本的になくなる。天皇のコトバが国民に向けて発せられ、実際に多くの国民がそれに接するというのは、明治時代以来、続いていることである。

二〇一六年の「象徴としてのお務めについての天皇陛下のおことば」表明とその政治的・社会的インパクトは、もちろん、平成に入ってからの天皇の活動であるとか国民意識の変化といった要素抜きには理解できないものの、歴史的には、以上のような背景のうえにある出来事だった。

「伊藤博文関係文書（その一）」国立国会図書館憲政資料室所蔵
「川上子爵家文書」宮内公文書館所蔵
「憲政史編纂会収集文書」国立国会図書館憲政資料室所蔵
「侯爵佐々木高行日記」宮内公文書館所蔵
「野村靖関係文書」国立国会図書館憲政資料室所蔵
「土方久元関係文書」宮内公文書館所蔵
「土方久元文書」首都大学東京図書館所蔵
「陸奥宗光関係文書」国立国会図書館憲政資料室所蔵

JACAR＝アジア歴史資料センター（https://www.jacar.go.jp/）

『伊藤博文関係文書』第一・二・六巻、伊藤博文関係文書研究会編、塙書房、一九七三〜七八年
『伊藤博文伝』下巻、春畝公追頌会編、原書房、一九七〇年
『伊藤博文文書』第一八・二一巻、伊藤博文文書研究会監修、檜山幸夫総編集、ゆまに書房、二〇〇八年
『寒村自伝』上巻、荒畑寒村著、岩波書店、一九七五年
『木戸幸一日記』上巻、木戸日記研究会編・校訂、東京大学出版会、一九六六年
『元始、女性は太陽であった　平塚らいてう自伝』上巻、平塚雷鳥著、大月書店、一九七一年
「西園寺公爵談話筆記」（立命館大学西園寺公望伝編纂委員会編『西園寺公望伝』別巻二、岩波書店、一九九七

年、所収）
『自叙伝　日本脱出記』大杉栄著、飛鳥井雅道校訂、岩波書店、一九七一年
『昭和天皇実録』第三、宮内庁編、東京書籍、二〇一五年
『昭和天皇発言記録集成』下巻、中尾裕次編、芙蓉書房出版、二〇〇三年
『明治大正見聞史』生方敏郎著、中央公論新社、二〇〇五年
『明治天皇紀』第八巻、宮内庁編、吉川弘文館、一九七三年
『「明治天皇紀」談話記録集成　臨時帝室編修局史料』第三巻、堀口修編、ゆまに書房、二〇〇三年
『老記者の思ひ出』朝比奈知泉著、中央公論社、一九三八年

石川徳幸（二〇一二）『日露開戦過程におけるメディア言説　明治中期の対外思潮をめぐる一試論』櫻門書房
伊藤之雄（一九九九）『立憲国家の確立と伊藤博文　内政と外交　一八八九〜一八九八』吉川弘文館
――――（二〇〇五）『昭和天皇と立憲君主制の崩壊　睦仁・嘉仁から裕仁へ』名古屋大学出版会
井上敦（二〇〇〇）「三国干渉前後の言論統制の一端」（『法政史学』第五三号、一二一〜三四頁）
加藤陽子（二〇一一）『天皇の歴史08巻　昭和天皇と戦争の世紀』講談社
坂本一登（一九九一）『伊藤博文と明治国家形成　「宮中」の制度化と立憲制の導入』吉川弘文館
佐々木隆（一九九二）『藩閥政府と立憲政治』吉川弘文館
佐々木雄一（二〇一四）「政治指導者の国際秩序観と対外政策　条約改正、日清戦争、日露協商」（『国家学会雑誌』第一二七巻第一一・一二号、一二三〜一八八頁）
――――（二〇一七）『帝国日本の外交　１８９４‐１９２２　なぜ版図は拡大したのか』東京大学出版会
鈴木多聞（二〇一一）『「終戦」の政治史　１９４３‐１９４５』東京大学出版会

中尾裕次（二〇〇二）「史料紹介　大東亜戦争宣戦詔書草稿綴」（『戦史研究年報』第五号、一一一～一二〇頁）
中塚明（一九九〇）「日清戦争と明治天皇」（『歴史評論』第四八六号、三一～四五頁）
西川誠（二〇一一）『天皇の歴史07巻　明治天皇の大日本帝国』講談社
檜山幸夫（一九七九・一九八〇）「日清戦争宣戦詔勅草案の検討　戦争相手国規定の変移を中心に」（一・二、『古文書研究』第一三号、三七～五一頁、第一五号、四九～六二頁）
――――（一九九一）「日清開戦と陸奥宗光の外交指導　国家意思決定問題を中心に」（『政治経済史学』第三〇〇号、一八九～二二六頁）
――――（一九九三）「明治天皇と日清開戦　「朕の戦争に非ず」をめぐって」（『日本歴史』第五三九号、五七～七五頁）
藤田覚（二〇一一）『天皇の歴史06巻　江戸時代の天皇』講談社
古川隆久（二〇〇九）「昭和天皇の「聖断」発言と「終戦の詔書」」（日本大学文理学部人文科学研究所『研究紀要』第七八号、一～二一頁）
御厨貴（二〇〇一）『日本の近代3　明治国家の完成　1890～1905』中央公論新社
宮地正人（一九七三）『日露戦後政治史の研究　帝国主義形成期の都市と農村』東京大学出版会
渡辺浩（二〇一〇）『日本政治思想史　十七～十九世紀』東京大学出版会

註

1――尾形健一侍従武官の日記による。『昭和天皇発言記録集成』から引用。「聖断」について論じた著作や論文は多数存在するが、特に遼東還付の詔勅への言及という点に着目したものとして、加藤（二〇一一）。「聖断」発言の内容の確定に関しては古川(二〇〇九)、鈴木(二〇一一)参照。

2——「御署名原本」明治二八年、詔勅、五月一〇日(JACAR A03020190899)。

3——「外務省記録」の「遼東半島還附一件 露・仏・独三国干渉」第二巻では、五月一一日の電信記録と一二日の電信記録との間に「詔勅案」と書かれた文書(外務省罫紙、墨書)があり、「五月十一日」と書き込まれている(JACAR B03041164000)。同文書は成案文の写しと思われるが、実際に発せられた詔勅と何か所か字句が異なる。一方、閣議に提出された詔勅案(「公文類聚」所収、JACAR A01200793300)においてもいくつか字句修正がなされており、これらが単なる誤記や誤写なのか、検討した末の字句変更なのかは判断しがたい。詔勅原本=①、閣議提出文書=②、「外務省記録」中文書=③、「伊藤博文関係文書(その一)」書類二〇〇=④として、異同のある個所を表に掲げておく。

①	②	③	④
全権弁理大臣を**命し**	命して↓「て」抹消	命し	命して
其の簡派する	其の	其	其
朕平和の**為に**計る	為に	為めに	為めに
素より之を**容るる**に	納るる↓「納」を消して「容」	納るる	納るる
渝盟を**悔ゆる**	悔ゆる	悔る	悔ゆる
其の意を以てせしめたり	其意↓間に「の」挿入	其意	〔別文言〕
商定する所**あらしめむ**とす	あらしめん↓「ん」を消して「む」	あらしめむ	あらしめん

4——英語の文面は *The Japan Weekly Mail*, May 18, 1895 から引用。

5――文言は閣議提出文書の段階で完成しているが、さらに送り仮名や漢字の修正が加えられている。注3参照。

6――もっとも、拒むことができない、というのとともに、遼東半島を清に返還するとしても下関条約の他の条項や還付償金によって戦勝の利益は確保されている、という判断もあった。三国干渉をめぐる基本的な論点については佐々木雄一(二〇一七)参照。

7――四月一八日、野村宛平田書簡(「野村靖関係文書」七-一-四一)。二つの案文は「野村文書」七-一-三九。

8――明治天皇に関する最も有名な逸話の一つであるので、ここで若干の検討を加えておく。先行研究としては、中塚(一九九〇)が、『明治天皇紀』の記述などをもって明治天皇は平和志向だったとする論が少なからずあるなかで、その他の資料も合わせて考えればそのようには言えないと主張した。そして「今回の戦争は朕素より不本意なり」と明治天皇が述べた背景には、清兵が乗るイギリス船、高陞号を日本の軍艦が撃沈した、高陞号事件という特殊な事情があったと論じた。

それに対し檜山(一九九三)は、詔勅発出日や奉告勅使の出発日から『明治天皇紀』の記述を八月五~七日頃の出来事と推定し、高陞号事件はもう深刻な問題とみなされてはいなかったと指摘した。そのうえで、開戦過程における明治天皇と伊藤・陸奥との軋轢が、天皇の不信感や不満、怒りに結びついていたとした。本稿も、同旨の見解に立つ。

なお『明治天皇紀』は記述の典拠として、佐々木高行の日記と土方久元の談話を挙げている。このうち、土方の談話記録は知られておらず、佐々木の日記に書かれた土方の発言には、天皇の「逆鱗」という話はない(「佐々木高行日記」一八九五年五月一三日)。土方の日記を見ると、一八九四年八月七日、「賢所、伊勢神宮、神武天皇御陵、孝明天皇御陵等、御告祭之事、御決定に相成候。此儀には色々苦心之次第有之たる也」という書き方をしている。八月二五日の日記には、「前日身命を擲ち聖上へ直諫を申上け、大に逆鱗に触れたるも、遂に御採用被為在候に付、皇后陛下より懇々御慰諭、御賞詞被為在〔中略〕、此以後も気長く忠精を尽し呉候様にと被仰聞、感涙に咽び御前を退候也」とあるが(「土方久元文書」C-一一)、右記とは別の日の佐々木の日記は、「昨年奉告使之件より時々御争申上候儀有之、一時は御震怒に触候事も有之」という土方の言を記している(「佐々木高行日記」一八九五年五月三一日)。『明治天皇紀』八月一一日の記述は、複数の日の話が混ざっているのではないかと思われる。

9——例えば、徳大寺実則から陸奥への書簡では、「天津荒川領事よりの来電、李氏多数の兵を出す云々とあり〔中略〕只々声を盛んにするのみにて確実なる事には無之哉」(六月二一日)、「最早勧告を納るるの望み絶たりとして乙案を施行するは充分公使の扱として手を尽したるものとも思召れず」(七月一九日)などと明治天皇の疑義が伝えられている。

10——天皇における「問う」という行為の重要性は、現在まで続いている。昭和天皇が戦後になっても政治問題についてしばしば説明を求めたことは有名であるし、それとはやや性質が異なるかもしれないが、平成の代になっても、天皇から様々な質問が発せられる様子は種々伝えられている。一例として、「平成と天皇　首相経験者に聞く」(『朝日新聞』二〇一七年七月二五〜二九日)。

11——「西園寺公爵談話筆記」。明治天皇の聡明さをたたえる談話記録は多々あるが、この西園寺の談話は、「明治天皇はどちらかと申上げると決して御悧巧などと申上ぐべき御方ではございませぬ。併し時々なかなか深刻な皮肉を仰せられることもございました」といった分析を加えており、新鮮味と信憑性がある。

12——一八九五年三月一二日、川上宛伊藤書簡(「川上子爵家文書」一一)。「伊藤博文関係文書(その一)」書類一四五で案文の推敲がなされている。

13——三月二七日、土方宛伊藤書簡(「土方久元関係文書」)。

14――「憲政史編纂会収集文書」七一二―二〇。昭和天皇は摂政・皇太子時代の一九二三年一二月三日、平田から「日清戦争の由来などについての講話」を聞いている(『昭和天皇実録』三)。

第6章 神聖とデモクラシー——一九一〇年代の君主無答責をめぐって

SATO Shin
佐藤信

1 正統性と演技

「世界の大勢」と正統性——上杉・美濃部論争における穂積八束

一九一二年、東京帝国大学の二人の憲法学者、美濃部達吉《みのべたつきち》と上杉慎吉《うえすぎしんきち》は国家法人説を中心に激しい論戦を開始した。上杉が国体と政体を区別して、国体という観点からは天皇こそが国家と論じていたのに対して、イェリネックの影響を受けた美濃部は国体と政体との区別は無意味であり、統治権は国家に属すという国家法人説を採り、天皇について所謂天皇機関説という見方を採ったのである[1]。

この論争において、上杉が頼りとしたのは、師であり宮中顧問官も兼ねていた憲法学者・穂積八束《ほづみやつか》であった。すなわち上杉は国体・政体との区別を批判されたのに対して、「我が邦憲法学の泰斗穂積八束博士の所説」を挙げてこれに反論したのであった[2]。これに対する美濃部の批判論文が興味深い。美濃部は、上杉の強調する穂積の正統性を逆手にとって、敢えて穂積の所説を多く引用し、つなぎ合わせて、穂積が国家法人説を採っていると主張して、次のようにやり返したのである。

「上杉博士は宜《よろ》しく微力なる余の小著を攻撃せらるゝに先《さきだ》って、我が学会に多大の勢力を有する穂積博士の『憲法大意』及び『憲法提要』を其根底より打破せられねばならぬ」[3]

穂積八束の持つ正統性を認めたうえで、双方がその正統性を奪い合う、そんな恰好である。美濃部はかねてより穂積と立場を違えていた(正当性は認めていなかった)から、ここでは穂積の正統性を認める「演技」をしたのである。そして、その演技が必要とされたのは、穂積や上杉の憲法学を信奉する者たちをも納得させるためであったであろう。穂積はこのあからさまな演技をみて上杉に書簡を送って、「貴兄[上杉]を借りて小生[穂積]を討つの間接射撃の意か、又は貴兄を兎角《とかく》小生の説の弁護者の様に世上に思はせ、貴兄の地位を傷つけんとするの慣用の手段か、解《げ》し難し。兎に角に、老獪なる仕打なり」と不快感を露わにした[4]。

それでも、書簡中、「美濃部氏は将来に有望な人、此の一事の失策を以て棄つべからず」と親心を見せた穂積は、その後、敢えて美濃部を明示しない批判論文のなかで、次のように述べて「勢」に依る議論全体を批判したのであった。

「政治家などは時勢又は輿論といふことに大に重きを置き、之を神聖にして侵すべからざる者の様に言ひ做《な》すが、之れは多く政略であって、之を捕て解剖して試れば、大概秋空の浮雲の様な者である。」[5]

その後、大正デモクラシーが隆盛したとき、大正デモクラシーの旗手、吉野作造は「世界の大勢」によってデモクラシーを正当化した。その論法は、デモクラシーを鼓吹した論者たちに広く見られ、新しい日本を望む若い知的エリートたちを感化し、大正デモクラシーの気運を盛り上げたのである。しかし、この「勢」に拠った論法は、穂積や上杉など、日本に実在する社会秩序と統治構造とに懸けてきた者たちにとっては初めから「秋空の浮雲」に過ぎなかった。新たな秩序構想を既存の統治エリートたちの内部にまで浸潤させようとすれば、既存の正統性の原理との接ぎ木が不可欠である。いかに見え透いた「演技」であろうと、美濃部が穂積を引いたのは、そうした接ぎ木の必要性ゆえであったと言えよう。

元田永孚を引く佐々木惣一

吉野が「世界の大勢」を謳ってデモクラシーを鼓吹したのとは対照的に、接ぎ木の「演技」によってデモクラシーの正統性を確保しようと試みたのが、吉野の親友でもあった、京都帝国大学の憲法学者・佐々木惣一に他ならない。佐々木はその一九一五年の論文「我が立憲制度の由来」のなかで、天皇が主体的に憲法を定めたとする穂積の所説を歴史的に批判しながら、しかし、日本の制憲過程を肯定的に評価する。曰く、「君主が国民の要求を容れられて和気藹々の中に憲法を下されたという点が、他国に見ない貴いことであって、恰もそこに真の君民和合の美が存する」[6]。そして、立憲的な統治の運用を「東洋の君主道」と接続して理解しようとするのである。

佐々木が試みたのは保守派の事実誤認を解きながら、保守派の立場からも立憲主義を正統化できる道筋を用意することであった。そこで佐々木が正統性調達の拠り所としたのが、一般には保守派と見られていた明治天皇の侍補・元田永孚《もとだながざね》の進講録であった[7]。参照されている進講録は一八七九(明治一二)年正月のそれである。元田は「書経舜典」の「闢四門明四目達四聡」について以下のように進講している。

「舜《しゅん》の大聖人にて其《その》知慮万人の上に出てましたれば人君の威光を以てして己《おの》れの聡明を以て政

令を発しましても中《あた》らぬことはなき筈でございまするに、第一番に四岳と謀議致されまして其見込を聞かれましたると申しまするが、天下のことは人君一人の知慮の尽しますことにござりませぬ故、一人の知を以て智と致されませぬ、人の知を以て智と致されまする、舜の大知なる処でござりまする」〔8〕

元田はここで「舜をして当世に生れしめましたなら議院を設けませずとも別に天下の事情を尽しますする仕方もござりましょうが、又其人情時世の赴く所に順ひましては必ず会議の方法も備はりまする致し方もあらんかと存じられまする」と議会開設にも積極的な見方をもしており〔9〕、確かに佐々木が参照するには便利であったろう。そもそも明治二(一八六九)年、議事院を提起した江藤新平の意見書においても「昔し堯舜《ぎょうしゅん》の王たるや明四目達四聴〔ママ〕、今や民の疾苦四辺の情実明瞭致兼《いたしかね》、廟堂上に一々相分り候哉。此処《ここ》に而下《こした》の議事院の制を論ず」〔10〕としていているくらいで「闢四門明四目達四聡」はデモクラシーを東洋の文脈に接続するには便利な引用であった。

しかし、ここで元田が置かれていた状況に注意すると、また別の像が見えてくる。というのも、一八七七年八月に設置された侍補を中心に、天皇の親政実現を目指していた侍補グループは、三条実美太政大臣や岩倉具視右大臣が天皇を「御幼年中の如く」に扱い、政事の全てを任され、天皇の思召しも「先今日々々と消光の事」となることに不満であった〔11〕。そこで、彼らは天皇と臣下をより接近させるため、天皇を大臣のみならず参議たちとも直接に接続する構想を進めていた。はじめ吉井友実一等侍補からこの相談を受けた二等侍補・元田は漢の文帝の例を挙げて正統性を補強し、その一二月には次のように三条・岩倉両大臣に書簡を送った。

「聖上毎日内閣に臨み万機の政を聞《きこ》し召《め》し玉《たま》ふ。其励精求治至れりと雖《いえ》ども、未だ文帝の問の如くなる有ることを聞かず[…]唯《ただ》大臣参議のみ聖上政事の学友たる可き也。故に永乎更に願ふ、自《じ》今《こん》以《い》往《おう》内閣臨御聴政の外、時々御前に於て政務の講究討論を作《[ママ]》され、大臣閣下は大臣の主任を以て上陳講論せられ、内務外務陸海軍司法工部等の諸卿は亦各其主任を以て輪次出対し、十日に一回、五日に一回せば、聖上天下の事務に明習せらるる決して文帝の下に在らず」[12]

大臣や侍補だけから情報が上がる状況が望ましくないとして、「大臣閣下願くば陳平の心を心とし、参議卿に譲るに其主任を以て」することを要求したのである。この提案は三日ごとに参議が輪講する体制として陽の目をみた。これを反映するかのように、かつて明治五(一八七二)年の進講では堯舜だけをモデルとした元田は、一八七八年正月の「愛人」を題とした進講では「堯舜三代以後は、漢文帝を除きまするの外は、先づ愛人の実ある人君は至て希《まれ》にてござりまする」と文帝を高く評価している[13]。

以上の経緯から明らかな通り、佐々木が引用した元田の進講は、将来的な天皇親政の実現という目的のために、実権を握る参議たちを天皇と直結させせんとする戦略のもとで行われたものであった。佐々木がこうした元田の進講の文脈を知っていたとは考えにくいものの、佐々木は保守派であろう元田が意外に見せた一面を意図的に切り取って、正統性があるかの如く「演技」したのである。

佐々木惣一と東洋史

いま少しく脱線して、なぜ佐々木惣一が「東洋の君主道」との接続を試みようとしたのかについて触れたい。この接続は上にみたような戦術的「演技」でもあったが、それに止まるものではない。というのも、佐々木は若くから漢学を学び、京都帝国大学の東洋史学者・狩野直喜《かのなおき》の影響を受け[14]、その教えを受けた東洋史学者・小島祐馬《おじますけま》とも親しい関係にあった[15]。これを単に彼が儒学の素養があったとのみ捉えるべきではない。むしろ、狩野がスペンサーなどの洋学を学び[16]、小島がデュルケームなどを精力的に読み[17]、また慶應義塾の東洋史学者・田中萃一郎がデモクラシー論者として活躍したように[18]、当時の東洋史学者たちもまた、儒学と洋学、東西の政体との連関に関心を寄せていたからである。佐々木の言説も、そうした認識構造ないし言論空間のなかで理解されなければならない。

東洋史ないし儒学を一つの範型としながらデモクラシーが語られる一例として、狩野の進講を挙げておく。狩野は一九二四年の御進講のなかで君主における「民意の尊重」を強調しながら、しかし、「大昔支那儒学の政治」とは断りながら「詢」について次のように解説している。

「周礼の本文には唯詢《と》ふとなって居《おり》、今「御諮詢」と申しまする言葉の詢字を遣〔ママ〕かって御座りまして、決してそれが君主を拘束したてまつるものでは御座りませぬ。それを御採用になりますると否《いなと》は、君主の勝手で御座ります。」[19]

そこで例として評価されるのは殷《いん》の盤庚《ばんこう》による遷都である。やはり東洋史学者であった服部宇之吉であれば、この遷都を人民を集めて説諭したことから「代議制の卵」と評価するのだが[20]、他方、狩野はこれを住み慣れた土地を離れることを嫌う庶民の反対を受けながら行われた君主の決断だと評価する。そこでは、天皇親裁を企図して京都公家の反対を受けながら行われた東京奠都が二重写しにされ、「君主自ら最後の判断をなす」ことの重要性が強調されることになるのである。

一九一〇年代にも狩野が同じ見解であったかどうかは確認できないのだが、いずれにせよ、佐々木は狩野の見解は採らない。佐々木はすでに信ずるデモクラシーの正統性を確保するため、ここでは東洋史や儒学との接続を――「罪あらば我れをとがめよ天神　民はわが身のうみし子なれば」という大御心に感泣しながらも君主無答責は確保されなければならないという書き方で[21]――拒否したのである。ここにまた、佐々木の選択的かつ戦略的な引用を見ることができる。

2　天皇と君主無答責

君主無答責と大臣責任論

では、佐々木が「東洋の君主道」との接続を拒否して確保したかったものとは何であろうか。それが大臣責任に他ならぬ。大臣責任論をめぐっては一九一〇年代半ばから法学・政治学両面から議論が多くなされ、そこでは責任の範囲、個別責任か連帯責任か、など多くの争点が生じたが、ここでは基本的に君主無答責との関係における大臣責任論のみを扱う。

いかなる問題なのか、佐々木の導きに従って、その概要を示す。君主制においては、君主こそが正統性の淵源であるから、これに対して法的・政治的・倫理的な責めを帰すことは許されぬ。これを「君主無答責」という。大日本帝国憲法第三条に「天皇ハ神聖ニシテ侵スヘカラス」と規定されたのはこの意に他ならぬ。しかし、これを制度的に担保しようとせば、君主に代わってその行動の結果責任に応える者がなくてはならない。この責任を大臣に帰すよう定めるのが大臣責任の制度である。関連規定を大日本帝国憲法に求めれば、第五十五条に当たる必要がある。いま読者の便宜のため、敢えて本文を示せば以下の通りである。

第五十五条　国務各大臣は天皇を輔弼し、其の責に任ず

二　凡て法律勅令其の他、国務に関る詔勅は国務大臣の副署を要す

ここで問題となるのが輔弼の範囲と副署の効果であるが[22]、佐々木は君主をまったく無答責の地位に置くためには大臣責任の範囲を無制限と捉えるドイツ学界での多数説を採る。たとえば、大臣の輔弼に沿わずに君主が強権を発動しようとし、大臣がそれを諫《いさ》め、また辞職しようとしても聞き入れられず[23]、それでもなお当該政策が実施され、その責任が問われた場合であっても、当該大臣はその責任を引き受けなければならない。大臣にとってはいかにも理不尽だが、こうして初めて国民が、君主の正統性を傷つけることを恐れずに、政府の行動について議論し、糺《ただ》すことができるようになる。それゆえ、佐々木においては「大臣責任の制度は、決して君主を怨《うら》まぬと云ふ思想と、政治に就て責任の帰着を明らかにしたいと云ふ欲求と、両者の調節を為すもの」と位置付けられることになる[24]。

この「怨」という独特な表現は、有賀長雄『大臣責任論』(一八九〇年)を踏まえたものであろう。大日本帝国憲法成立期の同著作のなかで、有賀は欽定憲法に未だ検討に足らざる点として大臣責任の制度を挙げ、各国の状況を概観しながら制度整備の必要を訴えた。その前段として大臣責任制の

起こりについて、次のように述べている。

「今日の立憲国家に於ては大臣を以て君主の一身上の臣従者と為すの制を止め、之を以て国家の機関と為して其の為に独立の範囲を画し、此の範囲に於て責任を以て元首を輔弼せしむる〻《こと》とせり、蓋《けだし》其の目的は民怨の直に元首の身に集まるを中途に於て遮断するに在り」[25]

天皇に「怨」を向けない、それが日本において大臣責任制度を整備しようとするにあたって常に前提とされていた。

だが、有賀と佐々木との間に大きな差異があったことも見逃してはならない。有賀があくまで君主無答責の担保のために大臣責任制度の整備を求めたのに対して、佐々木にとって君主無答責の強調は「演技」であって、その主眼は統治における「責任の帰着点」を明確化させるデモクラシーの確立に他ならなかった。仮に統治の「責任」が君主に帰着してしまう恐れがあるならば、自由な政治活動や言論は期待しえない。統治について論ずるうちに天皇の「責任」を問うこととなり、君主無答責が脅かされてしまうからである。「責任」を大臣に帰着させる、ひいては大臣責任を明確化するため議院内閣制を確立する。大臣責任とは、自由な政治活動や言論を前提としたデモクラシーにおける「責任」の体系を構築するための第一歩であった。

天皇の身体

君主無答責を制度によって担保せんとするの論が説得力を持つか否かは、窮極には具体的な君主の英明に関わる。君主が英明であるならば、君主の判断如何によって君主の正統性に傷がつくことはない。さすれば、君主を制度によって保護するの必要もない。ところが、判断を誤る君主が存在する、ないし予見されるのであれば、大臣責任のような制度によって君主無答責を担保しておく必要が生じる。佐々木は次のように述べる。

「既に君主道に於て、君主が一般の国民の意志を問ふがよいとせば、多くの君主は此の君主道を守るであらう。殊に我が国の如きに於《おい》ては然《そ》うである。然《しか》しながら、国家は、いつでも明君のみの出現を待ち受け得るものではない。殊に一般の国民の意志を問ふことを望まざる君主を戴くと云ふ場合も考へられる。これは一般に云ったのであるが、君臣の義や情の特別な我が国と雖《いえども》、独り其の例外を為すものだとは云はれない。」[26]

こうして、天皇の統治能力に関する予見可能性が、憲法論ないし立憲論と接続される。明治新政府が「幼冲の天子」を戴き、親裁とは程遠かったこと、改めて言うまでもない。天皇が後宮から初めて表御殿に出たのは慶応四（一八六八）年閏四月二一日のことであるが、このときの戒告には次のような項目が含まれていた。

「一　御前之儀於他所《よそにおいて》決《けつし》て漏《もらす》間敷《まじき》事
一　御政事《せいじ》向《むき》当役之手を不経《へず》して直奏等之事決て致《いたす》間敷《まじき》事」[27]

幼少の天皇の無垢な正統性を維持しようとする制度設計である。また同じ閏四月、職制の更改にあたって「天下の権力総て之を太政官に帰す」[28]という文言が示されていることを想起してもよい。この時点では「天下の権力」を天皇以外のものが担うという表現に対して抵抗はなかった。

さらに岩倉具視が明治二（一八六九）年一月二五日に政体を建言するに際しても、次のように英明ならざる天皇が前提とされている。まず岩倉は「政体」について次のように書く。

「臣子の分として之を言ふに憚《はばか》ると雖、明天子賢宰相の出づるを待たずとも自ら国家を保持するに足るの制度を確立するに非ざれば不可なり」

岩倉はさらに「議事院」の設置について、次のようにも述べる。

「議事院を設置するは、欧米各国の風を模擬するが如しと雖、決して然らず、我が皇国に於て公論を採るは既に神代に昉《はじ》まれり。［…］臣子の分として之を言ふに憚ると雖、主上天資聡明英智に渉らせらるるも、猶《なお》御若年に在らせられ、御親《みずか》ら中興を謀らせ給ひしと云に非ず、天下の公論を聞食《きこしめ》させられて、其帰著する所を宸断《しんだん》を以て之を定め給ふものにして、実に公明正大の御聖業なり。［…］蓋し議事院を設置するは五箇条御誓文の御趣意を拡充するに在るなり」[29]

若かったり、明天子でなかったりする天皇が前提とされていることは重要である。最後には「宸断」を下すことは想定されているとはいえ、そこで天皇に求められているのはあくまで「天下の公論」を聞き、定める、すなわち正統性を付与することに他ならぬ。これは佐々木が「天皇の之［憲法］を下し給はったのは、本と吾々国民が御願申したのであって、天皇が之を御聴許あらせられたのである。［…］少くとも私は斯く信ずる」[30]と論じていたのと重なる認識である。具体的な天皇――すなわち「幼冲の天子」――の能力的限界が、明治政府において君主無答責を担保する政権運用とそれを支える思想とを当然のように形成していたのである。

ところが、先の侍補グループの動きにもみたように、明治天皇の成熟とともに天皇親政を求める動きが活発化し、次第に天皇の統治に与える影響力が拡大する[31]。天皇親裁の可能性の拡大に際して、不確実性を想定した制度の整備は後景化する[32]。明治天皇の晩年、一九一〇年に上梓された穂積の『憲法提要』は、大日本帝国憲法第三条の「天皇は神聖にして侵すべからず」とする条文について、西洋におけるそれは「昔日の遺習に出て、彼に在りては法理上何等《なんら》積極的の意義あることなし」として、君主無答責の制度的担保としての大臣責任という学知を全く拒否し、「此の憲法の明文は我に在りて初めて其の積極の真義を発揮す」と日本の皇位の特殊性を強調している[33]。

そう考えくるとき、大正期になって美濃部や佐々木らの大臣責任論が説得力を持ち、大臣責任の否定から肯定へとモメントが反転した背景としてやはり、天皇の交代を見ないわけにはいかない。いかに当初の大正天皇が健康であったにせよ、交代という事実そのものが将来の不安定な天皇の出現を予感させ、佐々木のいう「いつでも明君のみの出現を待ち受け得るものではない」という文句の現実味を増すことになったからである。

3　君主制の危機

東アジアにおける君主制の危機

一九一〇年代半ばから大臣責任論が頻りに議論されるようになったことの直接的な契機は、一九一三年、大正政変において「聖旨」が持ち出されたこと、そして一九一五年、大浦兼武らの涜職事件において内閣の連帯責任が問われたことであるが、日本の憲法学者の参照地点であったドイツ公法学界の潮流も見逃すことができない。佐々木惣一は一九一四年初頭の論文のなかで、ヴィルヘルム二世の冒険的な行動がドイツ内外に大きな影響を与えるようになったとき、ドイツ学界においてこれらの皇帝の行動の責任の帰着点が研究対象となっていると紹介している[34]。当時のドイツにおいては、君主の具体的な身体や施政と結びつくかたちで、君主無答責担保のための大臣責任論が議論されていたのであった。そして、このドイツの学界の問題関心が日本の学界に波及する。

世界に目を転じてみれば、一九一〇年代とは君主制の危機の時代であった。一八七〇年、フランスでナポレオン三世が退位したのちは、主要国の多くでは民主化が進行しても君主制は維持されてきた。ところが一九一〇年代になって多くの君主制に危機が訪れていたのである。その口火を切ったのが一九一〇年の朝鮮・李王朝の滅亡であり、続いたのが一九一二年の中国・清王朝の滅亡であった。

李王家が王公族というかたちで日本皇族の秩序体系に組み入れられたのとは異なり、清朝の滅亡は日本の天皇制を見返すだけの契機となった。たとえば、一九一一年一二月一八日の『国民新聞』は「ペストは有形の病なり、共和制は無形の病なり」として「清国における共和制体の新設は、わが帝国の国是たる皇室中心主義と果して衝突するところなきか」と、その共和思想が日本に感染することに懸念を示した[35]。東洋史学者・内藤湖南も一一月二三日の時点で、介入は不必要という立場を採りながら、しかし、共和思想が「支那道徳」に大きな影響を与えるとすれば、日本の国民道徳にも影響が及ぶかもしれないと考えた。

「仏蘭西革命に際し、欧州の君主国は神聖同盟を組織して革命思想の潮流に抵抗せんとしたることとありき。是固より其の影響を恐れての事なり。然れども日本が支那に対して之を今日に再びせんとするは時代の精神を没却するものにして、水の逆流を望むと一般なり。革命は制す可からず、要するに日本は此の時に際し、唯自国々民の思想の健全を保するより他に策ある可からず。」[36]

しかし、ここで天皇制そのものの危機がどの程度実感されていたかは疑わしい。清朝に対する革命運動の目標のなかでは常に、異民族たる満州族の排除が共和制導入よりも先行していた。それゆえ北一輝でさえ、一二月一八日に上海からの内田良平宛電報において、中国が新たな君主制を立てる可能性を否定しつつ、「支那の共和制は米国の翻訳に非ず、歴史と現状とに基く自治の発現にして、とくに各省連邦を斥けて日本の中央集権制を根本に採用す。日本又は英露の君主制に影響を及ぼすと見るは杞憂のみ」と記した[37]。

立憲君主制護持を強硬に求めた日本外交も、最終的には、イギリスが敢えて立憲君主制を求めない態度を採ることに決したのに従うかたちで、内田康哉外相が「一応君主立憲の前説を英国政府に申込ましめ夫れが行はれざるときは日本に於て英国に同意すべし」という方針を報告し、原敬内相が時局の解決にあたっては（イギリスには申し入れるものの）中国における立憲君主制の維持に固執する必要はないとして閣員の諒解を得た[38]。元老たちはなおも抵抗したが、西園寺公望首相は予定外の元老会議を開いてこの方針の諒解を得た[39]。

清朝の滅亡が君主制の危機の一環と捉えられていなかったことは、一九一五年、袁世凱が帝政復活を企図した際の言説を見ても明らかである。袁世凱の息子の家庭教師も務めた吉野作造は、袁の計画自体には反対しながらも「帝制の共和制に優る事は今日何人も異議を挟まざるところである」と君主制の優位を説いた[40]。そしてまた、吉野の筆に拠ると思われる『中央公論』の社説も「我日本人として支那政体の変化に対しては主義として極めて淡泊ならんことを要す」としていた[41]。あくまで対岸の火事といった様子である。内藤湖南は中国の共和制への移行を擁護したが、日本が「封建政治」から「立憲政治」に移行できたのだから、中国が「帝政」から「共和政治」に移行することに不思議はないという論法を用いるようになった[42]。日本の政体転換を中国のそれに先行したものと捉えるなら、中国の革命思想の日本への波及を想定する必要はないのである。

ところが、日本がそれまでモデルとしてきた列強においても君主制の危機が生じれば、危機認識は突如深刻になる。一九一七年にロシア・ロマノフ朝が滅亡したのを皮切りに、第一次大戦の終結とともにドイツ、オーストリア＝ハンガリー、オスマン帝国で次々に君主制が崩壊した[43]。ロマノフ朝の滅亡は共産主義の感染という観点からも極めて重要であるが、ここでは君主無答責との関係からドイツ・ホーエンツォレルン王朝滅亡を採り上げよう。

パリ講和会議にてドイツの戦争責任が問われたとき、俎上に挙げられたのは国内外にその影響を与えていた前皇帝・ヴィルヘルム二世の処分であった。一九一九年一月一二日から開かれた一連の会議のなかでは、一七日の[illegible]会で「戦争の責任」を扱うことが決定し、一八日総会議においてこれを承認するかたちで、具体的に「現戦争の責任」「戦争中行ひたる罪悪に対する責任」が扱われることが決定された[44]。その後二月三日から戦争責任を扱う責任委員会が発足し[45]、三月二九日に審議を終了している[46]。

しかし、改めて述べるまでもないことであるが、君主は神聖であり無答責である。いかに退位していようとも、かつて神聖不可侵・無謬であった前皇帝に処分を与えることがその正統性を傷つけることは言うまでもない。ドイツのような強国の君主においてさえその神聖性が失われることは、自らの戴く君主の安全性を削り取ることであり、避けるべき事態である。実際、皇帝処分問題を扱った戦争責任委員会第三分科会では、日本は元首は処罰の対象から外すべきと主張したのであった。ところが、米国・ランシング国務長官は「政治上法律上道徳上」の観点から前皇帝を国際司法の場で裁くことを提案し、当初反対していた英仏や日本はこれに抵抗できず、強い反発を抱きながらも結果的には賛成[47]に回らざるを得なかった。パリにおいてウィルソン大統領と交渉した牧野伸顕《のぶあき》は「日本国は勿論《もちろん》英、仏等の如く立憲制度の君主国は実際に於て君主は不可侵にして責任を負はざる儀なれば本件の如きも決して右等の諸国に適用なきものと思考せらるる」という言質を引き出しただけで、引き下がるほかなかった[48]。

日本国内では、この交渉への反発が噴出した。外交調査会の場で不満を鮮明にしたのは伊東巳代《みよ》治《じ》であった。「憲法の番人」とも評された彼は、君主無答責の立場から、講和全権の対応を正面から批判する。

「仮令《たとえ》独逸《ドイツ》前皇帝が戦時中如何に辛辣なる行為を執りたるにせよ、苟《いやしく》も一国の君主にして法律上無責任の地位に在るべきは当然の事に属す。夙《つと》に休戦条約の成立したる後に於て。而《し》かも講和条約の締結と共に国際法上未曽有の残虐を行はんとするもの、是れ暴に酬《むく》ゆるに暴を以てするものなり。最近の報告に依れば独逸に対し不倶戴天の感を懐く白耳義《ベルギー》さへ自国の君主制なるに顧み、独逸審問処罰の事に同意することを固辞し、英米仏三国も案外の感に打れ居るものの如しと云ふ。況や我帝国の如き君主国の全権にして斯《かか》る暴議に雷同するに至りては、実に其の軽率に驚かざるを得ず」[49]

伊東は続く会議でも「外は世界各国に対し、殊《こと》に平和回復後の中欧諸国に対し、我帝国の高義を永遠に滅却するの行為たることを免《まぬが》れず、内は国内の風教上容易ならざる影響をも生ずべき思想上の重大問題」であるとして[50]、この問題は講和会議における単なる折衝とは捉えられないと強く反発している。だが、原首相は、欧米における前皇帝への強い反発もあり、また日独同盟の浮説もあれば、前皇帝への処分は止むを得ないと伊東以外の合意を取り付けたのであった[51]。

制度から運用へ

こうして、権力政治を眼前にして、君主無答責の原則は貫徹されなかった。しかし、そのことは伊東と対立した者たちが君主無答責の担保に無関心であったことを意味しない。現実問題として君主に責任が帰せられる虞《おそれ》があるならば、列強との国際協調を重視することで、そもそも君主の責任が問われないような安全保障環境を作り上げることこそ目指されなければならなかったのである。それは伊藤博文とともに典憲を整備してきた伊東に象徴される、いわば「王権の調整」の季節から、国際的な君主制の危機のなかで帝室の正統性を確保する、いわば「王権の補填」の季節へという変化を表現するものでもあった。

同じ構図は国内にも存在していた。大臣責任制は、そもそも君主に「怨」が向かわぬよう「調整」する制度であった。だが、この制度はよく出来ているようでいて、実際極めて不安定である。大臣の責任範囲を有限と解すれば君主が「怨」を受ける恐れが生じる。責任範囲を無限と解すれば、君主がいかなる行動を採ろうとも君主に責任が生じない。その代わり、君主の行為の結果責任が大臣に帰着し、期せずして統治に混乱を齎《もたら》す虞も生じよう。永遠に明君を得続けることが難しいとすれば、そこで望ましい選択は、制度によってはではなく実際の運用によって、天皇に「怨」が向かわない――したがって大臣の責任範囲が問題化することがない――環境を作製することである。君民接近は運用において大臣責任制を代替するものであったといえる。西園寺は、内大臣となった平田東助が「宮中の事はなるだけ雲を深くして置くがよいと思ひます」と言ったのに対して「それはいかん、雲を深くすれば暗くなる、なるだけ雲を払って明るくするがよい」と諭したことがあった[52]。天皇や帝室の像を国民により広く示したり、君民一体の神話化を進めたりすることは、失われつつある君主制の正統性を「補填」しようとしたものに他ならぬ。

だが、君民接近を目指すだけでは十分でない。たとえば、大山郁夫はロシアの帝政について「歴史的に云へば、露国の皇帝は人民の皇帝であって、両者の間には親密な関係があった」と位置付ける。それでは、この君主制を崩壊させたのはなにか。大山は、それは貴族・官僚であるとし、彼らは「皇帝と国民との間を隔離」し「皇室を以て人民の怨府となすことに腐心」したとする[53]。大山の分析の歴史的事実としての当否は別として、当時から君民接近では十分でないという見方があったことは重要である。そんななか、君民接近を制度的に保証するものとして議会の重要性が強調されることになる。

吉野作造も一九一七年にロシア革命について「露西亜《ロシア》の政変」を書いて、同様の問題提起をしている。吉野はまず「露国皇室の案外に脆《もろ》かった」という感想を記して、いかに盤石な政権であったとしても将来には危機のありうることを予感させる。その上で、「公法学者ゼンクス[Edward Jenks]曰く、『英国に政党内閣の確立すると共に皇室の尊厳は益々大なるを加ふ』と」いう言葉を挙げて[54]、君主無答責のために単なる大臣責任や議院内閣制のみならず、政党内閣制まで整備することを訴える。デモクラシーを浸透させるということはそのまま、天皇の親政の可能性を極小化するということであり、結果的に君主＝天皇の神聖性を維持することになる。

こうしてみると、既存の正統性への接ぎ木にはさほど興味を示さなかった吉野作造も、「世界の大勢」を語るにあたって旧体制を擁護する者たちの抵抗を和らげるための手段は知っていた。次の文章においても彼は、君主制の崩壊を共和思想の感染と捉えられることを拒否して、君主制の危機を民主化に転用しようとしたのである。

「ともかく国家には君主が必要だという考えで一貫しておったのであるが、最近は全然これに反し、何か一騒動あれば必ず国王を廃して共和にする。〔…〕かくして葡萄牙《ポルトガル》は共和国になった、露西亜も共和国になった、独逸までが今や将に共和国として堅まらんとしつつある。予輩の研究するところによれば、西洋において最近の政変を指導する思潮の本質は必ずしも共和思想ではないと思う。王政を廃しさえすればいいというのなら、英国・白耳義・伊太利《イタリー》王室の今日依然安泰なるを得るの道理なく、また初めから共和制たる瑞西《スイス》に動揺を見るの謂われがない。彼らの求むるところは少なくとも内政における社会的正義の確立である。換言すれば民本主義の徹底を求むるに外ならない。」〔55〕

4　おわりに

大正デモクラシーという時代のなかで、論者たちは「世界の大勢」を見つめながら、「演技」によって既存の社会秩序との接ぎ木を図り、よりよいデモクラシーの実現可能性を追究していた。演技はしばしば無意識のうちに行われ、その巧拙が認識されることは稀であったが、それは正当と信じる政治体制に正統性を与えるうえで不可欠な営為だったのである。

そしてまた、天皇制とデモクラシーとをどのように接続するかという問題、換言すれば立憲君主制をいかにして構想するかという問題は、具体的な天皇の身体や海外の君主制を前提として議論されていた。代替わりや君主制の危機は、立憲君主制の安定化のための新たな装置を要請したのであり、国際協調や請願令制定や摂政の利用や選挙権拡大などはいずれも部分的には減じゆく正統性を補填する試みでもあったのである。

君主無答責は君主の神聖性を信ずる者のいる限り避けることのできない問題である。天皇の統治における権能の否定された戦後日本においては、大臣責任制は法制上疑うべくもないが、天皇が具体的な身体を伴う以上、実態においてその土嚢から漏れ出るものが生じるのは致し方あるまい。平成からの代替わりはその極大点であり、実態をもとにいかに土嚢を積み直す（積み直さない）のか、またどのような演技によって積み直しを正統化するのか、神聖とデモクラシーとの関係がいま再び問われている。

※本稿の一部は、東京大学・加藤陽子教授のゼミ（二〇一一年度）における報告を基にしている。コメントをくださった方々に感謝したい、なお本研究はJSPS科研費17K18546の助成を受けたものである。

註

1――国体政体二元論をめぐる議論について西村裕一「穂積八束を読む美濃部達吉」岡田信弘・笹田栄司・長谷部恭男編『憲法の基底と憲法論』信山社（二〇一五年）、また国体と政体の語法について藤川直樹「ドイツ立憲君主政における王統と国家」『国家学会雑誌』第一二六巻第三・四号（二〇一三年）註一五〇を参照。

2——上杉慎吉「国体に関する「憲法講話」の所説」星島二郎編『最近憲法論』実業之日本社（一九二七年）二〇頁（初出：『国家学会雑誌』第二六巻第六号、一九一二年）。

3——美濃部達吉「上杉博士の「国体に関する異説」を読む」星島編『最近憲法論』四八頁（初出：『太陽』第一八巻第一〇号、一九一二年）。

4——一九一二年七月二日付、上杉宛穂積書簡、長尾龍一編『穂積八束集』信山社（二〇〇一年）所収。

5——穂積八束「国体の異説と人心の傾向」星島編『最近憲法論』八五頁（初出：『太陽』第十八巻第十四号、一九一二年）。

6——佐々木惣一「我が立憲制度の由来」『立憲非立憲』弘文堂（一九一八年）二三八頁（初出：一九一五年）。

7——佐々木「立憲非立憲」『立憲非立憲』（一九一八年）四二〜四五頁（初出：一九一六年）。

8——元田永孚「明治十二年進講」『元田永孚文書』（第二巻）元田文書研究会（一九六九年）三六頁。原文では漢字を除きカタカナ表記が用いられているが、読者の便宜のため、ひらがな表記とし、句読点を補った。以下同。

9——同右、三八頁。

10——明治二年二月三日付、岩倉具視宛江藤新平意見書、『岩倉具視関係史料』（上巻）文書番号三九二。

11——『保古飛呂比』（第八巻）一八七八年二月一五日の条。時間的にはわずかに後なのであるが、後れて侍補グループに加わった佐々木のこの認識は、元田ら侍補グループには早くから定着していたものと考えられる。

12——「當官日箚」『元田永孚文書』（第一巻）（一九六九年）三二四〜三二五頁。

13——元田永孚「明治五年進講」「明治十一年進講」『元田永孚文書』（第二巻）（一九六九年）。

14——盛秀雄『佐々木惣一博士の憲法学』成文堂（一九七八年）一二七頁。

15――たとえば一九四七年七月一五日付、長崎太郎宛佐々木書簡、長崎太郎『佐々木惣一先生と私』私家版（一九七〇年）所収。岡村敬二『小島祐馬の生涯』臨川書房（二〇一四年）も参照。

16――宇野哲人・倉石武四郎・吉川幸次郎・狩野直禎「狩野直喜」吉川幸次郎編『東洋学の創始者たち』講談社（一九七六年）一八八～一八九頁。

17――小島の女婿であった鈴木成高の証言。「先学を語る――小島祐馬博士」『東方学回想Ⅳ』刀水書房（二〇〇〇年）九一頁。

18――著作として田中『欧米の政党政治』慶應義塾出版局（一九一三年）。

19――狩野直喜「古昔支那に於ける儒学の思想に関する理想」『御進講録』（新装版）みすず書房（二〇〇四年）。

20――服部宇之吉「儒教の道と公論主義」『儒教と現代思想』大鐙閣（一九一九年）一二八～一二九頁。

21――佐々木「立憲非立憲」五九頁。

22――この点に関する日本での議論を整理したものとして、石村修「立憲君主制の本質」『明治憲法　その獨逸との隔たり』専修大学出版局（一九九九年）。ただし、ここでの石村の佐々木理解はあくまで一九三〇年に刊行された『日本憲法要論』の記述のみを扱ったものであり、本稿の扱う一九一〇年代における佐々木の議論とは異なる。

23――佐々木が、諫言して容れられなければ即ち去るべしと論じたことは、当時、服部宇之吉が「儒教に於ける君臣の大義」において、孔子が魯を去った例を挙げて「臣には三たび諫めて従はれずば仕を致して去るの自由を許せり」としていたことを想起させる（「儒教に於ける君臣の大義」『東洋倫理綱要』大日本漢文学会（一九一六年）三七九頁（初出：『東亜研究』第二巻））。

24――佐々木惣一「立憲政治の道徳的意味」『立憲非立憲』一八五頁（初出：一九一八年）。

25――有賀長雄『大臣責任論』明法堂（一八九〇年）一三頁。

26――佐々木「立憲非立憲」『立憲非立憲』(一九一八年)四六頁(初出：一九一五年)。「政治に対する反動と反省」大石眞編『憲政時論集Ⅰ』信山社(一九九八年)一二〇頁(初出：『日本及日本人』六九六号、一九一七年)にも大要同旨の記述があるが、ここでは天皇に関する言及は避けられている。

27――『三条実美公年譜　巻二二』六～七頁。

28――同右、八～九頁。

29――『岩倉公実記』(下巻二)六八七～六八八頁。

30――佐々木「我が立憲制度の由来」『立憲非立憲』(一九一八年)二二五頁。

31――さしあたり西川誠『明治天皇の大日本帝国』講談社(二〇一一年)第三章を参照。

32――本来は政治的判断の可能性が高まるに従って、判断を誤った場合のための制度的担保が要請されるのであるが、無謬を予定されている君主を眼前にしてその制度化を図ることは、その試み自体が君主の正統性を掘り崩すこととなるから困難であろう。

33――穂積八束『憲法提要』(上巻)有斐閣(一九一〇年)二〇七～二〇八頁。

34――佐々木「憲法裁判所設置の議」『立憲非立憲』(一九一八年)三五一～三五三頁(初出：一九一四年一月ないし二月)。

35――野沢豊「辛亥革命と大正政変」由井正臣編『大正デモクラシー』有精堂(一九七七年)五四～五五頁(初出：東京教育大学アジア史研究会編『中国近代化の社会構造』教育書籍、一九六〇年)。

36――『原敬日記』一九一一年一二月二一日の条。

37――兪辛焞『辛亥革命期の中日外交史研究』東方書店(二〇〇二年)第一章四。

38――内藤湖南「支那時局と新旧思想」『内藤湖南全集』(第四巻)筑摩書房(一九七一年)四九四頁(初出：『京都教育』一九一一年一二月号)。

39――一九一一年一二月一八日付、内田良平宛北一輝電文、近藤秀樹編『宮崎滔天　北一輝』中央公論社（一九八二年）六二〇頁。もっともこのことは、内田の側は日本に波及することを懸念していたことを示すものかもしれない。
40――吉野作造「支那帝政問題に対する我国の態度」『吉野作造選集』岩波書店（一九九六年）一九一頁（初出：『中央公論』一九一五年一一月）。
41――「袁氏と帝位」『中央公論』一九一五年一〇月号、一六頁。「支那帝政問題の前途如何」『中央公論』一九一六年二月号も参照。
42――この論法の初出は管見の限り内藤湖南「支那国是の根本義」『中央公論』一九一六年三月号。
43――主要国の王朝滅亡は、一九三一年からスペインで君主制が断絶したものを除けば、第二次世界大戦を待たなければならない。
44――「千九百十九年巴里講和会議ノ経過ニ関スル調書（其一）自一月一二日会議開始至一月三一日」『日本外交文書　巴里講和会議経過概要』。
45――同右（其二）。
46――同右（其五）。審議の大要については、「第七編　制裁」『条約説明／同盟及連合国ト独逸国トノ平和条約説明書』（外交史料館蔵、JACAR:Ref.B06150374300）参照。
47――正確には処分のためのオランダへの身柄引き渡し要求への賛成である。
48――「千九百十九年巴里講和会議ノ経過ニ関スル調書（其六）自四月一日会議開始至四月一五日」『日本外交文書　巴里講和会議経過概要』六五～六六頁。牧野伸顕『回顧録』（下巻）中央公論社（一九七八年）一八〇頁（初出：文藝春秋社、一九四九年）も参照。
49――「第十二回　外交調査会会議筆記」『翠雨荘日記』四六二頁。

50――「第十三回　外交調査会会議筆記」『翠雨荘日記』四九五頁。
51――『原敬日記』一九一九年五月一七日の条。
52――小泉策太郎「坐漁荘日記」『随筆西園寺公』岩波書店(一九三九年)四〇三～四〇四頁。
53――大山郁夫「世界の民主化的傾向と露西亜最近の革命」『大山郁夫著作集』(第一巻)岩波書店(一九八七年)四二一頁(初出:『中央公論』一九一七年四月号)。
54――古川学人「吉野作造」「露西亜の政変」『中央公論』一九一七年四月号。
55――吉野作造「世界の大潮流とその順応策及び対応策」岡義武編『吉野作造評論集』岩波書店(一九七五年)一五〇頁(初出:『中央公論』一九一九年一月号)。

第7章

象徴天皇の起源——柳田国男の旅

IOKIBE Kaoru
五百旗頭 薫

1　はじめに

本稿は、象徴天皇制の戦前的起源への関心に基づく。この関心に応える知識の蓄積は古く、藩閥政府の確立や政党政治の発展に伴って天皇の政治的役割が限定された経緯は、その研究が戦後を意識していない場合でも、欠いてはならない前史であった[1]。より自覚的な探求として、狭くはオールドリベラリストによる天皇を象徴化しようとする努力[2]、広くは大衆化・民主化による国民の象徴的存在への受容と需要[3]とを焦点に、研究が進展しつつある。

そしてこれらよりも前から、戦前の継続として象徴天皇制を解する営みがあった。天皇制を改編しつつ利用する支配層が何よりも健在である、あるいは自由の重荷から逃れたい国民の潜在意識に天皇制が応えている、または立身出世競争の果てなきゴールとして天皇が憧憬されている、といった指摘が重ねられてきた[4]。戦後の天皇制が戦前からの継続性に依拠しているのであれば、その戦前的起源は問うまでもなく明らかである。

とはいえ、政党政治も立憲主義も大衆化も民主化も権威主義も資本主義も、全て戦前史の重要テーマであるから、象徴天皇制の戦前的起源への探求は、そのすそ野が広がるほどに、戦前史そのものに近付いていく。もちろんそこに独特の視角や発見があるから、ただ戦前史に包摂されるということはない。だがどうせ象徴天皇制は戦前に成立しなかったのであるから、その戦前的起源はもっとかぼそい流れであってもよいと思う。その流れが意外に深く、水量が豊かであればなおよい。

二〇一六年八月八日の天皇による「象徴としてのお務めについての天皇陛下のおことば」によって、こうした流れが浮上したように思う。「おことば」によれば、国民統合の象徴の意義は、「その地域を愛し、その共同体を地道に支える市井の人々のあること」の認識に基づいて「信頼と敬愛」を以て国民のために祈ることにある。そのためには、日本中を旅して「人々の傍らに立ち、その声に耳を傾け、思いに寄り添うこと」が不可欠であり、それができなくなれば譲位するとまで思いつめたのが「おことば」であった。

将来、旅が天皇の象徴機能の中核として存続するかどうかは、未定である。存続するのであればもちろん、存続しないのであればなおさら、その歴史的射程を論じておくべきである。

旅する天皇への社会的要請は、「その地域を愛し、その共同体を地道に支える市井の人々のあること」への政治的要請と同じ時から始まったはずである。この政治的要請の始まりは古いであろう。明治地方自治制の下では、無給の名誉職の村長が率いる行政村の統治能力は限られており、しばしば管下の集落(自然村)によって補われなければならなかった。行政村が確立してからも、日本政府は財政がひっ迫する度に、地方の担税力を高めたり、地方への財政支出を抑制したりするために、地域社会への献身を集落や住民に求めた。この要請は、特に日露戦争による財政悪化をきっかけに、地方改良運動という政府公式のキャンペーンとなる。同様の狙いを持つキャンペーンの系譜は、今日の地方創生まで続く。第一次世界大戦中の好況や、第二次世界大戦後の高度経済成長期にはこうしたキャンペーンの必要性が薄れたが、やがては例外的な時期として想起されるであろう。したがって、住民をねぎらい、いたわる存在への社会的要請は、断続的にあったはずである。

行幸に関する先行研究にここで言及するのは、遅きに失したというべきである。これらの研究は、行幸が天皇の慈悲深さをアピールしたことも見逃さない。とはいえ、その主たる機能は統治する天皇の権威の視覚化にあったと考えるのが主流である。慈悲深さを体現したのはむしろ皇后・皇太后の行啓であったという指摘を含め、戦前の行幸・行啓への適切な理解であると考える[5]。

そこで本稿は一歩戦線を下げ、地域住民の勤労や節倹への政治的要請について論じた者、加えて旅する天皇への、潜在的ではあれ社会的要請を提起した者、を取り上げることにしたい。

柳田国男は民俗学の創始者であり、日本帝国内を踏破し、各地からの通信や訪問者に接し、膨大な情報を集積した。そしてもともとは農政官僚であった。地域住民の境遇を熟知していたといえる。農政官僚としての提言の多くは容れられず、内閣法制局を経て貴族院書記官長まで務めて退官した。その間、大正天皇の大嘗祭《だいじょうさい》に深くかかわり、そのあり方に深刻な不満を抱いた。天皇が果たすべき役割について、定見があったことをうかがわせる。

柳田についての研究は膨大であり、与えられた紙幅で新たな知見を付け加えるのは難しい。しかし柳田の文章はそれこそ膨大でありながら、天皇についての発言が限られており、研究者を悩ませて来た[6]。旅する天皇像の前史として柳田を簡潔に描ければ、しかも柳田の仕事とのなるべく広い連関の下に描ければ、上出来としたい。

こうした連関も柳田研究者にとっては自明の前提なのかもしれないが、天皇と柳田それぞれの性格規定をめぐる論争が積み重なる中、論争上の立場に従って、前提に角度をつけることも要請されているであろう。人々が自明とすることを書き留めておけ、という柳田民俗学の教えに本稿は従うこととする。

2　地方改良運動

柳田の出身は兵庫県神東郡の田原村辻川（現神河町西田原）であり、一八七五年七月三一日、松岡操・たけの六男として生まれた。父・操は神官であった。その出自から国男の天皇への敬慕の念は強く、敬慕の位相については息子・為正が「西の人ですから、やはり根は『宮さん、宮さん』なんでしょうね」と回顧している[7]。

一九〇〇年、東京帝国大学法科大学政治科を卒業すると、農商務省に勤務した。松岡家は貧しく、一九〇一年、国男は柳田家の養子となった（以下、柳田と記す）。養父・柳田直平（大審院判事）を通じて華麗な血族につながり、さらに皇室に和歌を指導した実兄・井上通泰を通じて、元老・山県有朋の知遇を得た。

しかし農政官僚としての柳田は、小作料の金納化をはじめとするその政策主張が忌避され、厄介視すらされた。柳田の政策論の端的な特徴は、経済的な合理性の重視である。柳田が繰り返し指摘したのは、「人は屡々《しばしば》平凡なる論点を閑却す（中略）純益の増加は最大の刺激なり」ということであった[8]。「小民の計算能力が漸次に開発せられつつあるの事実」は、好ましい事実であった[9]。小作料の金納化も、生産性が上昇した場合の小作人の収入を大きくし、そのインセンティブを刺激することが目的であった。地方改良運動に滅私奉公を推奨する側面がある限り、そこと柳田とは相容れなかった。

地方改良運動を推進したのは内務省であったが、地域で有力な実践主体となったのは、二宮尊徳を師表と仰ぐ報徳社であった。一九〇六年に発表した「報徳社と信用組合との比較」において柳田は、報徳社が勤倹を人々に勧めつつ、それに応じた人々から集めた資金をなかなか貸し出さない、と批判し、報徳社の指導者・岡田良一郎との公然たる論争に突入した。「人には推譲を説きながら法人自身は溜める一方で譲ることを知らぬ」と柳田が述べたのは、辛らつであった[10]。

もっとも、報徳社は報徳社で、信用組合としての営利が立つよう助言したのが柳田であった。報徳社がいざ出資する際に利子をつけないのはもう一つの誤りであるとして、相応の利子を取った上で大いに貸し出すよう薦めている。「報徳社と信用組合との比較」はまた、報徳社が模範的な農民に報奨を与える必要はないとも力説した。

「人が力行精励するのは自分の社会的地位を自ら改良する為であるのに、之が為に受恵者の地位に立たねばならぬといふことは今の民情には合はぬのであります。又一方から見ても褒美を以て善行を誘ふのは今の補助金政策と同様な害があります。要するに此事業はさまで拡張する必要がありません。単に名誉の表彰と云ふならば之が為めに沢山の金を掛けずとも方法は幾らもあるであらうと思ひます」[11]

この引用からはいくつかの知見を引き出すことができる。「又一方から見て」以下の一文を先に取り上げるならば、柳田が経済的な合理性を尊重しておりながら、補助金目当ての利害打算には飽き足らぬものを感じていたことが分かる。人々が補助金を獲得するための「胸算用」には上達していながら、地域に即した副業を発見し、発展させる能力は乏しい、と嘆いたこともある[12]。胸算用の射程が短いのである。「金銭経済時代」には放蕩や災厄といった属人的・偶発的要因ではなく、「真面目に働きつつ尚少しづつ足りないと云ふ一種の不幸」があるという。生産物を売るにせよ土地や肥料を購入するにせよ、小農は市場の弱者ということであり、その立場を強化する知恵として、産業組合がもっと小農を組織化しなければならない[13]。柳田のいた農政課は産業組合法（一九〇〇年公布）の普及に従事していたが、柳田の意見には、普及の域を超えた現状批判が含まれていた。

人々が自らの境遇を十分に理解しないことは、柳田にあっては、人々の通時的な視野の狭まりと連関していたように思われる。都市化の影響で、人は自分の便宜で住むところを選ぶようになる。これまで代々住んでいた土地を選んでくれた先祖たちの熟慮は、関係なくなったということである。同じことを未来に当てはめれば、子孫に対して、かつて先祖が自分たちのために費したような熟慮は払わないということでもある。柳田は、今生きている者だけの都合や多数決で物事が決まることを、新しく危険な事態であると考えていた[14]。

共時的な視野の狭まりも、柳田は意識していた。農民にとって最も明快な利益は米価の上昇である。だが柳田はこれに味をしめることを戒め、米を安価に供給することで国全体に貢献するよう求めた。それはひいては生産性の向上に、より大きな利益に、つながるであろう[15]。柳田の議論は支持者が少ないだけでなく、短絡的な農業利益から乖離すらしていたといえよう。

柳田は一九〇二年には内閣法制局に転じており、一九一四年、貴族院書記官長となった。農政官僚としては不遇であったというしかない。

3 大嘗祭

貴族院書記官長として情熱を注いだのが、大正天皇の即位に伴う京都での大嘗祭（一九一五年一一月一四～一五日）への奉仕であった。

ところが実際に行われた大嘗祭に柳田はきわめて不満であり、長文の意見書「大嘗祭ニ関スル所感」[16]を書き上げ、山県に提出しようとした。この意見書によれば、稲の実りを感謝するために全国の村々で行う祭を代表するのが、大嘗祭であった。収穫の後の稲藁で神殿を葺《ふ》くこともあり、時期は旧暦十一月の下の卯（新暦一二月）と決まっており、それを守るべきであった。伝統的精神を継承する大嘗祭は、対外的に国威を発揚する即位礼とは性質が異なるので、即位礼（一一月一〇日）の直後、その興奮が残る中で大嘗祭を行ったのは不適切であった。参列者が増え、その少なからぬ者が優越感や好奇心に動かされ、慎みを欠いたことについては、意見書においても公の場においても、容赦なく批判した(但し大嘗祭の後の大饗《たいきょう》は陽気であるべきとする)[17]。村の祭の夜、氏子は家で身を清め、祭がつつがなくおこなわれることを祈る。大嘗祭も同様であると柳田は力説する。参列しない全国の国民のために大嘗祭があると考えていたのである。このことを柳田は確信しており、大正天皇の病弱を知りつつも、「若シ万一農国本ノ精神ヲ萬世ニ伝ヘ朝家民ニ代リテ天神ヲ祀リ給フノ義ヲ百姓ニ会得セシメムトスルナラハ」、斎忌の簡略化はあり得ないと断言する。

晩年、柳田は大嘗祭への研究を発展させ、単に収穫を感謝するだけでなく、翌年の稲作に力を与えるために種実を「聖別」する意義を大嘗祭に見出した。そのための稲穂は悠紀国《ゆきのくに》・主基国《すきのくに》(それぞれ都の東西から選ばれた)で抜くのであるが、柳田は解釈に飛躍があることを認めつつ、この聖別した種実を後で悠紀国・主基国に還していた痕跡を、初期の大嘗祭に見出そうとしている[18]。たとえ天皇が自ら稲作をしなかったとしても、稲作にいそしむ人々に霊的な力を与えていたと考えたかったのである。

柳田は周囲の説得によって意見書の提出を思いとどまった。だが徳川家達《いえさと》貴族院議長との確執もあり、一九一九年には官途を辞し、翌年に東京朝日新聞社客員となる。その後、国際連盟常設委任統治委員会委員に就いて洋行することはあったが(一九二一〜二三年)、要するに官僚としては自滅したというしかない。

ところで先の「報徳社と信用組合との比較」からの引用からもう一つ分かるのは、人が「力行精励」までする場合は物質的利益のためではなく、「名誉の表彰」を望んでのことであるという柳田の認識である。

現に、地方改良運動は篤志家を表彰した。天皇と政府の激励に応えて、即物的な打算にも、あるいは柳田が育もうとしたより射程の広い利益にも基づかない、受益なき負担を人々が受け入れることはあった。柳田はそれが美徳であると認めつつ、収奪の強化につながると危惧していた。

このような危惧を、天皇に言及する文脈において直截に表現し得たかが問題である。

一九二七年七、八月に、昭和天皇は小笠原諸島と奄美大島に行幸した。柳田が東京朝日新聞に執筆した社説「遥かなる島まで」（八月一一日）は、これを昭和の治世を飾る偉業の「第一次のもの」であると激賞した。島民の生活は厳しいが、「しかも一たび貴き御足跡の島の上に印せられたるを拝するや、忽然《こつぜん》として精気は回復し、生活の興味は蘇へり、人世尚住むに足るといふ感は、ひしひしと彼等が素ぼくなる胸を打つた」からである。柳田はたしかに感激したのであろうが、これは超絶した君主が小民を訪れた場合の感激である。だから「忽然」と「精気」が回復してしまうのである。象徴天皇が「人々の傍らに立ち、その声に耳を傾け、思いに寄り添うこと」（平成天皇「おことば」）とは異なる作用であろう。

翌二八年一一月には、昭和天皇の即位礼（一〇日）と大嘗祭（一四～一五日）が京都で行われた。この時期に柳田が執筆した社説が、筆禍を恐れる編集局長・緒方竹虎の懇請により修正を余儀なくされたことは、よく知られている。

問題の社説原稿「京都行幸の日」は、明治維新後の天皇が行幸を復活させたことを喜び、即位礼・大嘗祭のために東京と京都を往復することも有意義であると歓迎した。大嘗祭も時代に合わせて変化するものであると力説し、これをわきまえない復古主義者を批判した。この復古主義批判の部分を大幅に圧縮することで、六日に社説「御発輦《ごはつれん》」として掲載されたのである。

ただ、「御発輦」も短いとはいえ同じ趣旨の議論はしている。復古主義批判の長さや執拗さが問題なのであるとすれば、一二日の社説として柳田が執筆した「大嘗祭と国民」が長くて執拗であり、しかし掲載された。何が実質的な修正であったのか。

もう一点、修正を余儀なくされた社説原稿が「大嘗宮の御儀」である。悠紀国・主基国の抜き穂のために、どの農民のどの田が選ばれるかをめぐって、下記のように記している。

「殊に近世に至つて必ずしも田地の条件を問はず、専ら篤農の品性無難なる者を指名して、これ等光栄の任を託せられることは良制度である。あるいは名誉律の拘束を受けて、過度無用の緊張の傾くの懸念も無いとはいはれぬが、兎に角に郷党知友老幼婦女来り助け、たとへ一季の生産にもせよ、ほとんど現代の簿記法を超脱した力作を、可能ならしめるのも亦農村の特徴である」

これが一四日に掲載された際には、傍線部が削除された。柳田は農民の奮励が名誉によって報われることをよしとしつつ、名誉がもたらす「拘束」や「過度無用の緊張」を懸念した。そしてこの懸念を表明することを、朝日新聞は憚ったのである[19]。柳田は一九三〇年に朝日新聞を退社し、以後、敗戦後の一九四六年に枢密顧問官に就いたことを除けば、在野の学者として終始した。

4　民俗学と国語教育

柳田にとって「過度無用の緊張」は、国語の問題でもあったと思われる。困苦を訴えることを憚り、あるいは意欲を過剰に表明するのは、義務教育による国語の貧弱化と関係があると考えた形跡がある。言論の自由への制約が強まるにつれ、この危惧も強まったようであり、一九三九年に刊行した自著『国語の将来』(創元社)[20]の冒頭では、素朴ともいえる国語観を高唱している。

「私は行く行くこの日本語を以て、言ひたいことは何でも言ひ、書きたいことは何でも書け、しかも我心をはつきりと、少しの曇りも無く且つ感動深く、相手に知らしめ得るやうにすることが、本当の愛護だと思つて居る」

国語についても柳田は、変化が当然であるとしていた。標準語による統一も望ましいと認めた。『国語の将来』の論旨をさらに辿るならば、むしろ人々が言語の変化することを自覚せず、必要な変化を自ら起こそうとしないがために、時代に合った変化とならず、充分な語彙を欠いたままの標準語を押し付けられ、標準語で深く思考・表現することができずにいるのが問題であった。

こうした状況に対する青年の反応は様々であり、標準語を平気で間違う者もいれば、内輪でしか話したがらない者もいる。柳田が最も警戒した第三類型が「聟入型《むこいり》」であり、表向きの口上は「立派」だが、「実情」を伝える術を知らない。地方の演説会ではこのような口上が横行し、非常時になる前から舌禍を招いたという。

「聟入型」は個人の災いを超えた影響を地域社会に及ぼしたと柳田は主張する。かつて村は外部と接触する際、世間慣れして度胸があり、標準に近い言葉を上手く話す者を口利きにしていた。こういう者は実は村内で警戒されていたが、今はますます重宝されて有力となり、流儀をまねたがる若者が増えて来た。仲の良い時は在来の言葉で話し、理屈を言う時は改まった切り口上で相手を威圧しようとする。村会ですらこれが跋扈したと指摘し、「即ち私の謂ふ所の聟入型、最も空々しい弁舌というものが、斯うした公の会合の、特に真率でなければならぬ場合に競ひ起つたのである」と嘆く。

では何が真率な言葉を育むのかといえば、子供時代に享受した遊戯や唄、昔話などである。子供の創造性を謳歌する余裕が、柳田にあったのではない。遊戯は概ね子供の独創ではなく、大人の儀式を子供が再現するところから始まると考える。たしかに子供はそこで「手短かな意味の深い言葉」を生み出すが、それは共同の遊戯への適合性という厳格な尺度によって承認され、淘汰される。唄や昔話は大人から繰り返し与えられることで記憶に沈殿し、社会に出てから場面に応じて言葉を「自由に我貯蔵の中から選択」することを可能にする。この巨大な貯蔵がなければ、複雑かつ繁忙となる一方の社交に対して学校で習ったような「半覚えの語句」に頼るしかなく、「腹の底とはぴつたりと一致して居らぬといふやうな浅ましい場合」となる。こうした昔の教育を義務教育は代替し得ておらず、むしろ入学年齢を境に子供の世界を分断してしまっている。

先に述べたように、柳田は言葉が実用的に変化し、拡大するべきであると認めていた。これと矛盾するのではなく、その民俗学は各地の昔話や言い回しの類を大量に収集したのであった。

思えば民俗学はその始まりから、異質な言語への関心に駆られていた。始まりを象徴する著作は二冊の自刊本であり、椎葉《しいば》(宮崎県)の語彙を収録した『後狩詞記《のちのかりことばのき》』(一九〇九年)と遠野(岩手県)の伝承を取材した『遠野物語』(一九一〇年)である[21]。

椎葉では猪狩を主宰する村長・中瀬淳《すなお》の言葉にそもそも惹かれた。「中瀬氏の文章。野味ありて且つ現代の味あり。其一句一字の末まで。最も痛切に感受せられ得と思ふ。読者以て如何と為す」。現地の言葉には、猪を共同して狩るためだけでなく、肉の分け前を正しく決めるための語彙も多数含まれていた。あえて「現代の味」と記したのは、現代に必要な味ということではなかったか。

『遠野物語』は、柳田が佐々木喜善（鏡石）から聞き書きしたことに基づいている。柳田はこれに推敲を加えていくのであるが、「鏡石君は話上手には非ざれども誠実なる人なり。自分も亦一字一句をも加減せず感じたるままを書きたり」と初版の冒頭には記している。この本の価値を問われれば、「斯る話を聞き斯る処を見て来て後之を人に語りたがらざる者果してありや」と問い返す覚悟であった。特に柳田の興味を引いたのは山神や山人の話である。「我々はより多くを聞かんことを切望す。国内の山村にして遠野より更に物深き所には又無数の山神山人の伝説あるべし。願はくは之を語りて平地人を戦慄せしめよ」のくだりは、あまりにもよく知られている。

椎葉や遠野で触れた言葉は、平地人には異質でありながら有効であり、貯蔵に値するものであった。

この頃から柳田は、山神や山人が、かつて天皇がこの国を征服した際の原住民であるという説をあたためていた[22]。大正天皇が即位礼・大嘗祭のため京都に到着した一九一五年一一月七日、柳田は多忙であったはずだが、若王子山中腹の松林から立ち上がる白い煙を見て、「ははあサンカが話をしているな」と思ったように証言している。「勿論彼等はわざとさうするのでは無かつた」とも付言している[23]。

皇室を敬愛し、大嘗祭の恩沢が全国津々浦々に及ぶものと信じつつ、柳田が山人に対して保持していた他者感覚は興味深い。天皇がもともと征服者――大和民族もその末裔であるが――であることは、柳田にとって前提であった。当時、天皇は大元帥であり、統治権を総覧し、国民の献身を求める立場にあった。天皇の慈悲深さもしばしば強調されたが、一九〇八年一〇月一三日、「忠實業ニ服シ勤儉産ヲ治メ」ることを命じた戊申詔書は、地方改良運動の号砲であった。

刻苦勉励する小農は、柳田にとっていたわられるべき存在であった。だが民に寄りそう天皇を世に証しするはずであった大嘗祭論は、戦前にあっては隔靴掻痒であった。むしろ農民が天皇に応えようとしすぎることを柳田は警戒しなければならず、この警戒の表明すら自主規制の対象となることがあった。

このいらだちが豊かな土壌となったのかもしれない。柳田は人々が真率であり得るための言語を探求し、それは民俗学の探求と大きく重なっていたのである。

5　柳田の旅

そして柳田自身は思うがまま旅をしていた。旅を通し、「その地域を愛し、その共同体を地道に支える市井の人々のあること」を繰り返し確認していた。

「私が先年大隅の佐多岬を歩いてゐたときのことである。恰度《ちようど》一月二日の早朝で、私は暁の光を拝むつもりで、海岸から次第に山の中に入り込んでゆくうちに、まるで人気のない崖の上に来かかつた。その時ふと何処からともなく澄んだ美しい唄の声が聞えてくるのである。しかもそれは女の声である。驚いて崖の淵から谷底を覗いてみると、その谷底に僅か一枚か二枚の畠があつて、その中に白手拭を被つた二十七八の女が、しきりに畑を耕しながら夢中になつて俗謡を歌つてゐるのである。これなどは一つの例であるが、さういふ鬱然とした明方の谷の底にゐて、唯一人で鍬をとりながらも自然の中に自分を没却して唄を歌へる平和な心は日本人――殊に原始的な日本人――の特有な気持である。私は世界の何処の田舎を歩いた時にもこの光景には出遇はなかつた」

静岡県の島田町で男連中による帯祭を見た。その時の記憶は、ある地域に立ち寄った者のまなざしの、温かさの極限を追究しているように見える。

「ある年の帯祭に、私が一人で町を歩いてゐると、ふと向ふの電信柱の下に独りの女が立つて何かしきりにブツブツ言つてゐるのが見える。木綿縞の半纏を着た三十ばかりの女であつたが、祭をじいつと見ながら、しきりに唇を動かしてゐる。近づいてみると女は遠くから祭の囃子を一緒に囃してゐたのであるが、（中略）その女はたしかに土地の女ではなかつた。それが音楽もあり、足調子もある囃子を遠くから一人で合せてゐる姿はたしかに面白い。かういふ女の気持は諦めとは違ふ、諦めも何も知らずに、物事に屈託しない暢《のど》かな気持の現れで、西洋の男にも女にもみられない表現である」

日本人は辛い目にあっても悲嘆を見せつけないのかもしれないが、可憐である。小泉八雲（ラフカディオ＝ハーン Lafcadio Hearn）が「日本人の微笑」[24]を発見したのが、何よりの証拠である。

「序《ついで》に思ひ出したが、誰でも知つてゐるやうに、ハーンの書いたものの中で、一番西洋人が不思議がつてゐるのは、ジャパニース、スマキルスである。横浜の外人の家にゐたある女中が良人が亡くなつた報知を受けとつたのに、別に悲しさうな顔もせずに微笑んでゐたといふので、外人の奥さんから散々叱られて、追出されたといふああいふ性質の微笑は、今の日本の女の人からはだんだん少くなつてゆくやうである」[25]

これらを日本固有の美徳であると決めつけていることには、異論が殺到するであろう。だがここでは、柳田にとって重要な情景であったことを了解するのみとする。

民俗学の権威たる柳田は、戦後、昭和天皇に度々御進講を行う栄誉を得たが、天皇が柳田の望むような旅をすぐに始めたわけではない。敗戦直後から天皇は行幸を重ね、これが一九五四年、沖縄を除いて一巡した後も、地方視察を重ねた。とはいえ、熱心かつ多数の奉迎者に無言の天皇が対峙するというのが、戦前行った行幸と同様、典型的な情景であり、「君民一体」「一君万民」の演出が続いていたといえる。

やはり一九五四年、民俗学研究所が八重山諸島の調査をした際のスライドを調査員の金関丈夫から見せられた柳田は、感動した。国土の南端で人知れず働く、貧しい国民の姿を認めたからである。天皇がこのスライドを見るよう宮中に強く働きかけ、一〇月に実現はしたものの、期待したような天皇の反応を金関から聞けなかったことに深く失望した[26]。

もっとも、大規模な地方巡幸と並行して、天皇は皇后と共に都内及び近隣の社会事業施設を訪れるようになっていた。こうした施設を訪問するのは戦前には皇后・皇太后の役割であった。象徴天皇制に適応した「天皇の皇后化」であったといえよう。さらに平成天皇の時代となり、皇后が同行する行幸啓が常態かつ頻繁となったのは周知のことである[27]。

柳田国男は、不完全ながらも象徴天皇制論の戦前的起源であった。何より、旅する象徴天皇そのものの起源であった。

註

1——坂本一登『伊藤博文と明治国家形成：「宮中」の制度化と立憲制の導入』（講談社学術文庫、二〇一二年）、同「新しい皇室像を求めて」『年報近代日本研究』二〇、一九九八年。伊藤之雄『昭和天皇と立憲君主制の崩壊：睦仁・嘉仁から裕仁へ』（名古屋大学出版会、二〇〇五年）。鈴木正幸『近代天皇制の支配秩序』（校倉書房、一九八六年）。梶田明宏「「昭和天皇像」の形成」鳥海靖・三谷博・西川誠・矢野信幸編『日本立憲政治の形成と変質』（吉川弘文館、二〇〇五年）。

2——赤坂憲雄『象徴天皇という物語』（筑摩書房、一九九〇年）。米谷匡史「象徴天皇制の思想史的考察」『情況第二期』第一巻第六号、一九九〇年。

3——最近の成果として、河西秀哉『近代天皇制から象徴天皇制へ：「象徴」への道程』（吉田書店、二〇一八年）。

4——渡辺治『戦後政治史の中の天皇制』（青木書店、一九九〇年）、同「戦後日本の支配構造と天皇制」『歴史学研究』六二一、一九九一年。安田常雄「象徴天皇制と民衆意識」同上。

5——多木浩二『天皇の肖像』（岩波書店、一九八八年）。坂本孝治郎『象徴天皇制へのパフォーマンス』（山川出版社、一九八九年）。タカシ・フジタニ『天皇のページェント』（NHKブックス、一九九四年）。佐々木克『幕末の天皇・明治の天皇』（講談社学術文庫、二〇〇五年）。原武史『可視化された帝国』（みすず書房、二〇〇一年)。皇太后・皇后については同『皇后考』(講談社学術文庫、二〇一七年)。

6——柳田の天皇観を扱ったものとして岩本由輝『柳田民俗学と天皇制』(吉川弘文館、一九九二年)。山下紘一郎『柳田国男の皇室観』(梟社、一九九〇年)、同『神樹と巫女と天皇——初期柳田国男を読み解く』(梟社、二〇〇九年)。絓秀実・木藤亮太『アナキスト民俗学——尊皇の官僚・柳田国男』(筑摩選書、二〇一七年)などがある。特に山下『神樹と巫女と天皇』は、柳田の大嘗祭研究が、稲作民にとっての意義だけでなく、女性、そして性の役割をも発見したが、稲作民を国家の中心と考える柳田の思想との整合性から、これを十分に展開し得なかったのではないか、と提起しており、興味深い。しかし本稿では、戦前の政治においては稲作に従事する農民の負担が決定的に重要であったという観点から、これと天皇との関係に主題を限定する。他には政治史・政治思想史の観点からの最近の評伝として川田稔『柳田国男——知と社会構想の全貌』(ちくま新書、二〇一六年)と田澤晴子『吉野作造と柳田国男：大正デモクラシーが生んだ「在野の精神」』(ミネルヴァ書房、二〇一八年)を挙げるに留める。

7——柳田為正「特別インタビュー・父を語る」『季刊・柳田国男研究』八、一九七五年。

8——「地価高きに過ぐ」『中央農事報』第一〇三号、一九〇八年一〇月、柳田国男『柳田國男全集』第二三巻(筑摩書房、二〇〇六年)。以後、この全集は『全集』と略記し、刊年は各巻の初出にのみ付すこととする。

9——「小作料米納の慣行」柳田国男『時代ト農政』(聚精堂、一九一〇年)『全集』第二巻(一九九七年)。

10——「報徳社と信用組合との比較」前掲『時代ト農政』『全集』第二巻、二六〇頁。

11——同上、三四九頁。

12——「農業経済と村是」前掲『時代ト農政』。

13——「日本に於ける産業組合の思想」前掲『時代ト農政』。

14——「田舎対都会の問題」前掲『時代ト農政』。

15――「将来の農政」『島根県農会報』第二一号、一九一五年一一月『全集』第二四巻(一九九九年)。「将来の農政問題」『帝国農会報』第八巻第六号、一九一八年六月『全集』第二五巻(二〇〇〇年)。山下一仁『いま蘇る柳田國男の農政改革』(新潮選書、二〇一八年)は柳田のこうした主張をとらえ、今日に至るまで米価の維持・引き上げに頼りがちな日本の農政の中で、良い意味での異端であったと評価する。

16――柳田国男『定本　柳田國男集』第三十一巻(筑摩書房、一九六四年)。

17――「大嘗祭より大饗まで」『新日本』第五巻第一二号、一九一五年一二月『全集』第二四巻。

18――「稲の産屋」にひなめ研究会編『新嘗の研究』第一輯(創元社、一九五三年)『海上の道』(筑摩書房、一九六一年)『全集』第二一巻(一九九七年)。

19――修正前の社説原稿は柳田国男『定本　柳田國男集』別巻第二(筑摩書房、一九六四年)を参照。

20――『全集』第一〇巻(一九九八年)。引用したのは二三、三〇、七八、九九、一〇五頁。

21――それぞれ『柳田國男全集』第一巻(一九九九年)(引用は四五五頁)、第二巻(引用は九～一〇頁)。

22――「山民の生活(第二回大会席上にて)」『山岳』第四年第三号、一九〇九年一一月『全集』第二三巻。

23――柳田國男『山の人生』(郷土研究社、一九二六年)『全集』第三巻(一九九七年)四八八頁。

24――Lafcadio Hearn, *Glimpses of unfamiliar Japan*, Boston; New York: Houghton, Mifflin, 1894. 落合貞三郎他訳『小泉八雲全集』第三巻(第一書房、一九二六年)。

25――以上三つの引用は全て「エクスプレッション其他」『女性改造』第三巻第八号、一九二四年八月『全集』第二六巻(二〇〇〇年)。

26――前掲、山下『柳田国男の皇室観』二四〇～二四三頁。

27――戦後の行幸(啓)については原武史『昭和天皇』(岩波新書、二〇〇八年)、同『「昭和天皇実録」を読む』(岩波新書、二〇一五年)。

第8章

大正期皇室制度改革と「会議」

——帝室制度審議会と「栄典」の再定置

KOKUBU Koji
国分航士

1　はじめに

明治二二(一八八九)年、大日本帝国憲法と皇室典範が定められた。しかしながら、憲法と典範は大則を定めたに過ぎず、運用を経る中で現実の変化も見ながら、細かな規程を設ける必要があった。明治三二年に伊藤博文を総裁として設置された帝室制度調査局(以後、調査局)は、明治後期における皇室制度関係法令の整備に大きな役割を果たすことになる。皇室典範増補の公布(明治四〇年二月)を機に調査局は廃止されたものの、その後、調査局の起草した法令が順次、定められた。さらに大正五(一九一六)年には、伊東巳代治《みよじ》を総裁とする帝室制度審議会(以後、審議会)が、調査局が作成に関与した法案の再調査と、新しく必要となった法規の起草を行った。審議会は、活動の中断をはさみながら、大正一五年まで存続し、作成した法令案の多くが大正末年には制定に至る。

伊東を総裁とする審議会は、宮内大臣(宮相)の管理に属し、その人員は各機関の釣り合いを意識して集められていた[1]。また、審議会の作成した成案を宮相が天皇に上奏しており、上奏に至るには宮内省の賛同が不可欠だった。そこで、審議会は、開設時から法制局長官、宮内次官、枢密院書記官長が委員として参加し、後には、委員以外の宮内官僚も御用掛として加わっていた。内閣と宮内省、さらに枢密院との事前のすり合わせが、当初から意識されていたのである。こうした特徴を持つ審議会は、皇室制度関係の法令を調査すると共に、各機関から成員を集めて会議を行うことで同意を調達するという意味合いがあったと言えよう。

そもそも、天皇・皇室制度に「法制化」といったものは馴染むのだろうか。法制化の是非という論点について、「会議」を主導する側は、法制化の必要性から、まずは議論を進めなければならない。また、いつかは定めなければならないという理解が共有されたとしても、その時期や範囲は自明ではない。何か問題が起きた時に対応するという現状を維持する志向は、強固な立場であり得る。そして、ようやく法制化を行ったとしても、その結果は現状の確認に留まることが多い。とは言え、結果としては今までの再確認を行うだけの法制化であり、現状を変更するに至らなくとも、これまでのあり方をどのように捉え、如何に記述するのかということは、やはり様々な紛議を生じる。外から見れば、大まかな着地点が決まっているようでも、そこに至るには多大な時間と労力を要する。こうした法制化に伴う係争を考慮すると、天皇・皇室制度をめぐる「会議」で重要なのは、結果として如何なることがなされたのかに加えて、そこに至る道筋にどのような議論が存在したのかということであろう。さらに言えば、結果として何も変わらないこと、あるいは変わらないように見えることこそが意味を持つ場合もあるのではないだろうか。

そこで本稿では、大正後期の審議会の活動について、とりわけ明治立憲制の「栄典」の一つである位階[2]に関する法令、位階令（大正一五年制定）の審議の模様を取り上げてみたい。「栄典」に関して帝国憲法第一五条は「天皇ハ爵位勲章及其ノ他ノ栄典ヲ授与ス」と規定しており、『帝国憲法義解』[3]では、明治以前から存在する位階は、爵位や勲章と共に栄典の一つだと捉えられていた。また、天皇は「栄誉ノ源泉」であり、栄典の授与は天皇の大権に属して「臣子ノ竊弄ヲ容サヽル所」だという。

既に審議会での位階令の審議は、西川誠によって大略が明らかとなっている[4]。西川によれば、当時の宮内省は、皇室制度の整備の必要を認めていたものの、「皇室と社会との接点の模索・新帝準備の皇室制度の整備という宮内省首脳の政策展開に合致する範囲」でよいと考えていた。しかし、それまでの叙位条例（明治二〇年制定）にかわる位階令に関しては、「珍しく宮内省は熱心な態度」を示した。宮内省は、大正後期の社会の平準化の中で、「宮中」を如何に社会の中に位置付け、存在意義を宣伝するかを模索しており、その過程で民間人への叙位を担当することを検討していた可能性があったという。議論が紛糾した原因は、「栄誉大権が宮中・府中に分割」されていたからであり、後述するように、位階などの栄典に関する事務をめぐって、内閣と宮内省との間では所管の争いが生じていた。

このような指摘を踏まえ、本稿では位階令の制定過程について、特に内閣と宮内省との間で展開された、天皇の栄誉大権をめぐる交錯を叙述していく。具体的には、宮相の「奉行」・「奉宣」の規定や法令形式など、位階の管掌をめぐる論議に注目する。形式的な要素に留まり位階令と位階制度の分析としては不十分なものだが、位階令の制定の過程を論じることで、天皇・皇室制度をめぐる「法制化」と「会議」のあり方を考える上での一助としたい。

2 明治期の位階令案の作成

まず、審議会による審議の前提として、叙位条例の制定後に内閣と宮内省の間で交わされた位階制度をめぐるやり取りと、調査局による位階令案の作成過程を確認しておきたい[5]。

明治二〇年五月に制定された叙位条例は、第一条「凡《おおよ》ソ位ハ華族勅奏任官及国家ニ勲功アル者又ハ表彰スヘキ効績アル者ヲ叙ス」、第三条「凡ソ位ハ従四位以上ハ勅授トシ宮内大臣之ヲ奉ス、正五位以下ハ奉授トシ宮内大臣之ヲ宣ス」と規定した。叙位については、既に各省官制通則第一三条に「各省大臣ハ内閣総理大臣ヲ経テ所部官吏ノ叙位叙勲及恩給ヲ上奏スヘシ」との明文が存在していた。そこで、宮相に委ねられた「位階奉宣ノ事」について明治二〇年五月九日付の内閣訓令は、華族と宮内官吏以外の叙位を、これまで通り首相が上奏して首相の「奏聞裁可」を経た後に、宮相に移して宮相が「奉宣」するとした。なお、明治一九年の宮内省官制には、宮相の叙位の上奏については規定がなされておらず、明治二二年七月の官制では「宮内大臣ハ例規ニ依リ文武官宮内官及華族士民ノ叙位ヲ上奏及奉宣ス」(第一八条)と規定された。さらに明治四〇年に公布された官制では、「宮内大臣ハ宮内職員及華族ノ叙位ヲ上奏シ其ノ叙勲ハ内閣総理大臣ヲ経テ上奏ス」(第九条)となっている。

明治二一年一〇月、宮内省側は、親任官を除いた勅奏任官の初任と昇官の叙位については、叙位進階内規(明治二〇年七月)を参照して上奏されるものであり、常に「一定ノ標準相立」つものなので、宮相より「直チニ上奏奉宣」したいと内閣に協議し、内閣側は了承した。明治二二年に入り、宮内省は、勅奏任官の初任と昇官の叙位は宮相が「奏聞裁可ヲ経テ直ニ奉宣」するので、上奏書を「各省大臣ヨリ直ニ宮内大臣宛差出ス」ように各省・元老院宛の通知を出した。これに対して、首相を経ずして各省大臣から「直ニ」宮相に上奏書を差し出すのは、各省官制通則第一三条に抵触すると内閣側が異論を述べた。そのため、宮内省も同意した上で、明治二一年一〇月の協議以前の手続きに戻すこととなった。

このように、叙位条例の制定直後から内閣と宮内省との間では、位階に関する管掌をめぐる錯綜が存在していたことがわかる。次に、叙位の事務への宮相の関与に関する規定に限った上で、調査局での位階令の作成過程を見てみたい[6]。

明治三二年に設置された調査局では、開設時から調査事項の一つとして「位階制度に関する事項」が挙げられていた[7]。また、明治三六年の伊東巳代治副総裁が伊藤総裁に提出した「調査著手ノ方針　一」では、位階制度に明示的に言及している訳ではないものの、「政府ト宮内省トノ関係」も査窮すべきとしている[8]。新たに定める位階令については、奥田義人御用掛が「位階令草案」（議第一三二号）[9]を起草した。この案は、位階を正一位から従八位までの一六階とし（第一条）、「叙位及贈位ハ位記ヲ以テシ宮内大臣之ヲ奉行ス」（第二条）としている。改削が行われた上で、総会議が明治三九年二月九日と二月二三日に開かれた[10]。第二条は、「叙位及贈位ハ宮内大臣之ヲ奉行ス」と改められており、二月九日の会議で「叙位ハ宮内大臣之ヲ奉行ス」と修正され、その後は変更されていない。三月七日、奥田は「位階令修正案」（議題一三七号）[11]と「参考位階令修正案」（議第一三八号）[12]を提出し、三月九日、再度の総会議が行われている。

その後、三月一五日、「位階令義解草案」（議第一四〇号）[13]が作られた。第二条「叙位ハ宮内大臣之ヲ奉行ス」の義解によれば、爵位については現に宮相が「奉行」しているため、華族令では「授爵ノ勅旨ハ宮内大臣之ヲ奉行」すると定める一方、叙位条例にはそうした規定がない。そこで本条を置くことで、華族令と軌を一にすることができるとしている。また、叙位条例第三条は、従四位以上は「勅授」として宮相が「奏ス」、正五位以下は「奏授」として宮相が「宣ス」と規定しているものの、叙位の形式に関する規定は公式令によって明らかであるため、位階令では省略したという。四月二日の総会議で修正が加えられ、「位階令義解修正案」(議第一四三号)となり、四月二〇日の総会議で確定した[14]。そして、明治三九年六月一三日、伊藤博文総裁が位階令案(勅令案)を上奏するに至った[15]。

明治四〇年二月、調査局が廃止された後も、調査局が準備を進めた皇室制度関係法令について、伊藤や伊東らによる残務取調べが継続した。明治四一年には宮相の下で、岡野敬次郎、奥田義人、栗原広太らが皇室令整理委員に任命された(明治四四年、解任)[16]。皇室令整理委員による位階令案は、栗原が関与した「議題七八号」[17]と「議題八一号」[18]があり、明治四四年二月に確定している[19]。伊藤が上奏した位階令案は勅令案だったが、公式令の勅令と皇室令の規定が修正されたこと[20]を受けてか、皇室令整理委員案では、皇室令案に変更されていることがわかる。

ちなみに、調査局が上奏した公式令案(明治三七年)は、新たに皇室令(第六条「皇室典範ニ基ク諸規則ハ皇室令トシ上諭ヲ附シテ之ヲ公布ス」)という法令形式を設けると共に、勅令についても「皇室の事務に関連する勅令」を規定していた(第八条「皇室ノ事務ニ関連スル勅令ノ上諭ニハ宮内大臣モ倶ニ之ニ副署ス」)〔21〕。しかし、内閣との協議の過程で宮相が副署する「皇室の事務に関連する勅令」の規定は削除され、公布された公式令(明治四〇年二月)では、勅令に副署するのは首相あるいは首相と国務大臣だけとなった(第七条)。勅令規定の修正を受けて、皇室令についても「皇室典範ニ基ツク諸規則、宮内官制其ノ他皇室ノ事務ニ関シ勅定ヲ経タル規程ニシテ発表ヲ要スルモノハ皇室令トシ上諭ヲ附シテ之ヲ公布ス」(第五条)と変更されている。

この公式令の制定の過程で見られた勅令と皇室令の規定の修正は、他の調査局が作成した法令と同様、位階令においても影響を及ぼすこととなる。

3　大正期の位階令案の審査

帝室制度審議会の再審査

大正五年九月、伊東巳代治は「皇室制度再査議」〔22〕を大隈重信首相、波多野敬直《よしなお》宮相へ提出した。伊東は、未発表の皇室関係法令の調査の進行、朝鮮王公族の取扱の決定などの必要を訴え、宮内省に代わって審議を行う機関の設置を提唱している。これを受け、大正五年一一月、宮相の下に帝室制度審議会が設置され、伊東が総裁となった。委員には、岡野敬次郎(行政裁判所長官、元調査局御用掛)、平沼騏一郎(検事総長)、有松英義《ありまつひでよし》(法制局長官)、倉富勇三郎(帝室会計審査局長官)、奥田義人(元調査局御用掛）、石原健三（宮内次官）、鈴木喜三郎（司法次官）、馬場鍈一（法制局参事官）、二上兵治《ふたがみひょうじ》（枢密院書記官長）、山内確三郎《やまのうちかくざぶろう》（大審院検事兼任司法省参事官）、富井政章（宮内省御用掛）が任命された[23]。また、審議の進行に伴い、宮内官僚が御用掛となっている[24]。

審議会の活動は、調査局が既に上奏していた請願令が大正六年四月に公布されたように、順調に進むかに見えた。しかし、王公家軌範案と皇室裁判令案をめぐって、審議会は枢密院と解釈を異にし、その活動は停滞してしまう。その後、審議会の動きは、摂政の設置を経て大正一三年になって再度、活性化する[25]。

それでは、審議会における位階令の審査の様子を追っていきたい[26]。大正一三年九月一六日、審議会で位階令に関する第一回特別委員会が開かれた。出席者は、伊東総裁、岡野委員長、倉富、鈴木、馬場、二上、塚本清治（法制局長官）の各委員、西園寺八郎、大谷正男の各御用掛、栗原広太（嘱託）、渡部信（幹事）であった。

委員会では第一に、位階令を勅令と皇室令の何れの形式にすべきかが議論された。岡野委員長は、調査局の立案した位階令案は勅令案ではあるものの、叙位の事務は宮内省の主管だとする趣旨で作成したものであり、事務は宗秩寮《そうちつりょう》で取り扱うと説明した。委員の倉富は、「憲法上ノ大権ノ所管」について、勲章は政府が管掌し、爵位は宮内省の主管であり、そして位階の所管は宮内省ではあるものの、その大多数を実際は政府が「上奏裁可」を仰ぎ、宮内省はその取次を行っているに過ぎないとして、「爵位勲皆異ナルハ不可ナラム」と指摘している。

倉富の主張に岡野は、爵位について公式令制定時も「爵位ノ栄典ハ憲法上ノ大権ニシテ政府ノ所管」だという論が存在し、自身も「厳格ナル意義ニ於テハ或ハ然ラント思惟」したものの、「久キ慣行」を重視して宮内省の所管だとしたと答えている。その上で、これらの所管について行政整理に関係して政府で論議したことがあるかと塚本法制局長官に尋ねた。塚本は、勲章が政府の所管であるという現状に鑑みて、「栄典ノ一タル位階モ政府ノ所管トシ首相之ヲ奉行スヘシ」という論はあるものの、「爵ニ及ハス又宮内官ノ叙位ニモ明ニ及ハス甚不徹底ノ論」だと回答している。

二上は、「今日ノ実際ハ形ノ上ニ於テハ総テ宮相之ヲ奉行スル故」に、今後もこの制度を維持する場合には皇室令だとした。これに対して、馬場は、位階が憲法上の栄誉大権だとすれば、政府の所管とするのが正論だとして、勅令論の立場を取った。岡野委員長は、爵位を栄誉大権だとして宮内省から政府の事務に移すべきだという主張を正当だとはするものの、その実行は困難だと述べ、政府の方で公式令第一七条（位記に関する規定）[27]も行政整理の一貫として改正する意思があるかを塚本に問うている。塚本は、公式令を改正して「宮相ハ宮内官ノ位記ノミニ副署シ、文武官ノ位記ハ首相之ニ副署スル様ニ為スヲ可ナリト認ム」と答えた。岡野は、参加者の意見を参酌して皇室令案ではなく勅令案を基礎として審議すると決定した。

さらに、宮相の「奉行」規定（第二条「叙位ハ宮内大臣之ヲ奉行ス」）の削除も論点になっている。岡野は、「上奏セサルモノカ責任ヲ負フ形」となるのは不適当であり、議論を惹起するので削除が望ましいとした。また、宮相の「奉宣」は、既に公式令第一七条に規定があるため、実質においては現状通りだと指摘している。「規定ノ内容ハ現在実行通」であり、叙位条例第三条にも同趣旨の規定が存在することを理由に、大谷が存置を希望したものの、第二条の削除が可決された。

位階令の委員会は、九月二四日の第二回を経て、すべての条文の審議を終えた。しかしながら、すぐに総会が開かれるには至らなかった。その理由を内閣側の動きから考えてみたい。

行政整理と栄誉大権

委員会において岡野が言及したように、内閣側は行政整理に合わせて栄誉大権の再編を企図していた[28]。加藤友三郎内閣(大正一一年、行政整理準備委員会)では、内閣書記官室が担当する叙位の手続きを賞勲局に移すことが考慮され、「叙位ト叙勲トハ等シク憲法第十五条ノ栄典」に属し、同一部局が管掌すべきだとされていた[29]。また、清浦奎吾《きようらけいご》内閣においても、「爵位ニ関スル事項ヲ賞勲局ニ併セ掌ラシム」[30]ことが検討されている。こうした潮流は、行政整理を進めていた加藤高明内閣も例外ではなかった。

大正一三年一一月一〇日、加藤内閣は、内閣所属職員官制などの改正を閣議で決定した[31]。この官制改革によって、内閣には内閣官房と恩賞局、拓殖局、統計局、印刷局が置かれる(第一条)。

賞勲局と恩給局は、恩賞局として一つとなり、その長には恩賞局長官(勅任)が就くとされた(第七条)。恩賞局の事務は「位ニ関スル事項」、「勲位、勲章及勲章年金」、「記章、褒章其ノ他ノ賞件」、「外国ノ勲章及記章ノ受領及佩用」、恩給関係(第三条)であり、恩賞局長官は首相の「命ヲ承ケ局務ヲ掌理」する(第一〇条)。さらに恩賞局の設置に伴い、賞勲局が関与する勲記などの規定(第一九条、第二〇条、第二一条)を有する公式令の改正案も閣議で決定された。この改正案は、賞勲局や賞勲局総裁などの名称を内閣恩賞局や内閣恩賞局長官などに変更したに留まる。なお恩給局と賞勲局の合併に伴う恩賞局の設置は、既に一〇月四日の閣議で意見が一致していたようである[32]。

恩賞局の事務の一つに「位ニ関スル事項」が挙げられているように、内閣は位階制度の改革も考慮していた。一〇月二三日、内閣は次のように閣議で決定した[33]。「天皇ノ叙位ノ行為」は、憲法第一五条に規定されている「栄典授与ノ大権行為」に属し、国務大臣が輔弼すべき「国務上ノ行為」である。しかしながら、現行の制度では、叙位に関する事務の一部は「専ラ之ヲ宮中ノ事務トシテ規定」されている。叙位条例第三条によれば「位階奉宣ノ事」は宮相が掌り、位記への副署や「奉宣」も宮相の「権限」に属する(公式令第一七条)。また、宮内職員や華族・朝鮮貴族の叙位も、首相を経ずに宮相が上奏する(宮内省官制第九条)。これは「天皇ノ国務上ノ行為ト宮中ノ行為トカ判然区別セラレサリシ憲法制定前ノ思想ニ基クモノ」であり、「宮中ト府中トノ間ニ事務ノ厳別セラルヘキ今日」では「甚タ不審ナル制度」である。そのため、位階令が審議されているこの機会に、現行の「位階奉宣並位記ノ副署及奏宣ノ事」は首相の「権限」に移し、宮内職員や華族・朝鮮貴族の叙位に関する上奏は、叙勲の場合と同様に首相を経由するように改正することを希望する。なお、授爵に関する事務も「性質上国務ニ属スルモノ」ではあるものの、「其ノ関係スル所極メテ錯綜」しているので、授爵の事務の移管については将来の課題にするという。

この決定に加えて、内閣側には一〇月二八日付の宮内省宛の照会案が残されている。この照会案によれば、従来、「位階奉宣等ニ関スル事項」は宮相が管掌してきたが、事務の性質上、首相が管掌すべきものである。そこで、叙位条例と公式令を改正して首相に移管し、さらに宮相より「直接御上奏」している宮内職員や華族・朝鮮貴族の叙位も、叙勲の場合と同様に、首相を経て上奏するように変更したいとしている。

恩賞局設置に伴う公式令改正案は、一一月一四日、枢密院に諮詢《しじゅん》され、一一月一九日、審査委員が指定された[34]。委員長には穂積陳重が就任し、平山成信、有松英義、倉富勇三郎(一一月二一日、病気につき辞職)、山県伊三郎(倉富の辞職に伴い補充)、山川健次郎、古市公威、平沼騏一郎が委員となった。恩賞局の設置については、公式令の改正案が諮詢される前から、枢密院で「相当の議論」があるとの報道がなされていた[35]。枢密院の意向は、極めて重要な理由がない限り、公式令の改正は行うべきではないというものだった[36]。なぜなら、「恩賞大権に属し最も権威あらしむべき」賞勲局と「国家の債権履行ともいふべき一会計事務を行ふに過ぎない」恩給局を合併するのは筋違いだからである。また、現状の賞勲局は「恩賞大権の独立を擁護尊重する意味」から「内閣に隷してゐる」ものの、外局である。しかし、恩賞局は、恩給局と合併の上で内局となり、形式上は首相の命を承けるが、実際は内閣書記官長の命令下に置かれる。これでは、「位勲の奏請につき種種の情弊が伴ふ惧れ」がある。さらに、皇族や枢密院正副議長などの議定官の議長である賞勲局総裁（改正案では恩賞局長官）を内閣書記官長の命令の下に置くのは、「恩賞大権に属する機関の権威」に関わる問題だと捉えられていた。このように枢密院の反対が強いため、政府は法案を撤回せざるを得ず、賞勲局は現状のままとの見立てが示されていた。

一一月二七日、枢密院の委員会で公式令の改正について意見交換が行われた[37]。二上兵治枢密院書記官長から改正は不当であるため、承認しがたいという考えが示され、有松と平山からも同様の反対意見があった。翌二八日の委員会でも公式令改正案が議題となり、塚本清治法制局長官からの説明の後、平山、有松、平沼が恩賞局に改めた理由を問い、穂積と二上からは賞勲会議について質問がなされた。各委員は、恩賞局に改めることは不当だと意見が一致し、枢密院議長から内閣に交渉すべきだと決定した。有松と平沼は、賞勲局総裁は議定官の議長となる重職であり、「恩賞大権の運用を司掌する極はめて権威ある機関」だとした上で、恩賞局を内局にして首相の命令下に置くのは「制度上より見ても権威あらしむべき機関」の軽視につながり、甚だしい弊害を生ずる可能性があると危惧していたようである[38]。また、二八日の枢密院側の質問の内容は、次の通りである[39]。第一に、公式令は憲法などと共に「国家の根本法を為すもの」である。その改正には慎重な注意と考究を要するが、政府は十分な考査を行ったのか。第二に、賞勲局の設置は「時の内閣に於ける濫賞の弊を避け栄誉大権の尊厳を確立せんとするもの」であり、賞勲局総裁の署名を大臣の副署の代わりとするものである。政府が現在の制度を不可だとするのか否か。第三に、改正案では、恩給局と「内閣の外局」である賞勲局を廃止して、新たに恩賞局を設置し、「内閣の内局」として長官は内閣書記官長の「指揮」に依って「賞勲の国政」を担当する。これは、明らかに「勲章の名誉を汚し」、「栄誉大権の尊厳を冒涜するもの」だと言え、「由々しき重大問題」である。政府は如何なる考えから「大権の尊厳を冒涜」しようとするのか。

委員会の終了後、浜尾新枢密院議長は塚本法制局長官を招致し、公式令改正問題について政府の誤りを説示した。塚本は江木翼内閣書記長を首相官邸に訪問し、その後、塚本と江木が加藤首相と協議を行ったようである。その結果、政府は、公式令改正案の撤回を上奏することとなった[40]。一一月二九日、公式令案は「御沙汰ニヨリ返上」となり、恩給局は残された[41]。

このように、内閣は、行政整理の一環として賞勲局と恩給局を廃止して恩賞局を設置するだけではなく、所管が交錯する栄誉大権の再編をも企図していた。恩賞局構想は、枢密院側の反対で撤回されたものの、内閣側の栄誉大権への関心は、宮内省側に危惧をもたらすこととなる。

宮内省の危惧

大正一四年一月二二日、宮内省内で位階令案の研究会議[42]が行われた。会議では、審議会の特別委員会に参加していた大谷正男が、位階令案の審議経過について説明を行っている。委員会では、叙位が「憲法上ノ大権事項」であることに異議はなく、現行の叙位条例が勅令のため、位階令の形式を皇室令だと強く主張するのは困難だった。また、第二条「叙位ハ宮内大臣之ヲ奉行ス」は、叙位の性質から妥当ではなく、さらに公式令の規定によって宮相の「奉行」は明らかであるため、削除された。

しかし、大谷自身は、叙位条例に宮相の「奉行」の規定がある以上は、条文を存置すべきだと考えていた。栄典の授与と言っても、「爵ハ宮内大臣之ヲ奉行」、「勲ハ内閣総理大臣之ヲ奉行」、「位ハ宮内官華族貴族ヲ除ク外ハ内閣総理大臣上奏シ、宮内大臣之ヲ奉宣」と「区々ノ取扱」である。「純理」では首相がすべて上奏して「奉行」するのが正しいものの、これまでの経緯を踏まえ、現在の取り扱いを維持するならば、第二条の削除には反対だという。

これに対して、倉富勇三郎は、叙位条例の制定後、明治二〇年に内閣の訓令が出ており、宮相の「奉宣」は「単純ナル形式」に留まると指摘する。倉富によれば、「実質的ニ規定」することを求めれば、「奉宣ヲモ総テ政府ニ移ルノ結果」を招くという。他方、徳川頼倫は、「皇室尊崇ノ念」から「栄誉権」については、内閣よりも宮内省で取り扱う方が「一層光栄ニ感ズル」として、「所謂良風美俗ノ観念」からも宮相による「奉行ノ旨」を明らかにすべきだと主張している。徳川の考えに倉富は、内閣と宮内省のどちらが担当しても「栄誉タルニ於テハ即一」であると反論を加えた。

杉栄三郎は、現状を維持するために修正通り(第二条削除)で良いと考え、徳川は、第二条の削除が宮相の権限を縮小する前提となることを危惧した。ここで、「奉行」ではなく、「奉宣」として第二条を復活させるという意見が提示された。この主張に、関屋貞三郎(宮内次官)は、一位は「親授」、二位以下は「奉」、五位以下は「宣」という規定を踏まえ、「単ニ奉宣ニテハ不足ノ感アリ」と述べている。また、関屋は、位階令案の「奉宣」の意味を問い、これは現行よりも宮相の権限を広げる含意だと解釈することに決まった。

最終的な会議の決定事項では、内容の問題というよりも「感情(感念)ノ問題」であるので、叙位条例の趣旨の通りとすること(形式を勅令とすることも含む)となった。倉富は第二条の復活と削除の何れも「実質ニ於テ差異」がないため、どちらでも異存はないとしている。

さらに大正一四年七月一四日、宮内省内で協議会が開かれた。この会議では宮内省参事官の意見が検討されている[43]。その一つが、「位ノ奉宣ハ宮内大臣ノ権限ニ属スルコト」を明示するため、第一条の二「叙位ハ宮内大臣之ヲ奉宣ス」を加えるということだった。公式令第一七条に「奉宣」の規定はあるが、「位記奉宣ノ形式」を定めたものであって位階に関する「実体的規定」ではないため、条文を加えることで、「叙位奉宣ノ権限ヲ規定シ宮内大臣ノ責務」を明らかにするというのである。また、「叙位奉宣ノ事」は現に叙位条例第三条に規定されている。公式令第一七条の「奉宣」規定は、叙位条例の規定と「相照応シテ規定」されたのであり、位階令が叙位条例を踏襲したものならば、その「主意ヲ承継」するのは当然だとした。ここで倉富は追加に反対しており、第一条の二の追加は、宮内省としては、参事官の意見として主張することとなった。

大正一四年一一月一九日、審議会の第三回特別委員会では、宮内省の修正意見[44]が議題となる。伊東巳代治総裁、岡野敬次郎委員長、倉富勇三郎、鈴木喜三郎、馬場鍈一、二上兵治、山川端夫(法制局長官)の各委員に加えて、大谷正男(御用掛)、栗原広太(嘱託)、渡部信(幹事)が出席した。会議では、第一条の二「叙位ハ宮内大臣之ヲ奉宣ス」の追加をめぐって、「奉宣」という用語に関心が集まった。倉富によれば、「奉宣」は「奉シ宣スノ意」、「奉行」は「上奏裁可ヲ仰ク一切ノ事ヲ含ム意味」であり、岡野の質問を受けて、「奉行」では宮相に「責任」があるとした。

宮内省側の修正案について、二上は、公式令は「形式ノ規定」、位階令は「実質ノ規定」だと捉え、賛同する。さらに、一位の位記は「天皇親カラ親授」するため、「奉宣」よりも「奉行」とした方が、宮相が叙位を掌ることを表現していると述べた。これに対して倉富は、「奉行」では一切の事務を宮相が行うと解釈される可能性があると反論している。また、法制局長官として新たに参加した山川端夫は、首相の上奏した叙位を更に宮内大臣が「奉宣」するは「奇ナリ」と修正案に不同意を示した。

岡野は、内閣が上奏して裁可を経たものを宮相が実行することを「奉宣」と言うのならば、規定を設けるのは差し支えないものの、公式令に規定があるので特に必要はないとする。これに大谷は、公式令のような「形式ノ規定」ではなく、「実体的規定」を欲すると意図を述べた。

倉富は、修正案には賛成しなかった。もし叙位に関する事項を全て宮相の職権に帰し、一切を宮相から上奏して裁可を経るのであれば、「実体的規定」を入れる理由はある。しかし、「奉宣」と言った場合には、公式令の「奉宣」と変わらず、特に修正する必要はないとする。鈴木は「奉宣奉行」という文字が新たにできれば、各省大臣の権限を覆すような解釈を生じないかと問う。これに大谷は「奉行」は「全部ヲ執リキル意」はあるが、「奉宣」は叙位条例の字句を踏襲した文字であり、「各省大臣ノ権限ヲ覆フトノ解釈」は生じないと答えた。大谷によれば、「奉宣」とは「内外ニ宣行スルノ意」である。なおも鈴木は、「各省官制通則ヲ抹殺スル」意味ではないことを確認し、大谷は「抹殺スル意」ではないと応じた。鈴木は、この条文の追加は、「実質権モ宮相ニ在リト云フ解釈」を生じることにつながると考えていた。馬場も「修正ハ具合悪シ」と指摘する。馬場によれば、本案は勅令案であるため、「形式ノ規定」だとすれば、公式令があるため不必要であり、また「実質的規定」であれば、各省官制通則を改正するとの疑いがあるため、このような規定はない方が良い。また「宮内省官制ニ入レルトノ事」であれば、皇室令で定めることなので不可だという。

最終的に、岡野委員長が、この追加修正は委員の反応が芳しくないため、総会で提案するかは別として、委員会では修正なしとしたいと提案し、大谷は引き下がるに至った。

位階令の制定

大正一五年二月五日、審議会の位階令に関する第一回総会が開かれた。大正一四年一二月に死去した岡野敬次郎に替わり、委員長は倉富勇三郎が務めることとなった。出席者は、伊東巳代治総裁、倉富委員長、富井政章、平沼騏一郎、山川端夫、関屋貞三郎、二上兵治、入江貫一、大谷正男の各委員、井上勝之助、福原鐐二郎、杉栄三郎、西園寺八郎の各御用掛、渡部信（幹事）である。

審議された位階令案は、勅令形式であり、宮相が「奉行」や「奉宣」するという規定は削除されていた。しかし、総会の場においても、宮相の「奉行」・「奉宣」規定と法令形式が委員会と同様に論点となったのだった。

平沼は、今回の位階令は現在の「内閣ノ上奏及宮相ノ奉宣ノコト」は今後も維持されるのか、それとも勲章のように「執行迄内閣ニテ行フモ支ヘナキ主旨」なのかと尋ねた。倉富は、公式令がある以上、「奉宣ノ事」が内閣に移るという意味ではなく、「宮相之ヲ奉宣スト明定」した場合には、明治二〇年のように「内閣ニテ上奏ス」という訓令が必要だと答えている。そして平沼は、山川法制局長官に対して、内閣でも叙位の事務は現行の公式令の通りで差し支えないか、勲章のようにに「凡テ之ヲ内閣ノ事務ニ移サントスル御望ナルカ」と質問した。山川は、内閣側の希望としては

「栄誉大権ハ凡テ国務大臣輔弼ノ下ニ実行」し、「叙位モ凡テ内閣ニテ行フヲ適当」だとした上で、「現行ノ取扱」は「理論上貫徹」しないものの、「多年ノ慣行」であるので、強いて改正を主張しないと回答している。

さらに平沼は、一位以上には宮相が副署し、その他については宮相が「執行」しているが、その「責任」は誰が負うのかを問題とする。倉富が、「内閣ノ上奏裁可ニヨリ宮内省ヨリ辞令ヲ出ス」ため、「裁可迄ノ誤リ等」に宮相の責任はないと答え、これに対して平沼は、親授である一位は副署する宮相が責任を負うと指摘した。「実質上」と「形式上」の宮相の責任が問題とされる中、二上は「裁可前ニ宮相カ上奏ヲ知レハ容喙シ得ルカ、宮相奉行スト規定スル以上ハ宮相ニモ責任モアルト思フ」と述べ、倉富は、叙位条例の「宮相奉宣スト云フ規定」は明治二〇年の訓令で打ち消されたと反論する。関屋宮内次官は、宮相にも「奉宣ノ責任」があるとし、大谷は「宮相奉宣スト云フ規定」を設けた場合に、明治二〇年のように内閣から訓令を出す必要があるという倉富の説明に異論を述べた。大谷によれば、同訓令は「当時ノ宮内省官制ニ上奏ノ規定ナカリシト叙位条例制定ニヨリ其ノ実質上ノ疑義ニ対スル説明ノ為ニ過キス」、現在では各省官制通則と宮内省官制によって明白なので必要はないという。

公布形式についても、倉富は、宮内当局は叙位の事務を名実共に宮内省へと移管したいようだが、叙位条例の制定時にも実行できてはおらず、すべて現行通りのままとして形式も勅令にしたと説明した。皇室令説を主張する二上は、叙位に関する事務は、宮内省と内閣でそれぞれ取り扱うため、「一部国家事務ニシテ一部宮務」とも言うべきものであり、こうした内容は勅令ではなく皇室令で定めるべきだと指摘する。公式令では、勅令の場合には国務大臣だけが上奏して副署する一方、皇室令であれば宮相が上奏して宮相と国務大臣が連署するため、「半分国務ニシテ半分宮務ヲ内容トスル法規」は勅令ではなく、皇室令が穏当だとの論理を展開し、平沼も皇室令論に賛同した。

平沼によれば、「叙位ノ事ヲ内閣宮内省何レノ主管トスヘキカハ種々議論」があり、「天皇ノ大権ニ属スル栄典ハ今日モ現ニ勲章ト爵トニヨリ分レ」ている。統一するというのも一つの考えだが、「今日実際岐レ居ル」ものを理論上どちらかにすべきだという訳ではない。天皇の大権に属することは「凡テ国務」だとは限らず、「皇室ノ事務ニ属スルモノ」があっても、決して不当ではない。叙位の事務は「両方ニ跨ルモ」、一位については宮相が扱うべきであり、二位以下は「両方ニ分レ上奏ハ国務大臣ナルモ執行ハ宮相ノ職責」であるため、叙位は「皇室ノ事務ニ属スルモノト考フルヲ至当」だという。そのため、法令の形式は、公式令第五条によって皇室令であり、勅令では宮相が副署できないとする。消極的な賛同という形ではあるが、富井も二上説に賛同した。皇室令は「皇室ノ事務」だけに限定せず、「何レカ一面ニ於テ皇室ノ事務ニ関スルモノ」を皇室令とすることは差し支えないため、「実際ノ事務」を移すのは難しくても法規の形式は皇室令だというのである。関屋次官、入江、大谷の各委員や井上御用掛といった宮内省側も皇室令説に賛同した。

他方、山川法制局長官は勅令論を主張する。山川は、「叙位ハ栄誉大権ノ一トシテ国務大臣ノ補弼ニヨリ実行スルヲ穏当」だとした上で、「今迄ノ慣行」も無視すべきではないと指摘している。「憲法ノ理論ハ近来段々ヤカマシクナル故」、本来は叙位の事務も「国務ニ移スヘキ」であり、特に従来が勅令だったものを皇室令とするには「根本」を改める必要がある。「根本論ナレハ内閣ノ主管スヘキモノト考フル」が、「多年ノ慣行」もあって「理論ノミニヨルコト能ハサルヘシ」と山川は述べたものの、勅令説は、山川の他には倉富、馬場だけだった。

こうした議論の展開に、伊東総裁は、評決を保留し、山川、倉富とも協議することとした。ただし、伊東自身は元来、皇室令論だという。会議後、倉富は二上との会話[45]において、皇室に関係する勅令に宮相が副署するという規定を公式令に設けておけば良かったと語ったのだった。倉富の考えに対して二上は、奥田義人から聞いた話として、首相と宮相では権限は同一だが、実際は首相の方が優位にあるため、皇室に関係する勅令を設けた場合には多くのものが皇室令ではなく勅令となる可能性が考慮されたと紹介している。倉富は、皇室令は皇室の「私事」に限定されないものの、「皇室令万能主義」には反対だと考えていた。

総会での模様に反して、皇室令の形式による位階令の制定は実現しなかった[46]。三月一六日の第二回総会において、伊東総裁は、勅令論を主張する政府側から皇室令論への同意を得ることができなかったと述べ、次のように続ける。伊東の持論では、栄誉大権に属する事項である「位階モ勲章モ爵」は「皆其ノ事務ハ皇室事務」であり、宮内省において「総括管理」すべきであるため、位階令も皇室令で制定したい。ただし、これは栄誉大権に関する事務をすべて皇室の事務として宮内省の管理に置くという理想に基づくもので、現在の制度を「其ノ実体ヨリ変改」することが前提となる。もし、このように現行制度の改革を実行しようとすれば、宮内省当局の決心と相当の準備を要するが、今日の情勢では実行し難いというのは、既に各位が想察していることだろう。

総会は全会一致して勅令論に賛同した。倉富も「根本論」として宮内省に所管を移すのには賛成だとし、「爵位勲ノ三者」を統一した場合には、宮内省に併合することに異論はないと発言している。こうして、大正一五年一〇月二一日、位階令(勅令第三二五号)は公布に至った。

4 おわりに

本稿では、大正期に皇室制度関係法令の整備に関与した帝室制度審議会の活動の一つとして、位階に関する法令の位階令を取り上げた。さらに、位階令の制定の過程における論議の中でも、とりわけ内閣と宮内省の関係に留意して分析を加えた。

明治立憲制における位階は天皇の「栄典」の一つに数えられており、明治期には叙位条例が制定されていた。しかし、その制定の当初から、内閣と宮内省との間で管掌をめぐって錯綜が生じており、内閣と宮内省のどちらかに統一するという訳でもなく、時間の経過に伴う「慣例」の形成が生じた。叙位条例にかわる位階令案は、位階制度に関する具体的な規定についてはさておき、宮相や宮内省の役割および内閣と宮内省の関係については、現状のあり方を大きく変更するという意図はあまりなかった。

こうした中で大正後期には、内閣は「栄典」の再編を企図しており、栄誉大権への手入れと審議会による位階令の審議が同期する。加藤高明内閣による恩賞局構想に対して、枢密院は栄誉大権への理解などの理由から反対した。恩賞局構想それ自体は、加藤内閣の行う行政整理の中での位置付けは低いものだったようでもあり、枢密院側の意向に沿う形で撤回された。そもそも、恩賞局構想は、枢密院との交渉の手札として考慮されたものだったのかもしれない。しかしながら、内閣側の本意はどうであれ、内閣側の栄誉大権への関心は、宮内省側に危惧をもたらす。

審議会では、現状のあり方を維持した上で、できるだけ簡素に記述するという観点から、位階令を皇室令ではなく勅令形式とし、宮相の「奉行」規定を削除していた。とは言え、内閣側の動きを踏まえると、現状の維持は今後も自明ではなく、新たな法制化は、これまでの宮内省の権限や役割を変更する可能性を持ち得る。法令の形式的な要素に宮内省側がこだわりを見せたのは、「形式」が「実質」を規定する根拠となり得ることを危惧したと読むことができよう。

審議会という「会議」は、総裁の伊東巳代治や岡野敬次郎などの会議を主宰する側、宮内省、内閣、枢密院の関係者、そして各機関の利害から比較的に自由な立場で議論しようとする倉富勇三郎などの参加者で成り立っていた。位階令をめぐっても、宮相の役割、勅令・皇室令といった法令形式などの論点が、内閣と宮内省の関係や憲法と典範の関係を視野に入れた形で討議がなされていた。委員会で勅令と決した法令の形式が、総会では皇室令が大勢を示し、会議外のやり取りで再び勅令に落ち着く。この動きから、位階令をめぐって伊東総裁の審議会は、内閣と宮内省との間の調整を充分に行い得なかったと評することも可能だろう。ただ、あくまで審議会という空間での葛藤に留めることで、各機関同士による直截的な対立を防止する安全弁としての機能を一面では果たしたと捉えることもできよう。また、帝室制度調査局以来、皇室制度関係の法整備に関与してきた岡野の死去を受けて委員長を務めた倉富の差配も、混乱の一因のように思われる。

さらに言えば、こうした審議会などでの議論の存在は、明治立憲制における各機関や個人が、法制度の構築と運用を通じて天皇・皇室制度や宮中と各々との関係を積み重ねていったということを物語っているだろう。そして、この営みは、明治立憲制に限定されたものではなく、天皇・皇室制度が国家の統治のしくみから完全に自由ではない限り、継続を余儀なくされているのである。

※本稿の内容の一部は、二〇一六年度に東京大学に提出した博士論文「明治立憲制における宮中と府中の関係」に加筆・修正を行ったものである。

史料の引用に際しては、原則として、漢字は常用漢字に改め、仮名遣いはそのままとし、適宜句読点を補った。

宮内庁書陵部宮内公文書館所蔵の「特定歴史公文書等」については、宮(識別番号)「名称」と略記した。

参考文献　(「史料」は除外した)

今井清一「護憲三派内閣と行財政整理」『横浜市立大学論叢　人文科学系列』一六 - 一(一九六四年)
大塚美保「帝室制度審議会と鷗外晩年の業績」『聖心女子大学論叢』一一七(二〇一一年)
刑部芳則「栄典制度の形成過程」『日本史研究』五五三(二〇〇八年)
梶田明宏「酒巻芳男と大正昭和期の宮内省」近代日本研究会編『年報・近代日本研究』二〇(山川出版社、一九九八年)
川田敬一『近代日本の国家形成と皇室財産』(原書房、二〇〇一年)
国分航士「明治立憲制と「宮中」」『史学雑誌』一二四 - 九(二〇一五年)
坂本一登「新しい皇室像を求めて」近代日本研究会編『年報・近代日本研究』二〇(山川出版社、一九九八年)
島善高「明治皇室典範の制定過程」小林宏・島善高編著『日本立法資料全集』一六(信山社、一九九六年)
清水唯一朗『政党と官僚の近代』(藤原書店、二〇〇七年)
高久嶺之介「大正期皇室法令をめぐる紛争　上・下」『社会科学』三二・三四(一九八三年・一九八四年)
瀧井一博『伊藤博文』(中央公論新社、二〇一〇年)

奈良岡聰智『加藤高明と政党政治』（山川出版社、二〇〇六年）
西川誠「明治期の位階制度」『日本歴史』五七七（一九九六年）
西川誠「大正後期皇室制度整備と宮内省」近代日本研究会編『年報・近代日本研究』二〇（山川出版社、一九九八年）
西川誠「大正期の宮中席次」『日本歴史』六四八（二〇〇二年）
西川誠『天皇の歴史』七（講談社、二〇一一年）
原武史『皇后考』（講談社学術文庫、二〇一七年）
藤井譲治「明治国家における位階について」『人文学報』六七（一九九〇年）
三浦裕史「解説二　皇室法研究雑纂」穂積八束著『皇室典範講義・皇室典範増補講義』（信山社、二〇〇三年）
山口輝臣「宗教と向き合って」小倉慈司・山口輝臣『天皇の歴史』九（講談社、二〇一一年）
若月剛史『戦前日本の政党内閣と官僚制』（東京大学出版会、二〇一四年）

註

1――高久嶺之介「大正期皇室法令をめぐる紛争　上」『社会科学』三二、一九八三年、一八四頁。

2――明治立憲制の位階制度については、藤井譲治「明治国家における位階について」『人文学報』六七、一九九〇年、西川誠「明治期の位階制度」『日本歴史』五七七、一九九六年、西川誠「大正期の宮中席次」『日本歴史』六四八、二〇〇二年、刑部芳則「栄典制度の形成過程」『日本史研究』五五三、二〇〇八年などを参照。藤井は、位階制度を「官位勲爵」というすべての栄誉体系を束ねるものとして積極的に評価する一方、西川は、勲等と爵位などの創出に伴い、位階は近世期に比して栄典としての意義を低下させ、種々の栄典を統合するものは宮中席次だったと捉えている。
3――伊藤博文『帝国憲法皇室典範義解』国家学会、一八八九年、二七～二八頁
4――西川誠「大正後期皇室制度整備と宮内省」近代日本研究会編『年報・近代日本研究』二〇、山川出版社、一九九八年、一一二～一一三頁、一一六～一一七頁。
5――明治二〇年代の時系列および関連法令は、東京大学大学院法学政治学研究科附属近代日本法政史料センター原資料部所蔵「岡本愛祐関係文書」第一部(一)二六‐一「関係法令」、第一部(一)二六‐二「叙位ノ上奏ト位階奉宣」を参照。
6――調査局での位階令案の起草から上奏までの経緯は、宮93422「明治三十七年以降　議案経過摘要(帝室制度調査局)」、上奏後の調査は、宮91672「明治四一年以降　議案件銘」を参照。
7――春畝公追頌会編『伊藤博文伝』下、統正社、一九四〇年、四一八～四二六頁。
8――小林宏・島善高編著『日本立法資料全集』一七、信山社、一九九七年、八〇一～八〇三頁。
9――宮90068「位階令草案」。「議第一三二号」は複数の草案が残されており、内容から総会議の審議に先行する案と判断した。
10――二月九日は、宮90069「位階令草案」、宮90066「位階令草案」、二月二三日は、宮90070「位階令草案」、宮90067「位階令草案」を参照。なお宮90066には、「奉行」の説明として「事務ヲ行フノ意」との書き込みがある。
11――宮90071「位階令修正案」、宮90072「位階令修正案」。
12――宮90073「参考　位階令修正案」、宮90074「参考　位階令修正案」。
13――宮90075「位階令義解草案」、宮90076「位階令義解草案」。
14――宮90077「位階令義解修正案」、宮90078「位階令義解修正案」。

15――宮90079「位階令定本」。
16――前掲、西川「大正後期皇室制度整備と宮内省」九〇頁。
17――宮90060「位階令案」、宮90061「位階令案」。
18――宮90063「位階令案」、宮90065「位階令案」。宮90062「位階令案」などには「皇室令」と赤字で書き込みがなされている。
19――宮90064「位階令案」。
20――公式令の制定過程および関連する主な研究は、拙稿「明治立憲制と「宮中」」『史学雑誌』一二四‐九、二〇一五年を参照。
21――「公式令ヲ定ム」(国立公文書館所蔵「公文類聚」第三一編・明治四〇年・第一巻)。
22――前掲、『日本立法資料全集』一七、八三三～八三九頁、前掲、西川「大正後期皇室制度整備と宮内省」九〇～九一頁。
23――晨亭会編『伯爵伊東巳代治』下、一九三八年、三五頁、前掲、高久「大正期皇室法令をめぐる紛争上」一八二～一八四頁。
24――たとえば森鷗外は図書頭就任後、大正七年一月に御用掛になっている(大塚美保「帝室制度審議会と鷗外晩年の業績」『聖心女子大学論叢』一一七、二〇一一年、一〇五～一〇七頁)。
25――前掲、西川「大正後期皇室制度整備と宮内省」九二～九五頁。
26――審議会の委員会と総会の議事内容について、特に記していない場合には、「岡本愛祐関係文書」第一部〔二〕二一「帝室制度審議会ニ於ケル位階令案議事要録」からの引用である。
27――公式令第一七条①一位ノ位記ニハ親署ノ後御璽ヲ鈐シ宮内大臣年月日ヲ記入シ之ニ副署ス
②二位以下四位以上ノ位記ニハ御璽ヲ鈐シ宮内大臣年月日ヲ記入シ之ヲ奉ス五位以下ノ位記ニハ宮内省ノ

印ヲ鈐シ宮内大臣年月日ヲ記入シ之ヲ宣ス

28――各内閣の行政整理の試みについては「歴代内閣行政整理案要略」(国立公文書館所蔵「昭和財政史資料」第六号第四二冊)などを参照。

29――「叙位ニ関スル事務ヲ賞勲局ニ移管スルノ件」(同右所収、大正一二年七月二日委員会決定)。大正一二年八月、賞勲局官制を改正し、「位階ニ関スル事項」を移すとする法制局による閣議への上申も作成されている(「(内閣所属職員官制及賞勲局官制中改正ノ件)」国立公文書館所蔵「諸雑公文書」)。

30――「歴代内閣行政整理案」(国立公文書館所蔵「諸雑公文書」)所収「行政整理要目」中「乙　各庁ニ関スル行政整理事項」。

31――「内閣所属職員官制ヲ改正シ○内閣所属職員臨時増置ニ関スル件ヲ定メ○賞勲局官制中ヲ改正シ○法制局官制中ヲ改正ス」(国立公文書館所蔵「公文類聚」第四八編・大正一三年・第二巻)。加藤内閣の行政整理については、今井清一「護憲三派内閣と行財政整理」『横浜市立大学論叢　人文科学系列』一六‐一、一九六四年、奈良岡聰智『加藤高明と政党政治』山川出版社、二〇〇六年、清水唯一朗『政党と官僚の近代』藤原書店、二〇〇七年、若月剛史『戦前日本の政党内閣と官僚制』東京大学出版会、二〇一四年などを参照。

32――「恩給賞勲　両局は併合」『東京朝日新聞』大正一三年一〇月五日。「整理閣議で決した各省「局」の廃合」『東京朝日新聞』大正一三年一〇月一三日、「局課廃合各省決定」『東京日日新聞』大正一三年一〇月一三日なども参照。

33――内閣側の処置は「位階ニ関スル制度改正ニ関シ宮内次官宛照会ノ件」(国立公文書館所蔵「公文類聚」第四八編・大正一三年・第一四巻)、国立公文書館所蔵「件名録　甲号　上・内閣、宮内省、外務省」(大正一三年)を参照。

34――『枢密院会議議事録』三五、東京大学出版会、一九八六年、九五~九八頁。以後、公式令改正案をめぐる枢密院に関係する時系列は本書による。
35――「賞勲局は存続か」『国民新聞』大正一三年一一月一一日（夕刊）。
36――「師走を控へて整理颯々　枢府社会問題化を憂ふ」『東京日日新聞』大正一三年一一月二六日。
37――一一月二七日（第五回）と一一月二八日（第六回）の委員会の概略は、「各省官制通則中改正ノ件外二十七件（逓信省官制中改正ノ件委員会ノ第二回ヨリ続ク）（十一月二十一日（三回）～十二月十七日（十一回））」（国立公文書館所蔵「枢密院関係文書」枢密院委員会録・大正十三年）。
38――「手厳しい質問続出　委員会の審議」『東京日日新聞』大正一三年一一月二九日。委員会の反対論は、「恩賞局新設案に枢府反対猛烈　結局政府は撤回の決心」『東京朝日新聞』大正一三年一一月二九日も参照。有松の認識は、「有松英義略歴」大正一三年一一月二九日（東京大学法学部近代立法過程研究会「近代立法過程研究会収集資料紹介　一六」『国家学会雑誌』八六‐七・八、一九七三年、五三八頁）も参照。
39――「枢府の攻撃に堪へず　恩賞局案を撤回」『国民新聞』大正一三年一一月二九日。
40――「政府も過失承認」『国民新聞』大正一三年一一月二九日。
41――「恩賞局愈撤回」『国民新聞』大正一三年一一月三〇日。
42――「岡本愛祐関係文書」第一部（一）二六‐五「位階令案定本修正ニ対スル宮内省研究会議議事要録」。参加者は、大谷正男（参事官）、徳川頼倫（宗秩寮総裁）、倉富勇三郎（帝室会計審査局長官、枢密顧問官）、渡部信（参事官）、杉栄三郎（図書頭）　関屋貞三郎（宮内次官）、入江貫一（内蔵頭）である。
43――「岡本愛祐関係文書」第一部（一）二六‐六「帝室制度審議会特別委員会修正案ニ対スル宮内省側修正意見」、宮90086「位階令修正案」、「倉富勇三郎日記」大正一四年七月一四日条（国立国会図書館憲政資料室所蔵「倉富勇三郎関係文書」七‐七）。参加者は、倉富勇三郎、関屋貞三郎、入江貫一、仙石政敬（宗秩寮総裁）、大谷正男、杉栄三郎、酒巻芳男（参事官）、岩波武信（事務官）である。

44――宮90056「位階令案中修正意見」、宮90059「位階令案中修正意見」。「岡本愛祐関係文書」第一部（一二六‐六「帝室制度審議会特別委員会修正案ニ対スル宮内省側修正意見」。

45――「倉富勇三郎日記」大正一五年二月八日条（「倉富勇三郎関係文書」八‐二）。

46――三月一日、倉富は平沼から、内閣との協議で勅令となり、宮相も強いて皇室令論を主張しないとの情報を得ていた（「倉富勇三郎日記」大正一五年三月一日条「同右」八‐三）。

昭和

第9章

戦中期の天皇裕仁と皇太后節子

HARA Takeshi
原武史

1　はじめに

まずは、本章末の別表に掲げた「戦中期(1937~1945年)に戦地から帰還した軍人に面会した天皇裕仁(昭和天皇)と皇太后節子《さだこ》(貞明皇后)の日時一覧」を見ていただきたい。

この一覧表は、『昭和天皇実録』第七、第八、第九(東京書籍、二〇一六年)と宮内庁宮内公文書館に所蔵されている「貞明皇后実録」、『入江相政《すけまさ》日記』第二巻、「小倉庫次《くらじ》日記」、『東京朝日新聞』(四〇年九月より『朝日新聞』)、そして岡部直三郎、畑俊六、阿南惟幾《あなみこれちか》の日記により作成した。『昭和天皇実録』に明らかなように、戦中期に天皇に面会した軍人は、これがすべてではない。一覧表には、戦地から帰還し、天皇と皇太后の双方に会ったと見られる軍人だけが掲げられている。

ただしこの表は完璧ではない。なぜなら、「貞明皇后実録」には「○○ほか○名」とあるだけで、面会した軍人の氏名が全部記されていない場合があったり、全部記されている場合でも、同じ軍人が天皇に会ったと見られる日の『昭和天皇実録』には「○○ほか○名」としか記されていない場合が少なくないからだ。「貞明皇后実録」で皇太后に面会したことが判明している軍人が、それ以前に天皇にも面会したと思われるのに『昭和天皇実録』では記述が省略されていて、なおかつ他の史料によっても面会したかどうか確認ができない場合には、?を付けている。

当時の新聞で、戦地から帰還した軍人が皇太后に会っていると報道されているにもかかわらず、「貞明皇后実録」には記述自体がない場合もある。その場合は『昭和天皇実録』と新聞記事をもとに補った。「貞明皇后実録」は『昭和天皇実録』に比べると日が飛ぶことが多く、日々の記述も簡素なため、この表に掲げた以外にも軍人が天皇と皇太后の双方に会っていた可能性は大いにある。

以上のような点を留保しながら、この表をもう一度見ていただきたい。一見してわかるのは、一九三七（昭和十二）年七月の日中戦争の勃発から四五年八月のポツダム宣言の受諾に至るまでの戦中期に、天皇裕仁と皇太后節子の双方に会った軍人の人数が、判明しているだけでもおびただしい数にのぼっていることである。

戦地から帰還した軍人がまず参内し、天皇に戦況を報告するのは当然である。大日本帝国憲法のもと、天皇は陸海軍を統帥する大元帥と定められているからだ。しかしその後で、同じ軍人が皇太后の住む大宮御所や、皇太后の滞在する沼津御用邸をわざわざ訪れ、皇太后にも戦況を報告しなければならない義務はない。けれども実際には、南京が陥落した翌日の一九三七年十二月十四日から敗戦直前に当たる四五年七月十六日まで、ほぼ一貫して多くの軍人が天皇と皇太后の双方に会い続けている。まるで天皇の奥に皇太后が控えているかのような両者の関係が見えてくるのである。

この関係は、従来指摘されたことがない。

本稿では、日中戦争以前の戦争における天皇と皇后ないしは皇太后と、戦地から帰還した軍人との面会状況も踏まえつつ、戦中期の特徴を明らかにする。また双方に面会した軍人の日記を手掛かりにしながら、天皇と皇太后の軍人に対する態度の違いについても検討する。そして戦中期における皇太后の政治的役割を明らかにすることで、近代天皇制について従来とは違った見方を提示してみたいと思う。

2　日中戦争以前の戦争と皇后、皇太后

大日本帝国憲法のもと、大元帥として軍人を鼓舞すべき天皇とは異なり、皇后は戦争の際には天皇の後ろに控え、「銃後の守り」に徹するものとされた。具体的に言えば自ら包帯を調製し、ある

いは女官に調製させて陸海軍の戦傷将兵に下賜したり、病院を回って戦傷病者を慰問したりすることが、戦時下における皇后の役割とされたのである。日清戦争のときは確かにそうであった。しかし、日露戦争のときはそれだけではなかった。なぜなら、戦地から帰還した軍人が参内した際、天皇だけでなく皇后にも面会し、戦況を報告する場合があったからである。

一九〇四(明治三十七)年九月二十五日、韓国駐箚《ちゆうさつ》軍司令官の長谷川好道《よしみち》が参内して天皇睦仁《むつひと》(明治天皇)に会ったのに続いて、十月一日に皇后美子《はるこ》(昭憲皇太后)に会った。これ以降皇后は、全員ではないにせよ、天皇とともに戦地から帰還した軍人に面会し、「戦況を聞かせらる」(『昭憲皇太后実録』下巻)ようになる。

美子は長谷川に会ったさい、銀煙草入一個と金三百円を与えている(同)。戦地から帰還した軍人に対して、皇后や皇太后が銀煙草入や銀盃、万那料《まな》(祝い金)などを下賜する習慣は、太平洋戦争末期まで断続的に続くことになる。

参謀本部次長の長岡外史《がいし》は、同年十月十三日、十月三十日と続けて天皇と皇后に会い、戦況を報告している。一九〇五年四月二十五日には、体調を崩した天皇に代わり、皇后が宮中で戦地から帰還した閑院宮載仁《ことひと》親王に面会している。同年五月二十九日、三十日、三十一日には、海軍軍令部次長の伊集院五郎が三日続けて天皇と皇后に会い、日本海海戦の状況を報告している(同)。皇后美子は、日清戦争のときと同様、包帯を自ら調製したり、病院を訪れて戦傷者を慰問したりする一方、軍人と直接会うことで刻々と変わる戦況を正確に把握していたのである。

明治から大正になり、皇太后となった美子は、一九一二(大正元)年十二月に第三次桂太郎内閣が成立すると、天皇嘉仁《よしひと》(大正天皇)に続いて閣僚や前首相の西園寺公望に面会したものの、天皇睦仁と比べて政治的に未熟な嘉仁の後見役となり、嘉仁を直接指導するようにとの山県有朋や西園寺の依頼に対しては、「先帝の御戒に女は政事に容喙《ようかい》すべきものに非ずとあり、之を守りたし」(『原敬日記』第三巻)と述べてこれを断り、政治や軍事には関わらなくなる。そして一三年一月以降、沼津御用邸にほぼ引きこもるようになり、一四年五月、沼津で死去している。

美子に代わって皇后となったのが、嘉仁の妃、節子である。

一九一四年七月、第一次世界大戦が勃発する。翌月には日本軍が連合国の一員として宣戦し、ドイツの根拠地である中国の青島《チンタオ》やドイツ領南洋諸島に出兵した。これに伴い、節子もまた美子同様、自ら包帯を調製する一方、戦地に派遣した侍従武官や戦地から帰還した軍人に、天皇嘉仁とともに宮中でしばしば面会して戦況を聴取している(「大正天皇実録」および「貞明皇后実録」)。

注目すべきは、同年十一月の青島陥落以降、皇后が単独で戦地から帰還した軍人に会っていることである。一九一五(大正四)年一月十二日、天皇は避寒のため宮城を発ち、葉山御用邸に向かった。戦時下にもかかわらず、天皇は三月十九日まで東京に戻ることはなかった。皇后は当初宮城に残り、一月二十一日に南洋諸島から帰還した第一南遣枝隊司令官の山屋他人《たにん》と面会している。翌二十二日に葉山へ向かい、天皇と合流するが、葉山に滞在している間も一月二十六日には青島から帰還した歩兵第二十三旅団長の堀内文次郎と歩兵第二十四旅団長の山田良水《よしみ》に、二月二十日には同じく青島から帰還した独立第十八師団参謀長の山梨半造に、それぞれ面会している。

これらの軍人との面会は、「貞明皇后実録」だけに記述があり、「大正天皇実録」にはない。当時、天皇嘉仁が詠んだ漢詩を見る限り、天皇は戦争に乗り気ではなかった（原武史「孤影を追って――『大正天皇実録』をよむ」二）。勝敗が事実上決まった青島陥落以降、天皇は戦争に対する関心を失ったのに対して、皇后は依然として関心をもち続け、戦地から帰還した軍人に会い続けたように見える。一五年七月に妊娠（後に崇仁《たかひと》親王を出産）と診断されることで軍人との面会は途絶えるものの、天皇よりも皇后の方が戦況について詳しく知りたがっていたように思われるのである。

大正から昭和になり、節子は皇太后になるが、沼津に半ば隠退して政治家や軍人との接触を避けた皇太后美子とは異なり、節子は皇太后になっても東京の青山東御所、次いで大宮御所にずっと住み、元老の西園寺公望や歴代の首相、閣僚に会い続けた。

一例を挙げよう。一九三四（昭和九）年五月九日には、西園寺が午後一時半に宮殿の奥内謁見所で天皇裕仁と皇后良子《ながこ》（香淳皇后）、そして生まれたばかりの皇太子明仁に会ってから、二時に改めて御学問所一ノ間で天皇に会っている。天皇は西園寺に椅子を与え、西園寺は約十五分間にわたって言上している（『昭和天皇実録』同日条）。西園寺は、たとえ皇后に会ってもそこでは重要な話をせず、天皇だけに打ち明けているわけだ。

その六日後に当たる五月十五日午前十一時、西園寺は大宮御所で皇太后節子に会っている（『東京朝日新聞』一九三四年五月十六日夕刊）。このときの模様を、西園寺の秘書役であった原田熊雄は次のように記している。

十五日公爵が大宮御所で拝謁を賜はつた時、公爵から「同族の中にも、大いに国家のために働くやうな者が出なければなりません。そのためには近衛公爵の如きは、将来最も御奉公しなければならない人と思ひます。」と申上げたところが、皇太后様も非常に御満足のやうに見受けられ、近衛に相当に期待してをられる様子であつたといふ話を、公爵は自動車の中でされてゐた。（『西園寺公と政局』第三巻）

節子は九条家の出身で、九条は近衛とともに公家の最上位に当たる五摂家の一つであった。西園寺家は摂家に次ぐ清華家の一つであったが、ここで西園寺は同じ公家としての意識を節子に対してもっていた。そして「同族」の近衛文麿を将来の首相候補として持ち上げる西園寺に対して、節子もまた期待する旨の発言をしていたというのである。なお「貞明皇后実録」には、この日を含めて、西園寺と皇太后節子が会っていたという事実自体が全く記されていない。

一九三一年に満洲事変が勃発し、翌年に「満洲国」が成立すると、皇太后は戦地や満洲に派遣した侍従武官や、戦地や満洲から帰還した軍人にも会うようになる。政治家との面会をほとんど記していない「貞明皇后実録」にも、軍人との面会に関する記述は頻繁に出てくる。

一九三二年を例に挙げれば、皇太后は三二年四月五日に上海から帰還した第十一師団長の厚東篤《こうとうとく》太郎《たろう》に、四月七日に侍従武官の阿南惟幾に、六月二十五日に上海などから帰還した上海派遣軍司令官代理の植田謙吉、第三艦隊司令官の野村吉三郎、第二十師団長の室兼次に、九月九日に満洲から帰還した前関東軍司令官の本庄繁、前独立守備隊司令官の森連《むらじ》、前騎兵第一旅団長の吉岡豊輔、前歩兵第八旅団長の村井清規《せいき》、前関東憲兵隊長の二宮健市にそれぞれ面会している。

これらの軍人は、いずれもまず天皇に会ってから皇太后に会っている。本庄、森、吉岡、村井、二宮の場合、九月八日に宮殿の御学問所で天皇に会ってから、奥内謁見所で皇后にも会った。その後、豊明殿で午餐をともにしてから、「千《ち》種《ぐさ》ノ間」で改めて天皇と面会している。このとき天皇は、彼らにコーヒーや煙草を与えながら「満洲事情」を聴取している。『昭和天皇実録』同日条には、「その際、本庄に対し、満洲人に独立の意志なし、あるいは関東軍が計画的になしたるものであるとの風聞に関し、その真偽を質される」とある。同席した侍従武官長の奈良武次は、「聖上の本庄元司令官に御下問は稍《やや》適当ならざる点ありたるが如し」と日記に記している（『侍従武官長奈良武次日記・回顧録』第三巻）。午前の天皇との面会は多分に形式的なものであり、午後の天皇との面会で突っ込んだやりとりが交わされていたのがわかる。

本庄、森、吉岡、村井、二宮が大宮御所で皇太后に会ったのは、翌日の九月九日であった。本庄の日記には、八日に「午前十一時拝謁、軍状復奏後御勅語及御下賜品ヲ拝受、引続キ皇后陛下ニ拝謁、御令旨《りょうじ》及御下賜品ヲ賜ハル」「正午御陪食ヲ賜フ」とあり、九日に「午前十一時皇太后陛下ニ拝謁、御令旨及御下賜品ヲ給ハリ且ツ午餐頂戴」とある(『本庄繁日記　昭和五年～昭和八年』)。彼らは天皇ばかりか、皇太后とも午餐をともにしたのである。おそらく、皇太后は皇太后で、彼らから「満洲国」の事情について探るべく、機会をうかがっていたのだろう。

一九三五年四月六日、「満洲国」皇帝溥儀が来日し、宮殿の「鳳凰ノ間」で天皇と皇后に面会した。その翌日、溥儀は大宮御所を訪問し、皇太后と面会する。拙著『皇后考』で詳説したように、溥儀は天皇よりはむしろ、あたかも「母」として振る舞う皇太后の方に強い印象を受けることになる。

二・二六事件が起こった直後の一九三六年三月九日、広田弘毅《こうき》内閣が成立する。天皇は親任式で新閣僚に順次会い、人事内奏を受けた(『昭和天皇実録』同日条)。ところがその翌日、皇太后は前例のない行動に打って出る。まるで前日の再現を見るかのように、皇太后は大宮御所を訪れた新閣僚に一人ずつ会い、激励の言葉をかけたのである。その模様は、新聞にも大きく報道された。

皇太后陛下には今回の不慮の事件に深く御心を悩ませ給うたが広田新内閣の親任式も終り十日午後二時広田首相を始め閣僚十一名が打ち揃つて御礼言上の為大宮御所に伺候する事を聴《きこ》し召《め》され、畏くも一同に賜謁の旨仰せ出だされ、謁見所において約十五分間にわたり閣僚ひとり〳〵に賜謁、親しく御仁慈深き御いたはりの御言葉を賜はつたので各大臣は深く感激して御前を退下した。これまでの例によると親任式後各閣僚は大宮御所に伺候御礼を記帳する事になつてゐたが今回のやうに単独拝謁を許され閣僚の御礼言上に対し親しく御言葉を賜はつたのは空前の事と承る（『東京朝日新聞』一九三六年五月十一日）

これに相当する記述は、「貞明皇后実録」にもある。「内閣総理大臣兼外務大臣広田弘毅以下国務大臣十一名、新任御礼ノ為参殿セルニヨリ謁ヲ賜ヒ、且特ニ激励ノ御言葉ヲ賜フ。蓋シ異例ノコトナリ」（同年三月十日条）。日々の出来事を淡々と記すだけの「貞明皇后実録」が、その原則を破り、わざわざ「蓋シ異例ノコトナリ」と一言加えていることに注目しないわけにはいかない。

広田内閣の閣僚たちは、大宮御所を訪れてから、西園寺のもとへも挨拶にやって来た。このときの模様を、原田熊雄はこう述べている。

公爵の所に各大臣が挨拶に来た中に、前田〔米蔵〕鉄道大臣の如きはいきなり眼鏡をはづして

声を出して泣いてゐる。それで「どうしたんだ」ときくと、

「実はいま、大宮御所に出たところ、各閣僚が皇太后様から単独拝謁を賜はつたが、自分には『このたびはお上も非常な御苦労であつた。今度お前が鉄道大臣に就任したといふことだが、時局重大の時に一層身体を大切にして、お国のために尽してくれ』といふお言葉があつた。非常に有難くて、感激に堪へない。みんなにお言葉があつたので、みんながおんなじやうに感激して、期せずして一生懸命にやらうといふ気持になつた。」

といふ話であつた。(『西園寺公と政局』第五巻)

皇太后美子とは対照的な皇太后節子の態度を聞くに及び、西園寺の胸中には危惧が生まれたはずだ。西園寺が同年六月二十七日に語った「…皇太后様を非常に偉い方のやうに思つてあんまり信じ過ぎて…といふか賢い方と思ひ過ぎてをるといふか、賢い方だらうがとにかくやはり婦人のことであるから。よほどその点は考へて接しないと、陛下との間で或は憂慮するやうなことが起りはせんか。自分は心配してをる」(同)という言葉に、そうした危惧がにじみ出ている。

3　軍人の日記に見る戦中期の天皇と皇太后

前節で見たように、日中戦争が勃発したのは、皇太后節子の権力が増大しつつある時期に当たっていた。すでに皇太后は、満洲事変の直後から戦地や満洲から帰還した軍人に断続的に会い続けていたが、日中戦争と太平洋戦争はその回数を激増させ、別表に掲げたごとく、ほぼ毎月のように軍人に会うようになるのである。以下では軍人の日記を通して、具体的に天皇と皇太后の面会の様子を探ってみたい。

前駐蒙軍司令官の岡部直三郎は、日中戦争の戦地から海路経由で一九四〇年十月二十一日に神戸に上陸し、横浜から東京に戻った十月二十四日の午前十時、宮殿の御学問所で前南支那方面軍司令官の安藤利吉らとともにまず天皇裕仁に面会した。そのときの模様を、岡部はこう記している。

> 十時、安藤中将まず上奏。次いで予は侍従武官に案内せられ御座所に入る。陸相、総長及び侍従武官侍立す。上奏文を半ば朗読、半ば口語にて奏上。恐懼のため、ややもせば平静を失わんとせしもよく自制、滞りなく上奏を終り、最敬礼を行いし時、陛下より「御苦労であった」との旨のお言葉あり、恐懼感激して退下す。（『岡部直三郎日記』）

続いて岡部は、奥内謁見所で皇后良子に面会している。

次いで大奥に参入、皇后陛下に拝謁を仰せ付けらる。
予の出征以来の戦歴、並びに在任間将兵に賜いたる御下賜品に対する御礼を言上し、退出せんとする時、
陛下より
長いこと御苦労であった。功績を樹てて帰還したことを喜ぶ。今後も自愛して、奉公するように。
の趣旨の有難きお言葉あり。（同）

天皇と皇后から言葉をかけられたとはいえ、どちらも内容は儀礼的で、形式的なやりとりしか交わされていなかったことがわかる。おそらくどの軍人に対しても、天皇と皇后は同じことを言っていたに違いない。

正午になると、宮殿の豊明殿で午餐会があり、岡部は天皇とともに昼食をとった。そして午後にはまた天皇と面会している。

食後、千種の間に於て各帰還将官に、コーヒー、煙草を賜わり、且つ各人より約三分間宛《あてて》談話を御聴取遊ばさる。予は蒙古人啓発問題につき、その片鱗を申上ぐ。全員一四名の談話のことなれば、延べ時間約一時間に及ぶ。これがため、行事の時間、約四十分延長す。(同)

ここでは、儀礼的な態度に終始した午前中の天皇とは打って変わった姿が記されている。先に見た本庄繁と同じように、午後になってから天皇と岡部の間に本質的なやりとりが交わされたのである。天皇は一人ひとりの軍人から具体的な話を聞くため、予定の時間が延びることも厭わなかったのだ。

二日後の十月二十六日午前十時四十分、岡部は大宮御所を訪れ、謁見所で皇太后に面会して戦況を報告した。謁見所は八畳と六畳の二間しかなく、「甚だ手狭し」と感じられた。皇太后は岡部に、こう語りかけた。

長い間満支方面に転戦、ご苦労であった。このたび帰還、天皇陛下に復命、陛下に於かせられても、御満足にあらせらるるであろう。
詳しく現地の事情を聴き、蒙疆《もうきょう》の治安もよくなりつつあり、との事にて結構の事なり。

永久王の事については、終始十分配慮し呉れ、又至急帰還の手配が出来て、好都合であった。戦死もやむを得ないことである。

陛下に対し、今後も十分奉公するように。（同）

永久王というのは、駐蒙軍参謀として蒙疆（内蒙古中部）の張家口で防空演習を視察していた際、墜落した飛行機に衝突され、九月五日に死去した皇族、北白川宮永久王のことである。本来は事故死なのだが、皇太后は「戦死」と述べている。

儀礼的なことしか言わない皇后とは対照的に、皇太后は具体的に自らの感想を話している。宮殿の御学問所や奥内謁見所よりも狭い空間で、一人ひとりの軍人の顔を見据えながら、それぞれ全く違う言葉をかけていた様子が伝わってくる。

次に、中支那派遣軍司令官や支那派遣軍総司令官として日中戦争を指揮した畑俊六の日記を見てみよう。畑は三九年一月三日に日中戦争の戦地から海路経由で福岡県の門司に上陸し、六日に神奈川県の国府津《こうづ》から東京に戻り、宮殿の御学問所で天皇に面会している。

御馬車にて参内、十一時三十分上奏す。優渥《ゆうあく》なる勅語を賜ふ。恐懼《きょうく》何ぞ堪えん。皇后陛下は御懐妊の為拝謁なし。言上書を奉り御沙汰を賜ふ。（『続・現代史資料4　陸軍　畑俊六日記』）

皇后は常に天皇に続いて面会したわけではなかった。畑が参内したときは「御懐妊」が理由で、三月二日に貴子内親王を出産することになるが、欠席の理由は懐妊だけではなかった。例えば天皇が前第一遣支艦隊司令長官牧田覚三郎に面会した四三年三月十八日には、皇后はジフテリアにかかっていて面会できなかったのに対して、皇太后は同じ日に大宮御所で面会している。また天皇が前十二軍司令官喜多誠一らに面会した一九四四年三月三日には、皇后は侍従の小倉庫次によれば「少々御腹痛」(『小倉庫次日記』)のため欠席している。侍従の入江相政が「御言葉、賜物は侍従長より伝達」(『入江相政日記』第二巻)と記したように、このときは侍従長の百武三郎が皇后の「御言葉」を代読した。もちろん皇太后は、三月四日に大宮御所で喜多らに面会している。

畑の日記に戻ろう。正午に天皇と午餐をともにしてからが、いよいよ参内した本来の目的を果たすべき時間となる。

御陪食后《ご》漢口作戦の一二に就て言上し、陛下よりも種々御下問あり。廬山に於ける外人の状況、第百六師団の状況、上海の復興状況、治安の状況等中々微に入り細に亘り御下問ありたるは恐縮したる次第なり。(『続・現代史資料4』)

やはり岡部と同じく、午後になって重要なやりとりが天皇との間に交わされていたことがわかろう。畑はこの三日後に当たる一月九日に大宮御所を訪れ、皇太后に面会して同じく戦況を報告している。

午前十一時大宮御所にて皇太后陛下に拝謁言上をなし、難有《ありがた》き令旨あり。特に国際関係にて種々配慮ありたるべしとの御言葉には恐縮せり。（同）

これもまた、皇太后の「御言葉」が単なる儀礼的なものではなかったことがわかる記述である。「国際関係に種々配慮ありたるべし」という発言には、明らかに政治的なニュアンスが漂っているからだ。

実はこの直前に内閣交代があった。一月四日に第一次近衛文麿内閣が総辞職し、翌五日に平沼騏一郎内閣が成立していた。皇太后は三八年十一月十三日に大宮御所で近衛首相に面会し、「どうか難局をぜひ一つ充分切抜けてもらふやうに頼む、まことに陛下もお並々ならぬ御心配であるから、どうか陛下を輔けて」と涙ながらに語るとともに、「国家のために大いに自重するやうに」と激励し、「辞めないやうに」と本音を漏らしていた（『西園寺公と政局』第七巻）。つまり近衛から平沼への内閣交代は、皇太后にとって期待を裏切られる結果となったわけだ。

皇太后の発言を聞いた元老の西園寺公望は、「近衛はなぜどういふ御用でお召しか、といふことを伺つて、さうしてもしそれが政治上のことならば『伺へない』と言つてお断りしなかつたか」(同)と述べて、不快感をあらわにした。西園寺は皇太后が近衛を呼び、政治的な発言をしていることや、近衛が皇太后の発言に舞い上がっていることを危惧していたのである。

だが西園寺は四〇年十一月二十四日、隠棲していた静岡県興津《おきつ》の坐《ざ》漁荘《りょうそう》で死去する。西園寺の死は、皇太后の権力を阻む最大の障壁がなくなったことを意味していた。四一年十二月八日には陸軍と海軍がそれぞれ同時にマレー半島とハワイ真珠湾を奇襲して太平洋戦争が勃発し、戦線が一気にアジア太平洋全体へと拡大したが、四二年六月のミッドウェー海戦以降、戦局は大きく転換する。

皇太后は、太平洋戦争勃発直後の四一年十二月から四二年十二月まで、まる一年間にわたって疎開という名目で東京を離れ、沼津御用邸に滞在していた。その背景には、皇太后を軍人から遠ざけようとする天皇の意向があった。確かにその間、軍人との面会はほぼ途絶えたが、十二月五日に大宮御所に戻るや、それを待っていたかのように戦地から帰還した軍人が次々と訪問した。「貞明皇后実録」によれば、十二月十四日に四人、二十一日に八人、二十二日に七人の軍人が皇太后に面会し、戦況を報告している。

再び畑俊六の日記に戻ろう。支那派遣軍総司令官としての任務を終えた畑は、教育総監に転任したのに伴い、四四年十二月四日に上海から空路経由で帰国し、立川飛行場に降り立った。その二日後の十二月六日、畑は戦況を報告するため、午前は宮殿で天皇と皇后に、そして午後は大宮御所で皇太后に続けて会っている。

午前十時参内、御学問所に於て四年間絶て拝せざりし天顔を拝し奉り、此苛烈なる戦局に御軫《しん》念《ねん》最深きことゝ拝察したるに拘《かかわ》らず、割に御やつれもなき天顔を拝し奉り恐懼感激に堪へず、約十五分に亘り上奏后、誠に優渥にて勿体なき勅語を拝し唯々恐懼して御前を退下、続て皇后陛下に拝謁、言上の后永々の勤務御苦労なり、又戦果も上りて結構なるが尚此上とも奉公を致す様にとの難有令旨を拝し、終りて賢所参拝（中略）。

午后は三時宿舎を出で青山大宮御所に参入、皇太后陛下に拝謁被仰付《おおせつけられ》、言上の后特に御椅子を賜はり長時間種々御下問に奉答、主として支那の状況、一号作戦等に関し御下問あり、中々御承知なるには恐懼の外なし。此度無事御凱旋になりて結構なり、天皇陛下にも復命を聞召《きこしめ》され定めし御満足なるべし、此後とも教育総監として十分御奉公致す様にと難有き御言葉を賜はり、長時の拝謁の后退下。（『続・現代史資料4』）

三九年に面会したときと比べて、大きな変化が生じているのがわかろう。三九年には午前、午餐、そして午後と三回あった天皇との面会は、午前の一回だけになっている。

四四年十一月二十日の午前十時に前二十七師団長の竹下義晴らに天皇が面会し、午餐をともにし、食後に改めて面会して「千種ノ間」で茶菓を出しながら戦況を聴取したのを最後に、午餐と午後の面会がなくなった。畑が天皇と午餐をともにすることはなく、午後に改めて会い、やりとりを交わすこともできなくなったのである。

この結果、天皇と会っている時間はせいぜい十五分あまりだけになり、上奏に対して勅語を下賜されるという、形式的なものにすぎなくなっている。続いて会った皇后の言葉もまた多分に儀礼的なもので、先に見た岡部直三郎が面会したときと同様、他の軍人との違いがあるようには見えない。畑は日を空けることなく、同じ日の午後に大宮御所を訪れ、皇太后にも会っている。天皇に午後改めて会えなくなるのは、皇太后との面会を控えていたからともいえる。これもまた三九年に面会したときとは違っていた。畑が天皇と皇太后に面会した四四年十二月以降、皇太后は必ず、軍人が午前に天皇と面会したのと同じ日の午後、大宮御所で同じ軍人に会うようになる。

皇太后は畑に椅子を与え、長時間にわたって質問している。一号作戦というのは、四四年四月十七日から十二月十日にかけて、畑が中国戦線で指揮し、大きな損害を受けながらも勝利を収めた「大陸打通作戦」を意味する。「中々御承知なるには恐懼の外なし」というのは、おそらく畑の本音であろう。天皇や皇后とは全く違ったやりとりが皇太后との間に交わされていたのは、想像に難くない。

皇太后節子は畑から報告を聞き、中国戦線における勝利を喜ぶとともに、戦争そのものの勝利をも確信していた。皇太后は、儀礼的な発言を繰り返すだけの天皇裕仁や皇后良子に代わり、軍人を積極的に鼓舞し続けた。拙著『昭和天皇』や『皇后考』で詳説したように、空襲が激化し、具体的な終戦工作が始まる四五年になると、彼女のそうした振る舞いが天皇側近や皇族の間でもしだいに問題になってゆく。

4 おわりに

一九四三(昭和十八)年三月二十九日の午後二時、首相の東条英機は諮問機関である内閣顧問の会議に出席した。四時に会議を中座して参内し、御学問所で天皇裕仁に「満洲国」出張と一時から官邸で開かれた大本営政府連絡会議の決定事項などを十五分間報告している。皇后良子には面会していない(伊藤隆他編『東条内閣総理大臣機密記録』および『昭和天皇実録』同日条)。

翌三十日、東条は午後二時三十分から官邸で開かれた閣議に出席した。三時に閣議を中座して大宮御所を訪れ、三十分間にわたって皇太后節子に面会した(『東条内閣総理大臣機密記録』)。面会した時刻のせいだろうか、皇太后は東条に菓子などを与えている(「貞明皇后実録」同日条)。

三月三十一日から四月五日まで「満洲国」に出張した東条は、六日の午前九時に参内し、御学問所で一時間二十分にわたって天皇に報告した。次いで午後三時、大宮御所を訪れ、二十分にわたって皇太后に報告した。八日には皇太后から、皇太后宮太夫を通して「こちらに帰朝匇々、疲れて居られる所、来られて委しく御話をして下さつて満足に思つて居ります。幾分疲れて居らるる様に見られたが、其の後総理には障りはないだろうか。大事な秋大変忙しい様であるが、呉々も無理をせぬ様に気を付けられ度い」という言葉をかけられ、鴨などを与えられている。九日の午前九時、東条は再び大宮御所を訪れ、前日の御礼の記帳をしている(『東条内閣総理大臣機密記録』)。

皇太后節子は、昭和天皇の母であるばかりか、「満洲国」皇帝溥儀の「母」として、東条の上に君臨している。東条は、閣議を中断してでも皇太后に会わなければならなかったのだ。「陛下との間で或は憂慮するやうなことが起りはせんか。自分は心配してをる」と述べた元老西園寺の危惧は的中したのである。

天皇裕仁は、沖縄で激しい地上戦が繰り広げられていた一九四五年六月十四日、皇后良子とともに五月の空襲で全焼した大宮御所を訪れ、皇太后節子に軽井沢へ疎開するように求めた。天皇は、四一年十二月から四二年十二月にかけて皇太后を沼津御用邸に疎開させたときと同様、皇太后を軍人から遠ざけようとしたのである。けれども皇太后はこれを拒絶して東京にとどまり、戦地から帰還した軍人に会い続けた。

天皇が戦争を終結させる決意を固めたのは、大宮御所を訪れた直後であった。七月には近衛文麿を特使としてモスクワに派遣し、ソ連に和平の仲介を依頼しようとした。だがその一方、天皇は四五年七月三十日に宇佐神宮に、八月二日に香椎宮にそれぞれ勅使を参向させ、敵国撃破を祈らせようとしていたことが、『昭和天皇実録』同年七月三十日条から初めて明らかとなった。

宇佐神宮の主祭神が応神天皇、香椎宮の主祭神が神功《じんぐう》皇后であることを踏まえると、これは神功皇后が応神天皇を妊娠したまま朝鮮半島に出兵し、勝利をおさめたとされる「三韓征伐」を念頭に置いていたとしか考えられない。アマテラスに戦勝を祈願してきた天皇が突然こうした行動に出ることはあり得ず、神功皇后に強い思い入れをもち、戦勝にこだわる皇太后の意向が反映していると見るべきだろう。敗戦の直前まで、天皇は皇太后の意向に逆らうことができず、皇太后は折口信夫が「女帝考」で言うところのナカツスメラミコト（中皇命、中天皇）として、天皇を上回る権力を保ったのである。

参考文献

『昭和天皇実録』第六、第七、第八、第九（東京書籍、二〇一六年）
「貞明皇后実録」（宮内庁宮内公文書館所蔵）
『昭憲皇太后実録』下巻（吉川弘文館、二〇一四年）

「大正天皇実録」(宮内庁宮内公文書館所蔵)
『原敬日記』第三巻(福村出版、一九六五年)
原田熊雄述『西園寺公と政局』第三巻、第五巻、第七巻(岩波書店、一九五一年)
『侍従武官長奈良武次日記・回顧録』第三巻(柏書房、二〇〇〇年)
『本庄繁日記　昭和五年~昭和八年』(山川出版社、一九八三年)
阿南惟幾「駐満日誌　大東亜戦争八」(国立国会図書館憲政資料室所蔵「阿南惟幾関係　文書55」所収)
『岡部直三郎大将日記』(芙蓉書房、一九八二年)
『続・現代史資料4　陸軍　畑俊六日誌』(みすず書房、一九八三年)
「小倉庫次日記」(私蔵)
『入江相政日記』第二巻(朝日文庫、一九九四年)
伊藤隆編『東条内閣総理大臣機密記録』(東京大学出版会、一九九〇年)
折口信夫「女帝考」(安藤礼二編『折口信夫天皇論集』、講談社文芸文庫、二〇一一年所収)
原武史『皇后考』(講談社学術文庫、二〇一七年)
原武史『昭和天皇』(岩波新書、二〇〇八年)
原武史「孤影を追って――『大正天皇実録』をよむ」一二(『論座』二〇〇三年七月号所収)

別表　戦中期に戦地から帰還した軍人に面会した
天皇裕仁（昭和天皇）と皇太后節子（貞明皇后）の日時一覧 **1**

年	氏名	役職	天皇と会った日時	皇太后と会った日時
一九三七年	永野修身	前連合艦隊司令長官	一二月一三日正午	一二月一四日
	吉田善吾	連合艦隊司令長官	同右？	同右
一九三八年	谷寿夫	前第六師団長	一月二七日一一時	一月二八日
	重藤千秋	前台湾守備隊司令官	同右	同右
	小林宗之助	前第九戦隊司令官	二月一七日一一時	二月二二日
	鳩彦王	上海派遣軍司令官	二月二六日一四時三一分	二月二八日
	松井石根	中支那方面軍司令官	同右	同右
	柳川平助	第一〇軍司令官	同右	同右
	塚田攻	中支那方面参謀長	同右	同右
	飯沼守	上海派遣軍参謀長	同右？	同右
	田沼盛武	第一〇軍参謀長	同右？	同右
	山室宗武	第一一師団長	三月一八日一一時	三月一九日
	酒井鎬次	前独立混成第一旅団長	四月四日一一時	四月五日
	本多政材	前歩兵第二旅団長	同右	同右
	博義王	第六駆逐隊司令	四月一八日午後	四月一八日
	細萱戊子郎	第四水雷戦隊司令官	四月一九日一一時一五分	四月二三日
	長谷川清	前支那方面艦隊司令長官 兼第三艦隊司令長官	五月五日一〇時	五月五日一二時半
	大川内伝七	前上海海軍特別陸戦隊司令官	同右	同右
	杉山六蔵	前支那方面艦隊参謀長	同右	同右

年	氏名	役職	天皇と会った日時	皇太后と会った日時
一九三八年	西尾寿造	前第二軍司令官	五月一二日一〇時半	五月一八日
	長谷川清	前支那方面艦隊司令長官兼第三艦隊司令長官	五月二三日正午	五月二三日
	大川内伝七	前上海海軍特別陸戦隊司令官	同右	同右
	杉山六蔵	前支那方面艦隊参謀長	同右	同右
	三並貞三	前第二連合航空隊司令官	五月二三日一一時、正午	同右
	戸塚道太郎	第一連合艦隊司令官	五月二三日正午	同右
	春仁王	陸軍騎兵中佐	五月三一日午後	六月一日
	香月清司	前第一軍司令官	六月一三日一一時	六月一四日
	東条英機	前関東軍参謀長	同右	同右
	鋤柄玉造	前第三潜水戦隊司令官	六月三〇日一〇時半	七月二日
	磯谷廉介	前第一〇師団長	七月八日一一時	七月九日
	土肥原賢二	前第一四師団長	同右	同右
	川岸文三郎	前第二〇師団長	七月一九日一〇時半	七月二〇日
	牛島貞雄	前第一八師団長	同右	同右
	下元熊弥	前第一〇八師団長	同右	同右
	値賀忠治	前第三飛行団長	八月一六日一一時	八月一九日
	豊田副武	前第四艦隊司令長官	一一月三〇日正午	一二月三日
	小沢治三郎	前第八戦隊司令官	同右	同右

別表　戦中期に戦地から帰還した軍人に面会した天皇裕仁（昭和天皇）と皇太后節子（貞明皇后）の日時一覧 2

	鮫島具重	前第四航空戦隊司令官、前第一三戦隊司令官	同右	同右
	大熊政吉	前第二水雷戦隊司令官	同右	同右
	吉田庸光	前第一水雷戦隊司令官	同右	同右
	古荘幹郎	前第二一軍司令官	一二月二日一五時	一二月九日
	寺内寿一	前北支那方面軍司令官	一二月一二日一〇時半	一二月一三日
	山岡重厚	前第一〇九師団長	同右	同右
	塩沢幸一	前第五連隊司令長官	一二月二一日九時五〇分	一二月二三日
	稔彦王	第二軍司令官	一二月二一日一五時	一二月二二日
一九三九年	畑俊六	前中支那派遣軍司令官	一月六日一一時半	一月九日一一時
	細萱戊子郎	第一航空戦隊司令官	一月九日一一時	一月一二日
	塚原二四三	前第二連合航空隊司令官	同右？	同右
	近藤英次郎	前第一一戦隊司令官	同右？	同右
	鈴木新治	前第一一連合特別陸戦隊司令官	同右？	同右
	藤森清一朗	前第一〇戦隊司令官	同右？	同右
	園田滋	前第一一根拠地隊司令官	同右？	同右
	寺田幸吉	前第三航空戦隊司令官	同右？	同右
	後藤英次	前第五水雷戦隊司令官	同右？	同右
	戸塚道太郎	前第一一連合航空隊司令官	同右？	同右
	前田利為	前第八師団長	二月二日一一時	二月一〇日
	安藤三郎	前第二飛行集団長	同右？	同右

年	氏名	役職	天皇と会った日時	皇太后と会った日時
一九三九年	藤田朋	前第四飛行団長	同右？	同右
	秦雅尚	前独立混成第五旅団長	三月七日一〇時	三月九日
	河辺正三	前中支那派遣軍参謀長	同右	同右
	伊東政喜	前第一〇一師団長	四月六日一〇時半	四月一〇日
	末松茂治	前第一一四師団長	同右	同右
	波田重一	元波田支隊長	六月二六日一一時	六月二六日
	三宅俊雄	前第一〇四師団長	同右	同右
	河村董	前独立混成第四旅団長	同右	同右
	清水喜重	前第一一六師団長	同右	同右
	松浦淳六郎	前第一〇六師団長	同右	同右
	徳川好敏	前航空兵団司令官	同右	同右
	吉住良輔	第九師団長	七月五日一一時	七月六日
	李王垠	近衛歩兵第二旅団長	八月七日一三時半	八月九日一四時半
	藤江恵輔	第一六師団長	八月一〇日一一時半	八月一二日
	中島今朝吾	前第四軍司令官	九月一五日一〇時三五分	九月一九日
	杉山元	前北支那方面軍司令官	九月二五日一〇時半	九月二九日
	常岡寛治	元独立混成第二旅団長	同右	同右
	上野亀甫	前独立混成第二旅団長	同右	同右
	近藤信竹	前第五艦隊司令長官	一〇月一三日一〇時	一〇月一六日
	山田乙三	元中支那派遣軍司令官	同右	同右

別表　戦中期に戦地から帰還した軍人に面会した
天皇裕仁（昭和天皇）と皇太后節子（貞明皇后）の日時一覧 3

吉本貞一	前中支那派遣軍参謀長	同右？	同右
飯田祥二郎	台湾混成旅団長	同右？	同右
本郷義夫	第四飛行団長	同右？	同右
佐々木到一	第一〇師団長	一〇月一六日一〇時半	一〇月一八日
牛島実常	前第二〇師団長	同右	同右
阿南惟幾	前第一〇九師団長	同右？	同右
沢田茂	前第四師団長	同右？	同右
桑折英三郎	前第一連合特別陸戦隊司令官	一〇月一八日午前	一〇月二一日
荻洲立兵	前第六軍司令官	一一月二〇日一〇時半	一一月二一日
日比野正治	第四艦隊司令長官	一一月二九日一一時	一二月五日
塚原二四三	前第一連合航空隊司令官	一二月八日一一時三分	一二月九日
宮田義一	前第三根拠地隊司令官	同右？	同右
宍戸好信	前上海海軍特別陸戦隊司令官	同右？	同右
草鹿任一	前第一航空戦隊司令官、支那方面艦隊参謀長	同右？	同右
太田泰治	前第四根拠地隊司令官	同右？	同右
杉山六蔵	前第一一戦隊司令官	同右？	同右
鋤柄玉造	前第二根拠地隊司令官	同右？	同右
河瀬四郎	前第五水雷戦隊司令官	同右？	同右
伍賀啓次郎	前第一根拠地隊司令官	同右？	同右
山県正郷	前第三連合航空隊司令官	同右？	同右

年	氏名	役職	天皇と会った日時	皇太后と会った日時
一九三九年	江橋英次郎	前航空兵団司令官	一二月一四日一〇時	一二月一四日
	小松原道太郎	前第二三師団長	同右	同右
	柳下重治	前独立混成第三旅団長	同右？	同右
	吉田悳	前騎兵集団長	同右？	同右
	菅原道大	前第三飛行団長	同右？	同右
	南雲親一郎	前独立混成第一五師団長	同右？	同右
	戸塚道太郎	第二航空戦隊司令官	一二月一五日一〇時	一二月一六日
	桑木崇明	前第一一〇師団長	一二月二一日一〇時半	一二月二一日
	稲葉四郎	前第六師団長	同右	同右
	酒井鎬次	第一〇九師団長	同右	同右
一九四〇年	朝融王	第一連合航空隊参謀	一月七日午前	一月七日
	井関隆昌	第一四師団長	一月一一日一〇時	一月一二日
	七田一郎	第二〇師団長	同右	同右
	桑原虎雄	第一連合航空隊司令官	同右	一月二〇日
	斎藤弥平太	第一〇一師団長	一月二五日一〇時半	一月二六日
	谷口元治郎	第一〇八師団長	二月一四日一〇時半	二月一四日
	岡村寧次	前第一一軍司令官	三月二六日一〇時半	三月二九日
	今村均	前第五師団長	四月五日一一時	四月一二日
	岩松義雄	前第一五師団長	同右	同右
	中井良太郎	第一〇六師団長	四月一三日九時半	四月一五日

別表 戦中期に戦地から帰還した軍人に面会した天皇裕仁(昭和天皇)と皇太后節子(貞明皇后)の日時一覧 4

及川古志郎	前支那方面艦隊司令官	五月一一日一〇時	五月一一日
野村直邦	前第三遣支艦隊指令長官	一〇月一〇日一〇時	一〇月一〇日
井上成美	前支那方面艦隊参謀長	同右	同右
国崎登	第七師団長	一〇月一四日一〇時	一〇月一五日
安藤利吉	前南支那派遣軍司令官	一〇月二四日一〇時	一〇月二六日一〇時四〇分
岡部直三郎	前駐蒙軍司令官	同右	同右
山下奉文	前第四師団長	同右	同右
田中静壱	前第一三師団長	同右	同右
広野太吉	前第一七師団長	同右	同右
舞伝男	前第三六師団長	同右	同右
塩田定市	前台湾混成旅団長	同右	同右
高須四郎	前第二遣支艦隊司令長官	一一月一四日一一時	一一月一五日
山口多聞	前第一連合航空隊司令官	同右	同右
大西瀧二郎	前第二連合航空隊司令官	同右	同右
吉本貞一	第二師団長	同右?	同右
牧田覚三郎	前厦門方面特別根拠地隊司令官	一一月二六日一〇時?	一一月二六日
藤田類三郎	第三水雷戦隊司令官	同右?	同右
久納誠一	元第二二軍司令官	一二月六日一四時	一二月一〇日
谷本馬太郎	前第一遣支艦隊司令長官	一二月一〇日九時四五分	一二月一一日
樋口修一郎	前上海方面根拠地隊司令官	一二月一一日一一時	同右
山田満	前第一三艦隊司令官	同右?	同右

年	氏名	役職	天皇と会った日時	皇太后と会った日時
一九四〇年	福田良三	前海南島根拠地隊司令官	同右?	同右
	寺岡謹平	前第三連合航空隊司令官	同右?	同右
	土肥原賢二	前第五軍司令官	一二月一七日一一時一〇分	一二月一八日
	藤田進	前第一三軍司令官	一二月一七日一二時二〇分	同右
	本間雅晴	前第二七師団長	同右	同右
	塚田攻	前第八師団長	同右?	同右
	中村明人	前第五師団長	同右?	同右
	水野信	前独立混成第一〇旅団長	同右?	同右
	土屋兵馬	前独立混成第六旅団長	同右?	同右
	桑名卓男	前第三飛行団長	同右?	同右
一九四一年	西尾寿造	前支那派遣軍総司令官	三月一七日一一時半	三月一九日
	飯田貞固	前第一二軍司令官	三月二七日一〇時半	四月二日
	山脇正隆	前駐蒙軍司令官	同右	同右
	佐々木到一	前第一〇師団長	三月三一日一〇時?	同右
	井上政吉	前第二三師団長	同右?	同右
	吉沢忠男	前独立混成第三旅団長	同右?	同右
	村井俊雄	前独立混成第一六旅団長	四月一一日一〇時	四月一二日
	渡辺右文	前第一五師団長	四月一〇日一〇時?	同右
	小嶋吉蔵	前騎兵集団長	四月一一日一〇時?	同右
	高橋重三	前独立混成第一一旅団長	同右?	同右

別表 戦中期に戦地から帰還した軍人に面会した天皇裕仁（昭和天皇）と皇太后節子（貞明皇后）の日時一覧 5

水原義重	前独立混成第八旅団長	同右？	同右
尾崎義晴	前独立混成第一三旅団長	同右？	同右
瀬川四郎	前独立混成第七旅団長	同右？	同右
富士井末吉	元独立混成第一一旅団長	同右？	同右
谷口呉郎	元独立混成第一旅団長	同右？	同右
稲川直衛	元独立混成第七旅団長	同右？	同右
丸山定	元独立混成第一二旅団長	同右？	同右
浜本喜三郎	前第一〇四師団長	四月一〇日一〇時？	四月一四日
秋山義允	前独立混成第五旅団長	四月一一日一〇時？	同右
萱嶋高	前独立混成第一八旅団長	同右？	同右
儀峨徹二	前飛行第二集団長	三月三一日一〇時	四月二六日
沢本頼雄	前第二遣支艦隊司令長官	四月二三日一〇時	同右
園部和一郎	前第一一軍司令官	四月二五日一一時半	同右
木村兵太郎	前第三二師団長	同右？	同右
百武晴吉	前第一八師団長	五月九日一〇時	五月一七日
桜田武	近衛混成旅団長	同右	同右
篠塚義男	前第一軍司令官	七月四日一三時三八分	七月五日
清水光美	前第三遣支艦隊司令長官	七月一六日九時二六分	七月一八日
金子繁治	前第三遣支艦隊参謀長	同右	同右
板垣征四郎	前支那派遣軍総参謀長	七月一九日一〇時	七月一九日
細萱戊子郎	前第一遣支艦隊司令長官	七月二四日午後	七月二四日

年	氏名	役職	天皇と会った日時	皇太后と会った日時
一九四一年	多田駿	前北支那方面軍司令官	同右	七月二六日
	嶋田繁太郎	前支那方面艦隊司令長官	九月一五日一〇時	九月一六日
	高橋伊望	第三艦隊司令長官	同右	同右
	副島大助	前広東方面特別根拠地隊司令官	同右	同右
	片桐英吉	前第一一航空艦隊司令長官	同右	同右
	大野一郎	前厦門方面特別根拠地隊司令官	同右?	同右
	松永次郎	前漢江方面特別根拠地隊司令官	同右?	同右
	原顕三郎	第五水雷戦隊司令官	同右?	同右
	松永貞市	第二二航空戦隊司令官	同右?	同右
	今村脩	第一二航空戦隊司令官	同右?	同右
	竹中龍三	第二三航空戦隊司令官	同右?	同右
	緒方真記	前青島方面特別根拠地隊司令官 兼第三遣支艦隊参謀長	同右?	同右
	藤井洋治	前第三八師団長	九月一九日一〇時半	九月一九日
	熊谷敬一	前第一五師団長	同右	同右
	黒田重徳	前第二六師団長	同右	同右
	天谷直次郎	前第四〇師団長	同右	同右
	長谷川美代治	前独立混成第一五旅団長	同右	同右
	木下敏	前第三飛行集団長	九月二九日一〇時半	九月二九日
	村上啓作	前第三九師団長	同右	同右

	武田盛治	前上海海軍特別陸戦隊司令官	一〇月九日一〇時	一〇月一〇日
	平岡粂一	前上海方面根拠地隊司令官	同右	同右
	孚彦王	陸軍少佐	一〇月二〇日正午前	一〇月二〇日
	平田昇	前南遣艦隊司令長官	一〇月三一日一〇時一五分	一〇月三一日
	篠原誠一郎	前第一一六師団長	一一月四日一〇時	一一月四日
	李王垠	前第五一師団長	一一月二一日一一時	一一月二一日
	田辺盛武	前第四一師団長	同右	一一月二二日
	片村四八	前歩兵第五旅団長	同右	同右
	桑原四郎	前第二五師団長	同右?	同右
	人見与一	前独立混成第二旅団長	同右?	同右
	遠藤春山	前独立混成第一九旅団長	同右?	同右
一九四二年	豊嶋房太郎	前第三師団長	三月一二日一〇時	三月二七日
	本間雅晴	前第一四軍司令官	八月一四日一四時半	八月一九日
	古賀峯一	前支那方面艦隊司令長官	一一月二〇日一〇時	一二月一四日
	塚原二四三	前第一一航空艦隊司令長官	一一月二〇日正午	同右
	井上成美	前第四艦隊司令長官	同右	同右
	大賀茂	前第三四師団長	一一月二六日正午	一二月二一日
	甘粕重太郎	前駐蒙軍司令官	同右?	同右
	太田勝海	前第二二師団長	同右?	同右
	富永信政	前第二七師団長	同右?	同右
	清水規矩	前第二一師団長	同右?	同右

年	氏名	役職	天皇と会った日時	皇太后と会った日時
一九四二年	菰田康一	前第一〇四師団長	同右？	同右
	飯沼守	前第一一〇師団長	同右？	同右
	牛島満	前第一一師団長	同右？	同右
	本多政材	前第八師団長	同右？	一二月二二日
	安井藤治	前第六軍司令官	同右？	同右
	鷲津鉛平	前第四軍司令官	同右？	同右
	安藤三郎	前航空兵団司令官	同右？	同右
	波田重一	前第五軍司令官	同右？	同右
	伊藤知剛	前第五七師団長	同右？	同右
	西村琢磨	前近衛師団長	同右？	同右
	杉山六蔵	前第三遣艦隊司令長官	一二月一四日一〇時一〇分	一二月一四日
一九四三年	南雲忠一	前第三艦隊司令長官	一月一一日正午	一月一二日
	新見政一	前第二遣支艦隊司令長官	同右	同右
	砂川兼雄	前海南警備府司令長官	同右	同右
	河瀬四郎	前第三遣支艦隊司令長官	同右	同右
	高橋伊望	前南西方面艦隊兼南遣艦隊司令長官	同右？	同右
	渡辺正夫	前第五六師団長	一月一九日一〇時	一月二二日
	平林盛人	前第一七師団長	同右？	同右
	竹内寛	前第五五師団長	同右？	同右
	牧田覚三郎	前第一遣支艦隊司令長官	三月一八日一〇時	三月一八日

飯田祥二郎	前第一五軍司令官	四月八日一〇時四〇分	五月一四日
細萱戊子郎	第五艦隊司令長官	四月八日一四時五分	四月一六日
土橋一次	第一二軍司令官	四月一三日一〇時二〇分	五月一四日
桜井省三	前第三三師団長	同右？	四月一七日
柳川悌	前第五九師団長	同右？	同右
秦彦三郎	前第三四師団長	同右？	同右
重田徳松	前第三五師団長	同右？	同右
井関仭	前第三六師団長	同右？	五月一四日
三川軍一	前第八艦隊司令長官	四月一五日一四時	四月一六日
菅原道大	前第三航空軍司令官	五月二九日九時半	六月一九日
関寛治	前第二〇軍司令官	六月一五日一〇時	同右
斉藤弥平太	前第二五軍司令官	同右	同右
高橋多賀二	前第三師団長	同右	同右
小松輝久	前第六艦隊司令長官	七月一日一〇時	七月二日
近藤信竹	前第二艦隊司令長官	八月一六日九時半	八月一六日
原清	前第二遣支艦隊司令長官	同右	同右
遠藤喜一	前第一遣支艦隊司令長官	八月二六日一〇時一五分	八月二七日
田中静壹	第一四軍司令官	九月六日九時半（病気につき代理）	九月一一日
佐野忠義	前第三八師団長	九月一三日一〇時	九月一五日
太田泰治	前第三南遣艦隊司令長官	一〇月七日一〇時	一〇月九日
大川内伝七	前第一南遣艦隊司令長官	同右	同右

年	氏名	役職	天皇と会った日時	皇太后と会った日時
	酒井隆	前第二三軍司令官	一〇月二一日一二時五分	九月一五日
	武内俊二郎	前第一一六師団長	同右	同右
	阿南惟幾	第二方面軍司令官	一一月一日一〇時五分	一一月四日一五時
	清水光美	前第一艦隊司令長官	一一月四日一〇時	一一月六日
	小池四郎	前海南警備府司令長官同右	同右	
一九四三年	吉田悳	前機甲軍司令官	一一月二六日一〇時	一一月二六日
	飯田穣	前第五軍司令官	同右	同右
	野田謙吾	第一四師団長	同右	同右
	赤柴八重蔵	前第二五師団長	同右	同右
	七田一郎	前第二軍司令官	一二月三日一〇時	一二月六日
	岡本保之	前第三六師団長	同右	同右
	吉田善吾	前支那方面艦隊司令長官	一二月一三日一〇時	一二月一三日
	古閑健	前第五五師団長	同右	同右
一九四四年	小畑英良	前第三航空軍司令官	一月一〇日一〇時	一月一二日
	中山惇	前第六八師団長	同右	同右
	丸山政男	前第二師団長	同右	同右
	河瀬四郎	前第五艦隊司令長官	二月二四日一〇時五分	二月二四日
	喜多誠一	前第一二軍司令官	三月三日一〇時	三月四日
	草場辰巳	前第四軍司令官	同右	同右
	及川源七	前第二三師団長	同右	同右

岡田資	前戦車第二師団長	同右	同右
西原一策	前戦車第三師団長	同右	同右
南雲忠一	前第一艦隊司令長官	三月四日九時五〇分	三月七日
小林仁	前第四艦隊司令長官	同右	同右
下野一霍	前第五八師団長	三月二三日一〇時	三月二三日
坂西一良	第三五師団長	同右	同右
大場四平	前第一六師団長	同右	同右
中沢三夫	前第一師団長	四月二一日一〇時	四月二一日
下村定	前第一三軍司令官	五月八日一〇時四〇分	五月九日
岡新	前第三南遣艦隊司令長官	八月二四日一〇時	八月二六日
佐伯文郎	前第二六師団長	九月六日一〇時五分	九月七日
青木成一	陸軍中将	同右？	同右
栄山兼四郎	同右	同右？	同右
林芳太郎	同右	同右？	同右
柳田元三	同右	同右？	同右
上村利道	前第五軍司令官	九月一五日一〇時	九月一五日
河辺虎四郎	前第二航空軍司令官	同右	同右
阪口芳太郎	元第四飛行師団長	同右	同右
戸塚道太郎	前北東方面艦隊司令長官	九月二一日一〇時	九月二一日
河辺正三	前緬甸方面軍司令官	九月二九日九時半	九月三〇日
寺本熊市	前第四航空軍司令官	同右	同右

年	氏名	役職	天皇と会った日時	皇太后と会った日時
一九四四年	太田米雄	前第六五師団長	同右	同右
	牟田口廉也	前第一五軍司令官	一〇月一一日九時半	一〇月一二日
	渡辺正夫	前第三二軍司令官	同右	同右
	黒田重徳	前第一四軍司令官	一〇月二〇日九時三五分	一〇月二〇日
	寺岡謹平	前第一航空艦隊司令長官	一一月一日一〇時二分	一一月一日
	三川軍一	前南西方面艦隊司令長官	一一月一一日九時五五分	一一月一六日
	竹下義晴	前第二七師団長	一一月二〇日一〇時	一一月二一日
	山本務	前第五師団長	同右	同右
	大城戸三治	前北支那方面軍参謀長	同右	同右
	畑俊六	前支那派遣軍総司令官	一二月六日一〇時三分	一二月六日一五時
	小沢治三郎	前第一機動艦隊司令長官	一二月一八日九時半	一二月一八日
	松木益吉	前海南警備府司令長官	同右	同右
	吉本貞一	前第一軍司令官	一二月二二日九時三五分	一二月二三日
	北川一夫	前第六六師団長	同右	同右
	横山勇	前第一一軍司令官	一二月二七日九時半	一二月二七日
	町尻量基	前印度支那駐屯軍司令官	同右	同右
一九四五年	栗田健男	前第二艦隊司令長官	一月一〇日九時三五分	一月一〇日
	阿南惟幾	前第二方面軍司令官	一月一二日九時三五分	一月一二日
	田結穣	前第一南遣艦隊司令長官	一月三一日一〇時五分	一月三一日
	佐久間為人	前第六八師団長	二月九日一〇時五分	二月九日

別表 戦中期に戦地から帰還した軍人に面会した天皇裕仁（昭和天皇）と皇太后節子（貞明皇后）の日時一覧 9

河瀬四郎	前第二南遺艦隊司令長官	二月二二日一〇時五分	二月二二日
山脇正隆	前第三七軍司令官	二月二三日九時四〇分	二月二三日
寺倉正三	前第二七軍司令官	同右	同右
志摩清英	前第五艦隊司令長官	三月一二日九時五五分	三月一二日
永津佐比重	前第一三軍司令官	同右	同右
須藤栄之助	前第七飛行師団長	同右	同右
吉田悳	前関東防衛軍司令官	同右	同右
後藤英次	前大湊警備府司令長官	三月二三日午前	三月二三日
武田馨	元第五三師団長	四月六日一〇時三五分	四月六日
北野憲造	前第一九軍司令官	五月一日一〇時	五月一日
副島大助	前第二遺支艦隊司令長官	五月一〇日九時五〇分	五月一〇日
三輪茂義	前第六艦隊司令長官	同右	同右
大西瀧治郎	前第一航空艦隊司令長官	五月一七日一五時五分	五月一七日
土肥原賢二	前第七方面軍司令官	五月二一日九時四〇分	五月二一日
近藤信竹	前支那方面艦隊司令長官	同右	同右
飯村穣	元第二方面軍司令官	七月二日午前	七月二日
李鍝	元第一軍参謀	七月一六日午前	七月一六日

平成

第10章

「平成」が終わる時を迎えて

――「研究者」と「決定者」の相剋から何が見えるか

MIKURIYA Takashi
御厨貴

1 「研究者」が「決定者」になるとき

ここ六、七年の間に私は、東日本大震災復興構想会議（以下、「復興構想会議」）、そして天皇の公務の負担軽減等に関する有識者会議（以下、「有識者会議」）という二つの会議に参加し、前者では議長代理、後者においては座長代理としていずれもメディア担当を務めるという経験をもった。そして、そのどちらもが、私が理事を務めるサントリー文化財団における同テーマの研究会と重なっていたため、私は「研究者」でありながら、「決定者」の立場をも併せ持つこととなったのである。

二〇一一年三月一一日、あの東日本大震災が起きてからまもなくのこと、財団の今井渉専務理事と話した際、「研究会を立ち上げて震災復興の問題を幅広に考える必要がある」との意見で一致した。そして四月の段階では既に「震災後の日本に関する研究会」発足の準備を進めていた。ところが同じ四月に「『復興構想会議』の議長代理になってもらいたい」という話が、私のもとに舞い込んできたのである。かくして、その後は、研究会を立ち上げ運営する「研究者」としての仕事と、「復興構想会議」の「決定者」の一人である議長代理としての仕事とが、平行線のように進んでいくこととなった。研究会はやや文明史的な背景も考えるかたちで進められ、その成果は、「復興構想会議」を終えて後、『別冊アステイオン「災後」の文明』(CCCメディアハウス、二〇一四年二月)という形でまとめられた。

さて、もう一つの「有識者会議」はどうであったか。天皇陛下退位の動きが出てきたのは二〇一六年七月のこと。その時点でサントリー文化財団の「天皇の近代研究会」は既に走っていた。その意味で「復興構想会議」のときとは時間差があったわけだが、違いはそれに止まらず、様相をまったく異にしていた。

まず、メンバーは五人で、「復興構想会議」の一五人に比べて極めて少ない。まとまりやすいとも言えるが、いざとなると存在感がなくなりそうな、吹けば飛ぶような存在とも言えた。事務局はといえば、これもまた人数が極端に少なかった。事が事だけに秘密を要する。そのため、「復興構想会議」のときのように、人が足りなければ助っ人をどんどん増員するというようなことは、到底期待できないばかりか、関与する人間も最初から一〇人前後。どんなに仕事が忙しくとも、ほかに助けを求めることなくこれでやるしかないことは明確だった。

ここでも私は座長代理としてメディア担当を務めるのだが、「復興構想会議」の際とは大きく違う点があった。それは、私自身がメディアを通して世論に向けてのスピーカーとなったことである。私はその役割を自覚的に果たそうとした。

「有識者会議」の座長代理として私が行ったメディアへの種々の働きかけについては、飯尾潤さんはじめ若手研究者とともに実施した六回にわたる私への同時進行オーラル・ヒストリーにかなり詳細に記録されている。本稿を書くにあたりその記録を再度通読して（我ながら一二時間以上もよくしゃべったものだ）、「このときの気分はそうだったのだな」と再確認することができた。同時に、この記録をもとに、「決定者」となった私が「有識者会議」においてどのような役割を現実に果たしたのか、それを分析をするのはまだ時期尚早である、との判断に至った。

2 「天皇の近代」を求めて——「研究者」的こだわり

そこで、「天皇の近代」というテーマをいつ頃から構想したかということに触れておきたい。二一世紀になる頃、私は、中央公論の『日本の近代』シリーズの一冊として『明治国家の完成——

1980〜1905』（二〇〇一年）を著した。そこでは、立憲国家の中での明治天皇のあり方についてかなりビビッドに描き、新しい側面を掘り出すことにある程度成功した。それはそれで終わったのだが、その後、月報でたまたま三浦雅士さんと対談をすることになる。三浦さんは時々、ああいうものに異様に反応し、まるで巫女のようになってこちらが考えていないようなことまでしゃべることがあるのだが、そのときもそういう状態になった。そして、「御厨さん、明治天皇これ一代で終える気か。そうだとすれば、それは甚だしい知的怠慢だ。あなたは、光格天皇以来の閑院宮家、すなわち今上天皇の血筋についても、明治天皇を描いたと同じようにビビッドに描かなければならない。そういう業を背負っているのだ」などと宣《のたま》うのである。

なぜ私がそんな業を背負わねばならないのかと思ったが、三浦さんが言うこともあながちわからないではなかった。というのは、明治天皇について書いた際、近世の天皇と近代の天皇というのは、慶應二（一八六七）年に孝明天皇が亡くなったためにたまたまそこで断絶してはいるが、天皇制そのもののあり方からいえばおそらくつながっている、と感じたからである。また、『明治国家の完成』の中では、古代からある天皇というものは、「近代」という枠組み、あるいは「近代の憲法体制」という枠組みの中に収まりきらず、はみ出してしまう部分があるということを証明しているのだが、もし、その「近世的なるもの」が「近代」にも生きているとするならば、やはり光格天皇あたりから調べなければいけないだろう、という気がしていたからだ。とはいえ、「近代」を専門とする人間が「近世」を本格的に研究するのは、相当難しいのも事実である。原資料を読むのもなかなか容易なことではない。

あれやこれやでもたもたしていたところ、再び三浦さんから「ほかにいろいろ書いているが、なぜこれに集中しないのか」と責められ、揚げ句の果て、当時、三浦さんが編集にかかわっていた「雑誌『大航海』に連載をしろ」と言われる始末。結局、『大航海』に「天皇の近代」を数回連載したものの、またもや挫折するに至った。

その後、皇室に関するいろいろな問題が起きるとコメントを求められることが折に触れ出てくるようになる。そして世間的には天皇についての「研究者」の一人と目されるようになっていった。ただ、『明治国家の完成』をまとめた後、このテーマの研究を続けるにしても、個人の力ではとても無理だと感じるようになった。そこで、「天皇の近代」というテーマを、近世をやっている人の話も聞いて掘り下げてみようということで、「天皇の近代研究会」が始まったのである。

研究会の前半は、近世、幕末の天皇制や皇室を扱っている研究者を呼んでの勉強会期間とした。そして、いよいよ一人ひとりがテーマに取り組む段階を迎えていた矢先の二〇一六年七月一三日、天皇陛下による「生前退位のご意向」のNHKニュースが飛び込んできた。そのときまで私は「研究者」として、メンバーの進行具合を見ながら、自分自身は、近世以前に戻るか、近代超えを試みるか、正直なところ迷っていた。それが、「天皇退位」というビッグニュースを受け、否応なく

「決定者」の一人として「有識者会議」に列するというハプニング的事態の進行によって、様相は一変したのである。

3　天皇の生前退位のご意向ニュース（二〇一六年七月一三日）を受けて

二〇一六年九月に「有識者会議」のメンバーとして発表されてから、二〇一七年四月二一日の第一四回を最後に会議が幕を閉じるまでのあいだ、そこでの私は「研究者」ではない。明らかに一人の「決定者」あるいは「決定関与者」であった。よく言われる「パーティシパント・オブザーバー（観察する関与者）」ですらない。私はそう考えていた。「研究者」ではなく御厨一個人として判断を迫られることが多いだろうと思ったし、現実にそのとおりに振る舞うことになった。世論誘導のために、この間《かん》新聞に発表したりしたことのなかには、はっきり言えば事実をカモフラージュすることもあった。世論を一定の方向に持っていくために、それなりの腕力を振るったこともある。本論考でその期間について触れないことにしたのは、そのことの総括が未だ自分の中で済んでいないからである。

まず、その前半の期間について述べておこう。

今上陛下の生前退位のご意向が発表された二〇一六年七月一三日、私のもとには朝日新聞から情報が入った。そしてその翌日、朝日新聞の「耕論」というオピニオンのページに向けてしゃべることになるのだが、それは明らかに物がまだよくわかっていない時期のものである〔記事は七月一五日〕。原武史さんと半藤一利さんと私の三人のコメントが載っており、「多面的に議論し実現を」というタイトルの部分が私の初心である。つまり、何の情報も入っておらず、天皇陛下の生前退位のご意向のニュースだけを聞いた段階で、世論を誘導しようなどという気もまったくない、一介の「研究者」として話したものだ。

「今の陛下のお気持ちとお言葉を素直に受けとめて、必要な手続を粛々と進めるべきでしょう。国民の象徴としての天皇が晩年をどうお過ごしになるべきなのか。近代日本が初めて直面する歴史的な意義があります。

天皇と退位は、重いテーマです。昭和天皇のときは、第二次大戦の敗戦が近づく中、近衛文麿らの終戦工作とからめて退位論が浮上しました。戦後も東京裁判との関係で退位問題が再浮上し、米国による占領終結後の退位を木戸幸一が進言しましたが、吉田茂が反対した。政治に翻弄《ほんろう》されながら、大元帥から象徴天皇になったのです。」

ここでは、まず歴史的分析をしている。

「一方、今の陛下は即位の時から現憲法下での天皇です。退位や譲位について、客観的、価値中立的に考えることができるのでしょう。両陛下がお元気なうちに、次の世代の象徴天皇と皇后に円満に引き継ぎたい、それをしっかり見届けたいというお気持ちなのではないでしょうか。それで、その後の皇統も定まっていくでしょう。」

このとき考えたのは、まず、「退位」に重きを置いたものではなく、次代の天皇に対する心配なのではないか、ということ。それがここでの私の感じ方である。後に、『政治が危ない』(日本経済新聞出版社、二〇一六年一一月)の中で芹川洋一さんと議論をしたときにもはっきり言ったことだが、これは「早く自分たちが退き、自分たちがやっている公務を現実に皇太子夫妻にやってもらいたい。オン・ザ・ジョブ・トレーニングをしたいということなのだ。雅子妃のご病気の問題なども、その地位を変えることによって一挙に変わるのではないか。その意味でのオン・ザ・ジョブ・トレーニングを考えられたのではないか」。これが当時の私の感じ方だった。くり返すが「退位」に重きがあるわけではない。次の天皇を決めて早くそうしたい、ということに重きがある、という考え方である。しかし、後に私はこのことを強く言わなくなる。

「公務の負担を軽くすれば済むこと、と言うのは簡単ですが、『すべての公務が重要で、無駄なことなど一つもない』という信念をお持ちの今の陛下には難しいのだと思います。」

後の天皇メッセージを聞いてから言ったとすればそのとおりなのだが、これは明らかに天皇メッセージを聞く前のコメントである。「問題はどうも公務負担を軽くするというようなレベルの話ではないな」というのがＮＨＫニュースを聞いたときの直感であった。「公務軽減」と言ったとしても、「どれから軽減するのか」という点が必ず問題になるだろうと思ったからだ。実は続く、次の部分が重要である。

「社会が高齢化に対応しようとしているとき、国民とともに歩む天皇にも引退や隠居を認めるか議論することは大切なことです。」

高齢化というのは天皇にも起こるのだ。そのことをわれわれは忘れていましたね、という思いがこの発言の裏にはある。

「今さら、上皇による院政を持ち出したり、中世には争いにつながったなどと騒いだりせず冷静に受け止めるべきです。

もちろん、目配りすべき課題がないわけではありません。天皇の政治的な行為だといった批判もあるかもしれません。しかし、皇室典範の改正は、天皇の強い意思がないと動かすことは難しいのが現実だと思います。」

この段階では「皇室典範の改正に踏み込むのだろう」という認識を持っていたことが、ここでわかる。

「生前退位に道を開くための検討は、三つのレベルで進めるべきです。一つは理論的検討です。天皇制の思想史的な背景を踏まえ、国民が納得できなければなりません。有識者会議のような場が必要になるでしょう。」

自己実現的予言というべきか、ここで「有識者会議のような場が必要」と言ってしまっている。自分が選ばれるなどまったく思っていなかった頃であるから、たいして重きを置いていたわけではないのだが。私は、天皇が一歩踏み込んだことにより、微妙な表現をしてはいるが、憲法の規定から足が出てしまっているのか、それとも土俵の上に乗っているのか、極めて危うい状況だということは感じていた。「理論的検討」と言ったのは、そこをクリアにしなければいけないということを強調せんがためであった。

「二つ目は行政的検討。宮内庁や内閣官房で、譲位あるいは退位した後の天皇、皇后の地位などを考える必要があります。権能、経済的な裏付けなどももれなく考えねばなりません。」

当然のことである。

「三つ目は政治的な検討です。政権の意向、さらに与野党が国会でどう議論するのかがカギです。理論と行政の検討内容に基づいて、政治が皇室典範改正について検討する。これは、簡単に次の臨時国会でできるといった課題ではなく、一年かそれ以上をかけて、国民といっしょに議論する必要があります。」

ここで私が思ったのは、「当然皇室典範改正を前提とする話である」ということだった。昭和天皇のこれまでの経緯からいっても、皇室典範の改正が常に問題になって退位できなかったのだから、そこをクリアしなければという頭があった。しかし、それを実行するにはやはり数年はかかるだろう。一年でできるほど甘くはない、という問題提起を行ったのである。

このときの「研究者」たちの様々な発言を比較すると、私は天皇の退位に関してかなり肯定的な立場であった。いずれにせよやらなければならない。天皇も高齢化するのであるからそれは当たり前のことで、人道上の見地から進めなければならないだろうと思っていた。ただし、この時点ではまだ、「典範改正に踏みこむ」とアプリオリに思っていることが見てとれる。これが、この段階での私の考え方であった。

4 象徴としてのお務めについてのおことば(二〇一六年八月八日)を受けて

そして、八月八日に天皇のビデオメッセージが出ることになる。「象徴としてのお務めについての天皇陛下のおことば」(以下、「おことば」)である。あの「おことば」が出たとき、私は、朝日ではなく日経新聞と読売新聞のインタビューに答えた。ここでは詳しく紹介しないが、この時点ではもう判断ができていた。それは、「すぐにやらなければいけない」ということである。私はあの「おことば」から、「高齢のために象徴としてのお務めができないのだ」というメッセージをまっすぐに受け取った。そうであるならば一刻も早く引退への道をつくったほうがいい。そのためにやるべきは、「一代限り」の引退への道をつけることである。特例法(特別措置法と言ったりもしたが)を作る。

つまり典範改正には踏み込まず、そこに特例を作ることによって陛下の思いが実現する方向に行けばよい、と判断したことになる。七月時点での私の判断は「皇室典範の改正」であったが、それでは時間がかかり過ぎるということなのだ。

「おことば」の一行目にはこうある。「**戦後七〇年という大きな節目を過ぎ、二年後には、平成三〇年を迎えます。**」平成三〇年で陛下は退位されたいのだということが、この一行目でわかる。この一行目に合うように退位を実現するためには典範改正では絶対に無理だ、というのがこのときの私の判断であった。

しかも、「**社会の高齢化が進む中、天皇もまた高齢となった場合、どのような在り方が望ましいか、天皇という立場上、現行の皇室制度に具体的に触れることは控えながら、私が個人として、これまでに考えてきたことを話したいと思います。**」と続いている。高齢化社会の中で天皇もまた明らかに高齢化している。それをあなた方はお忘れだったでしょう、と述べることによって、最初から相当大きなパンチを国民に食らわせているのである。

同時に、ここはそのあと問題になった部分であるが、陛下は「国事行為」に触れるが、「私的行為」である宮中祭祀については特段触れていない。それを行うのは当たり前だからである。そのうえで、「**日々新たになる日本と世界の中にあって、日本の皇室が、いかに伝統を現代に生かし、いきいきとして社会に内在し、人々の期待に応えていくかを考えつつ、今日に至っています。**」と述べられる。

続いて、自分は手術もしたし、八〇歳を越えていろいろ考えるようになった、という文脈が入り、その次である。「**私が天皇の位についてから、ほぼ二八年、この間《かん》私は、我が国における多くの喜びの時、また悲しみの時を、人々と共に過ごして来ました。私はこれまで天皇の務めとして、何よりもまず国民の安寧と幸せを祈ることを大切に考えて来ましたが、同時に事にあたっては**」、次がポイントである、「**時として人々の傍らに立ち、その声に耳を傾け、思いに寄り添うことも大切なことと考えて来ました。天皇が象徴であると共に、国民統合の象徴としての役割を果たすためには、天皇が国民に、天皇という象徴の立場への理解を求めると共に、天皇もまた、自らのありように深く心し、国民に対する理解を深め、常に国民と共にある自覚を自らの内に育てる必要を感じて来ました**」。

陛下のこの三〇年というのは、象徴としてのお務めを果たすために国民と共に歩む、国民の間に姿を現わす、そういうことだったのだということが、ここではっきりわかる。

「**こうした意味において、日本の各地、とりわけ遠隔の地や島々への旅も、私は天皇の象徴的行為として、大切なものとして感じて来ました。**」

皇太子の時代から、いかに自分が日本国内のありとあらゆるところへ行って視察をしたか。そこが被災地である場合にはそこでお祈りをし、声をかける。戦災地に行く場合は、戦争と平和ということを考える。いま改めて読むとき、「おことば」はよく練りに練られた国民に対するメッセージだと思う。一刻も早く退位を認めるのがいいのではないか、と私はそのとき発言している。

5　座長代理の役目を終えて

その後、私は八月末に杉田和博内閣官房副長官から直接声を掛けられる。「有識者会議」の座長代理になってくれという話であった。そして、九月二三日にメディアに対する発表があって以来、「決定者」としての動きをしていくことになる。「決定者」としての動きはずっと続き、出たり入ったりいろいろなことをやった。そして、二〇一七年四月二一日、最終報告を安倍晋三首相に提出し、座長代理としての仕事が終わった週に、私は朝日、読売、日経、毎日、共同、NHKを自宅に順番に呼んだ。「今回の成果をどう思うのか」ということについて、その成果をオーソライズするために、その時点では代理は辞めていたため元代理ではあるが、まだ「研究者」というよりは「決定者」として話をしたのである。その話も新聞に掲載された。

さて、これからどうするか、と考えた。そこで黙ってしまうやり方もあったが、一方で、国民に対してある種のけじめをつけなければいけないという気持ちもあった。そこで、まず『文藝春秋』の取材に応じた［二〇一七年七月号］。次いで、朝日新聞社が出している雑誌『ジャーナリズム』の取材にも応じた〔二〇一七年六月号〕。後者にはより詳細なことを話し、前者にはもう少し一般的な理解が深まるような話をした。一般的な国民は『文藝春秋』を読むだろうし、細かいことを知りたい人は『ジャーナリズム』を読むだろうから、この二つに自分の今の見解を出しておけば間違いないと考えたのである。

わけてもこの段階ではまだ、「決定者」としての役割を持ちながら強調しておきたいことがあった。その一つは、有識者ヒアリングにおいて、「右」のほうの人々、例えば平川祐弘、櫻井よしこ、あるいは渡部昇一の各氏が、右的な発言をいかに劇的に話すことによって印象づけようとしたか、ということである。「有識者会議」の中にいるあいだはとても話せなかったそのようなことを、ここで披露しておきたかった。

もう一つ強調したかったのは、われわれ「有識者会議」と、われわれの相手をしてくれた官邸チームとは、必ずしも最初から最後まで一体として行動したわけではない、ということである。官邸チームについて私は、「何かアクシデントがおこれば官邸は我々の会議をよくも悪くも有効利用するだろう」と常に感じていた。また、こちらはこちらで、ヒアリングのメンバーがあまりに騒いで注目を集めたがために、「有識者会議は何をやっているのだ」と言われるおそれもあると思っていた。

このような二律背反的な状況にあったからこそ私は、「有識者会議」の存在理由を世間に知らしめるためにいろいろな手段を講じたのだ、ということを明らかにしておきたかった。必ずしも平坦な道のりの末に「有識者会議」の運営がうまくいったというわけではない。そのことを語ったわけで、これはいまだ充分に政治的な色合いのにじむ発言であった。

6 「決定者」から「研究者」に戻って

続いて、二〇一七年六月三〇日発行の『週刊朝日』の記事を紹介しよう。国会での特例法〔天皇の退位等に関する皇室典範特例法（成立：平成二九年六月九日、公布：平成二九年六月一六日）〕成立に際して、「どう振り返って見ておられますか」という取材に対して答えたものである。『ジャーナリズム』や『文藝春秋』のときよりは、かなり「研究者」寄りになっている。引用しながらコメントしてみよう。見出しは「官邸、政治家、皇室の狭間で悩み抜いた」である。

「昨年一〇月にスタートした、皇室の行方を決める「天皇の公務の負担軽減等に関する有識者会議」は、七カ月にわたり、一四回の議論を重ねました。

まず驚いたのは、官邸による徹底的な情報管理でした。」

『文春』にも書いたことを、ここでもそろそろと出している。

「我々のところに、次回会議について官邸スタッフが説明に来ますが、書類は必ず持ち帰る。唯一置いていった一枚の紙には、「マスコミに気をつけるように」と書かれていました。我々メンバーの口から次回の会議の内容などについて情報が漏れるのを嫌ったからです。

報告書に議論の過程は記載しなかったので、「踏み込み不足」といった批判を浴びました。しかし、六人のメンバーが集まった毎回二時間の会議は、議論が絶えず、厚みのある中身でした。座長の今井敬さんが、そのたびに「そろそろ次へ行きましょう」と促したほどです。

世論でも国会でも焦点となったのは、特例法か皇室典範改正に踏み込む恒久法かという点だと思います。

昨年八月八日のメッセージを聞いたとき、陛下がSOSを送っておられる、これは緊急避難が必要だと思った。先の代まで対応できる恒久法を練り上げるには、時間がかかる上、要件も抽象度が高くなる。その場合、解釈の余地が生まれ、時の政権や国民もしくは皇族の中から「陛下はお年だからそろそろ引退しては」と、恣意的な力がかかる可能性がある。それだけは避けなければなりません。」

これが、「有識者会議」の中にいるなかで一つ進展した私の考え方である。

「世間には、陛下は典範改正を望まれており、一代限りの特例法は邪道だとの意見もありました。」

これはそのとおり。陛下は明らかに典範改正を考えておられたのだから。

「特例法と恒久法を対立概念として捉えられていましたが、違う。今回、菅義偉官房長官が、先例となることを認めたように、有識者会議のメンバーは、「やがて恒久法となると考えるべきだ」と議論の末に出した意見で一致していた。

昨年一二月には、有識者会議が特例法での退位を提言しようと動いていた。私たちは官邸から依頼され、独自に政府提案の土台となる議論をしていたわけで、国会の動きとは別に進めればいいと思っていたが、簡単に事は進まなかった。

私が司会をつとめるテレビ番組「時事放談」(TBS系)にゲストとして政治家も出演しますが、与野党問わず有識者会議に触れ、「一生懸命やるのはいいが、国民に選ばれているのは私たちだから、勘違いしないように」と釘を刺される。決定的だったのが、私が一二月下旬に各紙の取材に応じて、「特例法で大体の方向性は決まっている」と言及したときでした。大島理森衆院議長は「国会は有識者会議の下請け機関ではない」と反応した。官邸ですら、政治家がそこまでの反応を示すとは思っていなかったのではないか。

この時期、陛下の同級生である明石元紹さんがメディアに登場し、「陛下が電話で、退位について恒久制度を望む思いを打ち明けた」と話しました。実は、人を介して明石さんから、「話したい」と打診がありました。しかし、我々メンバーが関係者と会えば、問題になる。丁重にお断りしました。それ以降もお会いはしていません。

この六月、我々の報告書と同じ方向性で特例法は成立しました。陛下のお言葉が公表された昨年八月からわずか一〇カ月というスピードで進んだのはよかったと思います。天皇陛下や皇室の在り方の議論をできるようになり、皇室と国民の距離が最大限に近づいている今、皇族の数の減少に対処する女性宮家の創設について議論する最大のチャンスです。ぜひこのまま続けてほしい。

昨夏、天皇陛下のお言葉を耳にしたとき、私は「微妙だな」とも感じた。天皇と政治的行為を考えたとき、土俵から足が出るかどうかの境界線だと思ったからです。退位問題における有識者会議の役割は、そこに「国民の総意」というクッションを置くことでした。

平成の天皇は約三〇年にわたって平和を祈り、人々とともに歩み、象徴としての活動を続けたわけですが、近代国家における象徴としての天皇像がきちんと描かれていないという現実をつきつけられたのだと思います。

だからこそ象徴天皇の中で、新天皇がどのような皇室像をお持ちなのか、国民も新たな皇室の行方を見守っているはずです。」

7 「天皇」と「国土」――明治一五〇年と平成三〇年の「安全と安心」とは

夏休みを過ぎ、「有識者会議」を離れて半年くらい経った頃から周りも静かになり、私自身にも、「研究者」としての目、あるいは「学者」としての物言いがようやく復活してくる。そして、いろいろ考えるようになったときにまず気がついたのは、「陛下が代わる」ということは「元号が変わる」ということにつながり、それはこの世の中の「時間のモノサシを変える」ことになる、という事実であった。そんな当たり前のことを、それまではまったく思いもしなかった。もちろん元号が「平成」から次のものに変わると思ってはいたが、「平成」が強制的に三〇年で切られて次の代に移るということの意味を、それほど重く感じてはいなかった。時間がだんだん経つにつれ、これは大変なことだと思うようになったわけである。「平成の三〇年間を一つの時代として考える」という思考が生まれてきたのは、その頃に間違いない。

『国際開発ジャーナル』という雑誌から、「天皇問題はいろいろな意味で日本における開発の問題とも関わるのではないか」と言われ、「変わる世界秩序」というリレーエッセーの最終回に文章を書いたのは、二〇一七年九月の段階のことであった。その前半部分を転載する。

揺さぶられる日本の安全保障

日本という国を見直す契機が、近年、日本のウチとソトから多く見られるようになっている。例えば、天皇の退位問題、あるいは北朝鮮のミサイル発射問題がすぐに頭に浮かぶ。いずれも戦後七〇年を過ぎる頃から、日本人の常識を揺るがす事態となった。大きく言えば、われわれは今、この国の安全・安心の問題が根底から揺さぶられつつある状況に陥っているのだ。

「崩御原則」に異を唱え、生前の退位を認めよという今上天皇の明快な主張を、国民世論は八割から九割が圧倒的賛成の声をもって迎えた。他方、隣国北朝鮮の金正恩委員長は、朝鮮半島をめぐる国際秩序に異を唱え、軍拡とミサイル攻撃の瀬戸際作戦の行使によって、日本国民に安全保障の危うさを実感せしめた。確かに何かが変わりつつあるのだ。しかしそれを日本国民はどう受け止めたらよいのか、われわれは戸惑いの中にある。

退位による皇室の能動化

まず、「天皇退位」問題というソフトの事象から考察しよう。筆者は、二〇一六年一〇月から一七年四月にわたり実施された「天皇の公務の負担軽減等に関する有識者会議」の座長代理として、この問題に携わってきた。「今上天皇一代限りの退位」への道を開いた者として、コトが終わってからすぐに頭をよぎったのは、「崩御原則」に風穴を開けたことで、皇統はもはやこれまでのような安定性を保つことができなくなるという危機感だった。「一代限り」もやがて先例化し、恒久法化していくことは否めないからだ。平成が三〇年で終わった場合、上皇陛下、天皇陛下、皇嗣殿下、三代そろって国民の前に現れるという、これまでにない彩り豊かな天皇と皇室による国民へのアピールの形となることは間違いない。つまり、皇室は明らかにこれまでより「能動化」するのだ。

明治一五〇年を迎えると同時に、平成が終わる。明治天皇から三代の天皇は、伊藤博文の深慮によって「生涯天皇」を余儀なくされた。伊藤は近世までの天皇の退位の自由がもたらした皇統の不安定性に、明確に歯止めをかけたと言えよう。これで、皇統の「安全・安心」は確保された。それでも代替わりに際しては、大小様々の波が立った。ただし大日本帝国から日本国へ生まれ変わっても、この歯止めだけは微動だにしなかった。それがなぜ、今になって歯止めを外すことになったのか。歴史の文脈の中に置いて見た時、果たしてそれはどのような意味を持つのか。

端的に言えば、今上天皇の皇太子時代の結婚を契機とする「大衆天皇制」「テレビ天皇制」への大きな変化を抜きには考えられない。皇室の能動化への道は、実はここで不可逆的となった。皇太子と美智子妃の結婚以来、皇室はテレビを通じて「国民のお茶の間」へ常に登場することになった。それでも昭和天皇は、帝国大元帥からのコペルニクス的転回をもってしても、大衆天皇制に完全にはなじめなかった。それゆえのぎくしゃくした感じが、天皇にある程度の威厳を保たしめたのも事実である。

平成三〇年で定着した天皇像

その意味で、一九八九年一月の昭和天皇の崩御は、大日本帝国そして日本国の天皇として、一代にして二世を生き抜いた、まさに近代日本の象徴の終焉にほかならなかった。そして今上天皇は、昭和のざわめきとどよめきの後、美智子皇后が寄り添う形で、まことに静かに新なる門出を迎えた。「大衆天皇制」はテレビと密接不可分の関係にある。だからこそ、昭和末期の喧騒が過ぎると、平成の構えはなかなか絵にならず、定まらなかった。今上天皇の昨年のメッセージの中にそれを思わせる箇所がある。

「私はこれまで天皇の務めとして、何よりもまず国民の安寧と幸せを祈ることを大切に考えてきましたが、同時に事にあたっては、時として人々の傍らに立ち、その声に耳を傾け、思いに寄り添うことも大切なことと考えてきました」

「天皇もまた、自らのありように深く心し、国民に対する理解を深め、常に国民に対する自覚を自らのうちに育てる必要を感じてきました。こうした意味において、日本の各地、とりわけ遠隔の地や島々への足袋も、私は天皇の象徴的行為として、大切なものと感じてきました」

平成も三〇年近くが経過したこのタイミングでの天皇自らの回顧の趣旨は、各地に生活する国民の声を聴き、その思いに寄り添うことであり、辺境の地への旅こそが重要なのだと省みている点で、はっきりとしている。

平成の初期は、確かに一時的に天皇の報道が減り、宮内庁の担当記者が自身の存在の危機を訴える場面もしばしばあった。しかし今上天皇と美智子皇后は、一方で皇室の国際化（皇室外交など）を進めたほか、自らメッセージの中で語っているように、「皇太子の時代を含め、これまで私が皇后とともに行ってきたほぼ全国に及ぶ旅」を通じて、皇室の全国化を進めていった。その結果、昭和天皇の時代にも増して、「大衆天皇制」と「テレビ天皇制」が、より広く深く国民の中に浸透することになった。そして震災などの被災地で、また先の大戦の被災地で、人々の感動を呼ぶ「祈る天皇・皇后像」が定着したのである。

それらは、平成における確固たる天皇と皇室のイメージを知らしめるに充分であった。しかし今上天皇は、そこに敢えて自ら楔を打った。天皇メッセージにある通り、「社会の高齢化が進む中、天皇もまた高齢となった場合、どのような在り方が望ましいか」という、現代社会に内在する鋭い問題提起であった。日本全国を旅し祈る天皇は、高齢化の進む中にあって、「大衆天皇制」と「テレビ天皇制」における象徴としての役割に限界を感じ、自らの退位を求めたのである。その意味で、「天皇退位」は明治一五〇年の歴史の中での天皇の存在を逆説的ながら活性化させ、この国のあり方を国民に改めて考えてもらうよすがとなるであろう。

今後は、三代そろって皇室の能動化が進むだろう。これにより、日本国民にとって、天皇という象徴への「安心」は、ひとまず収拾される。もっとも、皇統や皇位継承者の減少による皇統の「安全」はまだ解決されぬままだが。（『国際開発ジャーナル』二〇一七年一一月号）

何か世の中が変わりつつあるのではないか、という緊迫感が、これを書いたときの私の気分だった。「まず、天皇退位問題というソフトの事象から考察しよう。」と書いているのは、改めて「研究者」としての立場から「天皇退位」問題を見たときにどう考察できるのかということを言った、私の半年ぶりくらいの「研究者」としてのメッセージである。

「能動化」の部分は、私が最初にＮＨＫのニュースを聞いたときに言った話とは、実に真逆である。あのときは「上皇陛下になられるとか何とかということは問題ではなく、オン・ザ・ジョブ・トレーニングですよ」と思って、そのように発言した。しかし、そうではない。いざ「有識者会議」を終えて、崩御原則に例外規定が生まれ、「今上天皇一代限りの退位」への道が開ければ、天皇制は揺れる。「能動的」と書いたのは、天皇が能動的というだけでなく、天皇制が制度として常に動いている存在になる、ということだ。こういうことですら、事の最中にはなかなか気がつかないものなのだ。「決定者」としての立場を離れてややあって初めてそう思ったのである。ここにそのことをはっきりと書いた。これが九月段階での、私が少しずつ「研究者」に戻ったときの感想である。「オン・ザ・ジョブ・トレーニング」などというものとはちょっと違うな、という感じがしてきたのである。

ここまで続けてきて、ふと思う。私は本稿の記述にあたり、「有識者会議」を「最中《もなか》」や「大福」にたとえれば、「あんこ」の部分を抜いた、周りの皮部分だけ、すなわち「研究者」部分だけを振り返って来たつもりであった。だから、「研究者」である自分自身としてはずっと一貫した見方を貫いていたつもりだったのだが、何ぞはからん。明らかに変わっていることにあとから気づかざるを得ない。やはり「決定者」体験というものが、自分の中に分ち難く存在しており、自分ではこうだと思っていても、誰かといろいろな話をしているうちに、自分の立場がいつの間にかそちらに寄っていく、そういう事態が思わず知らず生じているのだ。これは純粋に「研究者」としての自分を通していれば今までまったく感じていなかったことである。しかし、今回の一連の私の見方の変容に気がついた今は、そういう化学変化の如き事態があるのだ、いや、確かにあったのだ、と思わざるをえない。

8 「研究者」としての自覚から「会議」を振り返る

その後、世間に、あえてモノを言ったのは再び朝日新聞の「耕論」である（二〇一七年一二月二日）。見出しは「退位　官邸と宮内庁のバトル」。一二月一日の皇室会議でいよいよ正式に天皇退位を認めたときに受けたインタビューの記事だ。私は、この時点では「研究者」の立場にだいぶ戻っていたため、陛下の退位をめぐる「有識者会議」の一連の状況をメディアや世間が客観的に捉えていないという感じを強く持っていた。ただしここまで踏み込めば、これから後、官邸とは微妙な関係になると思ったが、いつ言うべきかと考えて、この時点で言ったほうがいいと判断したのだ。「早まった。平成が終わってから言えばよかったのではないか」とも言われたが、官邸と宮内庁のバトルは日夜続いているわけだから、平成が終わってからではもう遅い。この時点で言ったほうがいいと判断して思い切って話したものである。

「天皇の退位問題を巡り、官邸に設置された有識者会議で、私は座長代理を務めました。その立場から見えたのは、今回のプロセスを通じて、官邸と宮内庁が一貫して熾烈《しれつ》なたたかいを続けていた、ということでした。それは極めて政治的なバトルでした。

一連の動きは、昨年七月に突然ＮＨＫが「ご意向」を報道したことに端を発していますが、私が最初に感じたのは、この情報発信は象徴天皇制の「則《のり》を超えたな」ということでした。宮内庁参与など、天皇周辺の人々が政治の側にしかるべきチャンネルで働きかけ、政治が動きだすのが本来の姿だからです。

最初の「ご意向」は、宮内庁関係者がNHKに報道させようとしたのだろうと私はみています。

官邸側からは、退位を認めるけれども、退位に反対する一部保守派への配慮もあってか、やすやすとそこへ持っていくわけにはいかないという思いを強く感じました。私自身、座長代理として、官邸と、天皇のお住まいである「千代田のお城」とのせめぎ合いの一端を垣間見ました。早い結論を求めて業を煮やす宮内庁側が「第二の天皇メッセージ」を準備しているといった情報も漏れ聞こえました。

いつ平成を終わらせ、次の天皇が即位するのかも、両者のさや当てになっていたと私は思います。平成が三〇年で終わり、元旦から新しい年号というのが分かりやすく自然でしょう。しかし、宮内庁が四月一日だといい、それを官邸側が五月一日に再びひっくり返したように見えます。改元の日はメーデーですよ。驚きました。

メディアが大きな役割を果たしたことも今回の特徴でした。

私自身、昨年七月に朝日新聞の紙面で、「有識者会議のような場が必要になる」と述べたのですが、図らずもその三カ月後に有識者会議に入ることになりました。

八月にはテレビを通じ、天皇から、「ご高齢」という人道的な問題として、直接国民にメッセージが投げかけられた。ご意向がメディアを通じて一気に広がり、事は急を要することになりました。国は国民の理解を背景に、一瀉千里《いっしゃせんり》に結論を出す必要が生じました。

（中略）

メディアの影響力は、有識者会議の検討プロセスにも反映されていました。私たち委員はヒアリング対象者二〇人の選定には全く関わっていませんが、私は思想的歴史的に研究した碩学《せきがく》を中心に話を聞くのかと思っていました。しかし官邸は、五大新聞などへの登場数も基準に人選を進めたそうです。

そして有識者会議のヒアリングの度に新聞・テレビが、識者の発言を大々的に取り上げました。結論のとりまとめでも、当初は官邸主導だったのが、途中で国会の正副議長が乗り出してくる、といった場面にメディアは注目しました。しかし、官邸と宮内庁の政治バトルという肝心な場面に、メディアは十分な焦点をあてていなかったような気がしてなりません。」

官邸と宮内庁の政治バトルというものに、政治だけでなくメディアまでもがまったく注目していなかった。客観的に冷静に事態を見ていれば、分る筈なのに。これが、このとき私がいちばん強く言いたかったことである。「これから細かいことを決めていくにあたって、同じようなバトルがまた繰り広げられる。今後はそこにもっと注目せよ」という意味である。それは同時に、私自身は「研究者」に戻るぞという宣言でもあった。

以上で、「研究者」としての私の「天皇退位」に関する当座の発言はほぼ終わった感がある。これ以上のことを言う必要は、もうなかった。

9 明治・昭和・平成三〇年——時間軸を捉える

「時を考える面白さ」というものがあるのではないか、という視点で書いたのが、「退位と改元明治・昭和・平成三〇年の節目」である（二〇一七年一一月二六日、読売新聞「地球を読む」）。完全に「研究者」サイドに立ち返って書いたもので、私の関心は最早、「時間軸をどう捉えるか」という面白さに移っている。

「天皇の在位期間を示す元号が、日本国民の間に一段と身近に感じられる時節が到来した。西洋暦二〇一八年は単なる記号的な年表示にすぎないが、明治一五〇年、そして平成三〇年と元号表示を重ねた途端、それは近代日本の歴史認識を揺さぶる化学変化を起こすからだ。

考えてみれば、日本は明治維新による近代化とともに、時間支配の表記を二つながらに使うことになった。それは明治五年＝一八七二年にあらわになる。石井研堂の『明治事物起源』によれば、「国際条約書などには、西洋紀元をも記入することつねなるが、ただの告示にして、西洋紀元を併記せし例あり」として、明治五年と一八七二年とが、ある灯台の布告に併用された例を挙げ「これ灯台は、国際的なものなればなるべし」と述べている。

こうして近代日本では、グローバル・スタンダード（世界標準）たる西洋暦と、中華帝国秩序からスタートしながらジャパンオリジナルと化した元号が、併用される事態となる。そして天皇の崩御による改元とともに、明治、大正、昭和と推移して平成に至った。

だが、今上陛下の退位の意向が最終的に特例法の制定で現実化したことにより、明治一五〇年と平成三〇年をもって、平成の時代は区切りを迎えることになった。近代一五〇年にして、天皇崩御ならずして退位という能動的行為により、元号もまた改むることになるからだ。

確かに平成は三〇年で節目となることが昨今国民の間に急速に意識され始めた。この三〇年はいったい何であったのか、平成時代はどう総括されるのかといった、歴史の振り返り現象が生じている。

有り体に言えば、近代一五〇年この方、西洋暦と元号はどちらも日本人の意識の中で併用されながらも、時と場合によって使用の度合いに強弱の差が出た。たとえば、昭和とあの戦争との結びつきから元号をあえて使わぬという学者がいたり、だからこそ元号を使うのだという逆の立場の学者がいたりした。

しかし、様々な意味で強烈な印象を刻印した昭和と異なり、平成はまさに「平らかに成る」ように、徐々に西洋暦の有用性を増すように変化をとげつつあった。だが想定外の改元が迫ったことによって、平成の三〇年間は、明らかに天皇と共にという歴史認識を育み始める。しかも三〇年という、これまで意識されることのない区切りをもって。

人は、五年、一〇年、二〇年という期間で来し方行く末を考えることはよくある。しかし、三〇年で区切られた時間について考えることはなかったはずだ。

ここで明治三〇年、昭和三〇年、そして平成三〇年とならべて見ると、意外にも三〇年でくくれる時代のダイナミズムが見えてくる。

まずは明治三〇年にタイムトリップしてみよう。実は明治三四年は二〇世紀の始まりであった。西洋暦の二〇世紀と明治三〇年は、きびすを接するかのように、日本人の歴史意識を覚醒させた。明治の文豪、幸田露伴の「一国の首都」は、明治三二年＝一八九九年にある雑誌に発表された。

露伴はここで「江戸の東京となりて経たる年数も今は少なからずなり、明治も三二年となりぬ」と述べ、江戸の破壊者であった薩長土肥と、それを好ましからざる感情をもって見て来た徳川以来の住民も、そろそろ融合すべき時に来ていると断言する。

三〇年という月日は、「歳月は無言の師」たる思いと重なるのだ。露伴は、今こそ東京、そして日本のあり方を建設的に世界に訴える必要があると強調している。とりわけ東京のインフラストラクチャーの整備を訴えるのだ。

しかも明治三〇年は、東京遷都三〇年にあたるということで出版社、博文館の館主・大橋佐平が民間から国へ働きかけ「東京奠都《てんと》三〇年祭」を挙行してしまうのである。

とりわけ明治二〇年代に帝国憲法制定、帝国議会開設、条約改正、日清戦争という日本の近代化への離陸が成功したことの証しが、明治三〇年で一区切りとの思いにつながったと言ってよい。

政治の世界でもこれを機に維新の元勲世代は一線を退き、長州閥の桂太郎、そして政友会の西園寺公望による「桂園体制」に移行していく。

次は昭和三〇年に飛ぶ。まさに戦後一〇年、高度成長へのとば口に立った頃だ。相も変わらずあと五〇年しないと日本は自立しないとする悲観論「食えない日本」を述べる戦前派の立場と、もう日本は自立の段階に入ったとする楽観論「もはや戦後ではない」と言い放つ戦後派の立場とが真っ向からぶつかっていた。

政治的に言えば、吉田茂から鳩山一郎へと首相がかわり「占領政治」にピリオドが打たれた。

のみならず、社会党統一と保守合同による「五五年体制」が生まれた。

そして自民党の党是として「憲法改正」がうたわれた。東京はまもなくオリンピックのための破壊と創造を待つ束《つか》の間《ま》の「東京ベルエポック」に親しんだと言われる。

明治三〇年が、二〇年代の近代化への離陸の後の転換点であるとするならば、昭和三〇年は、二〇年代の占領と復興後の転換点にあった。

政治体制で言えば、明治三〇年以降、政友会という政党と長州という藩閥との安定した体制に移行し、昭和三〇年以降、自民党と社会党による二大政党制のこれまた安定した体制に移行していく。前者は日露戦争、後者は安保騒動という乱の時代をはさみつつ。しかも東京は明治三〇年でも昭和三〇年でも破壊と創造の寸前にあったことが分かる。

そして今や平成三〇年を迎えんとしている。はっきりしているのは、明治や昭和のように一〇年代、二〇年代という切れ目がないことだ。平成の三〇年間は、丸ごとのみこむしかない。そのための指標は、明治や昭和よりもむしろ明確だろう。

震災と自然災害の三〇年であった。昭和戦後期には、震災と自然災害は減りつつあり、科学技術の進歩により克服される勢いがあった。しかし平成を通じての、この災害の多発化と恒常化はいったい何なのだ。その他、ケータイ、スマホと情報通信機能の革命的変化の三〇年。まさにＳＮＳの時代到来でもあり、この変化は不可逆的だ。

政治体制でいえば、改革の三〇年である。小泉政権五年、安倍政権五年の〝安定政権〟をはさみつつも、二大政党制と政権交代の失敗が、平成三〇年の結論となるのか。昭和三〇年の自民党の党是に埋め込まれた「憲法改正」がいよいよ実現の時を迎えるのか。いまだ新しい政治体制の予兆は感じられない。

さらには明治三〇年、昭和三〇年におのおの胎動し始めていた東京の破壊と創造への動きは、平成三〇年でこれまた一つの姿を現すのか。二度目のオリンピックは、もうすぐそこに来ている。

かくて明治一五〇年と明治・昭和・平成の三〇年のダイナミズムこそが、我々の歴史認識を新たにしてくれることが分かるだろう。」

読売新聞の「地球を読む」に書いたものであるが、この視点は世の中に徐々に浸透していったように思う。しかし、やはり「平成」という時代はすごかったなと改めて感心する。それは、平成三〇年となった今、安倍内閣が通常ならばかなり困難な事態にあるはずなのにそうでないということだ。すなわち政権は「モリ・カケ」問題何のそので進みゆき、安倍三選は目前に迫っている。もちろん野党が政権奪取する可能性はない。政権交代は、まずあり得ないのだから。これには、平成の「改革の時代」の改革の負の面がはっきり出ているということであろう。今起きていることは、「平成三〇年で政治の思わざる劣化が進み、同時に行政は崩壊の兆《きざ》しを見せている」ということである。

三〇年ごとに括ってみたとき、明治三〇年を過ぎれば「桂園体制」という安定した体制になったし、昭和三〇年には「自民・社会二大政党制」が確立を見た。しかし、平成三〇年を迎えた今、六年余の安倍政権による安定したかに見えた体制の劣化は進んでいる。同じ三〇年といっても、これまでとはダイナミズムの方向が大きく異なっている。それはなぜか。明治や昭和ではあり得なかった今上陛下による強制的な「平成」の終焉、すなわち三〇年で終えるようにしたことの底知れぬインパクトがあるのではないか。これまでは三〇年経ったといっても、天皇は、なお崩御されるまで天皇であり続けた。しかし、平成の場合、「三〇年で区切りたい」との天皇のメッセージが国民の支持を受けて実現に向かった瞬間に、この国の政治も行政もガラガラと音を立てて崩れていこうとしている。この現実に私は立ちすくむ。やはり「天皇」は「能動化」したのだという思いとともに。

ヤ行

ラ行

ワ行

ナ行

ハ行

マ行

サ行

タ行

カ行

主要人名索引

ア行

国分航士（こくぶ・こうじ）✣ 第8章執筆

九州大学大学院人文科学研究院講師
1985年大分県生まれ。東京大学大学院人文社会系研究科博士課程修了。主な論文に「明治立憲制と「宮中」」（『史学雑誌』124編9号）、「大正初期の「剰余金支出」問題」（『史林』98巻3号）などがある。

原武史（はら・たけし）✣ 第9章執筆

放送大学教授、明治学院大学名誉教授
1962年東京都生まれ。1992年、東京大学大学院博士課程中退。『「民都」大阪対「帝都」東京』（講談社選書メチエ、サントリー学芸賞）、『大正天皇』（朝日文庫、毎日出版文化賞）、『滝山コミューン1974』（講談社文庫、講談社ノンフィクション賞）、『昭和天皇』（岩波新書、司馬遼太郎賞）、『皇后考』（講談社学術文庫）、『〈女帝〉の日本史』（NHK出版新書）など著書多数。

佐々木雄一（ささき・ゆういち）✤ 第5章執筆

首都大学東京助教
1987年東京都生まれ。2016年、東京大学大学院博士課程修了。博士（法学）。著書に『帝国日本の外交 1894-1922 なぜ版図は拡大したのか』（東京大学出版会）、『陸奥宗光』（中公新書、近刊）、『明治史講義【テーマ篇】』（共著、ちくま新書）、論文に「政治指導者の国際秩序観と対外政策　条約改正、日清戦争、日露協商」（『国家学会雑誌』第127巻第11・12号）などがある。

佐藤信（さとう・しん）✤ 第6章執筆

東京大学先端科学技術研究センター助教
1988年奈良県生まれ。東京大学大学院法学政治学研究科総合法政専攻博士後期課程中途退学。2015年より現職。著書に『鈴木茂三郎　1893-1970』（藤原書店、河上肇賞奨励賞）、『60年代のリアル』（ミネルヴァ書房）、共編著に『政権交代を超えて』（岩波書店）などがある。

五百旗頭薫（いおきべ・かおる）✤ 第7章執筆

東京大学大学院法学政治学研究科教授
1974年兵庫県生まれ。東京大学法学部卒業。東京大学大学院法学研究科助手、東京都立大学法学部助教授、東京大学社会科学研究所准教授などを経て2014年より現職。単著に『大隈重信と政党政治』（東京大学出版会）、『条約改正史』（有斐閣）がある。

磯田道史（いそだ・みちふみ）✣ 第2章執筆

国際日本文化研究センター准教授
1970年岡山県生まれ。慶應義塾大学文学部史学科卒業、同大学院文学研究科博士課程修了。茨城大学准教授、静岡文化芸術大学教授などを経て2016年より現職。主著に『近世大名家臣団の社会構造』（東京大学出版会）、『武士の家計簿』（新潮新書、新潮ドキュメント賞）、『無私の日本人』（文春文庫）、『天災から日本史を読みなおす』（中公新書、日本エッセイストクラブ賞）などがある。

河野有理（こうの・ゆうり）✣ 第3章執筆

首都大学東京法学部教授
1979年東京都生まれ。東京大学法学部卒業、同大学大学院法学政治学研究科博士課程修了。博士（法学）。首都大学東京都市教養学部准教授を経て2016年より現職。主著に『明六雑誌の政治思想』（東京大学出版会）、『田口卯吉の夢』（慶應義塾大学出版会）、『偽史の政治学』（白水社）などがある。

前田亮介（まえだ・りょうすけ）✣ 第4章執筆

北海道大学大学院法学研究科准教授
1985年東京都生まれ。2013年、東京大学大学院人文社会系研究科博士課程修了。2014年より現職。現在、プリンストン大学東アジア学部客員研究員を兼任。著書に『全国政治の始動』（東京大学出版会、サントリー学芸賞）がある。

編著者略歴

御厨貴（みくりや・たかし）✤ 編者、はしがき、第10章執筆

東京大学名誉教授、東京都立大学名誉教授、サントリーホールディングス株式会社取締役
1951年東京都生まれ。東京大学法学部卒業。同助手、東京都立大学法学部教授、政策研究大学院大学教授、東京大学先端科学技術研究センター教授などを歴任する。東日本大震災に際しては復興構想会議議長代理を務めたほか、TBSテレビ「時事放談」のキャスターを11年半にわたり務めるなど幅広く活躍。2018年紫綬褒章受章。『政策の総合と権力』(東京大学出版会、サントリー学芸賞)、『馬場恒吾の面目』(中公文庫、吉野作造賞)、『明治国家の完成』(中央公論新社)、『明治国家をつくる』(藤原書店)、『権力の館を歩く』(毎日新聞社)、『「戦後」が終わり、「災後」が始まる』(千倉書房)など著書多数。

井上章一（いのうえ・しょういち）✤ 第1章執筆

国際日本文化研究センター教授
1955年京都府生まれ。京都大学工学部建築学科卒業、同大学院修士課程修了。京都大学人文科学研究所助手、国際日本文化研究センター助教授を経て2002年より現職。『つくられた桂離宮神話』(講談社学術文庫、サントリー学芸賞)、『美人論』(朝日文庫)、『南蛮幻想』(文藝春秋、芸術選奨文部大臣賞)『愛の空間』(角川ソフィア文庫)、『伊勢神宮と日本美』(講談社学術文庫)など著書多数。

天皇の近代
——明治150年・平成30年

二〇一八年九月二五日　初版第一刷発行
二〇一九年一月二三日　初版第二刷発行

編著者　御厨貴
発行者　千倉成示
発行所　株式会社 千倉書房
〒一〇四-〇〇三一　東京都中央区京橋二-四-一二
電話　〇三-三二七三-三九三一(代表)
https://www.chikura.co.jp/
印刷・製本　精文堂印刷株式会社
イラスト　サイトウマサミツ
造本装丁　米谷豪

ISBN 978-4-8051-1159-8 C3021